船舶电气控制技术

薛士龙　刘以建　蔡志峰　编著

上海交通大学出版社
SHANGHAI JIAO TONG UNIVERSITY PRESS

内容提要

本书分 8 章,主要内容有电力拖动基础,电动机自动控制基础,船舶的甲板机械电力拖动与控制,船舶机舱辅机自动控制,机舱辅机自动调节系统,船舶冷藏集装箱设备的自动控制,船舶舵机装置的自动控制系统,以及船舶电力推进系统。

本书可以作为高等院校电气自动化技术、电气工程及其自动化、测控技术与仪器、数控应用技术、机械设计制造及其自动化、材料成型及控制工程、机电一体化等专业相关课程的教材,也可作为电工技师和职工岗位培训教材。

图书在版编目(CIP)数据

船舶电气控制技术/ 薛士龙,刘以建,蔡志峰编著.
—上海:上海交通大学出版社,2018(2020 重印)
ISBN 978 - 7 - 313 - 20715 - 9

Ⅰ.①船… Ⅱ.①薛… ②刘… ③蔡… Ⅲ.①船用电气设备—电气控制 Ⅳ.①U665

中国版本图书馆 CIP 数据核字(2018)第 294523 号

船舶电气控制技术

编　著:薛士龙　刘以建　蔡志峰
出版发行:上海交通大学出版社　　　　　地　址:上海市番禺路 951 号
邮政编码:200030　　　　　　　　　　　电　话:021 - 64071208
印　制:常熟市文化印刷有限公司　　　　经　销:全国新华书店
开　本:710 mm×1000 mm　1/16　　　印　张:15
字　数:240 千字
版　次:2018 年 12 月第 1 版　　　　　　印　次:2020 年 5 月第 2 次印刷
书　号:ISBN 978 - 7 - 313 - 20715 - 9
定　价:45.00 元

前　　言

　　本书从工程出发,结合教学需要,较系统地介绍了各种低压电器的工作原理及其在控制线路中的作用,并详细介绍了传统继电接触器控制系统中应用的三相笼型异步电动机的一些基本控制规律,以及启动、调速、制动的典型控制线路,还有船舶电力拖动与控制系统的组成、工作原理及相关的自动控制技术。通过本课程的学习,使学生掌握电力拖动系统的运行性能和基本计算,熟悉船舶主要机电设备,拖动系统的线路与原理,船舶电气控制的原理和方法,培养学生分析和解决实际问题的能力,为今后从事电气工程领域的技术工作打下基础。

　　本书可以作为高等院校电气自动化技术、电气工程及其自动化、测控技术与仪器、数控应用技术、机械设计制造及其自动化、材料成型及控制工程、机电一体化等专业相关课程的教材,也可作为电工技师和职工岗位培训教材,也适合从事电气控制的工程技术人员学习使用。

　　本书由薛士龙、刘以建、蔡志峰编著。本书的编写得到了上海海事大学和上海海事大学附属职业技术学校各位同仁的指导与帮助,在此表示由衷的感谢和敬意。

　　由于水平有限,编写时间仓促,书中难免有错误或不妥之处,敬请读者批评指正。

编　者
2018 年 3 月

目　　录

第 1 章　电力拖动基础

电力拖动基础主要包括电力拖动系统运行、三相异相电动机的拖动与控制、直流电动机的原理与应用等方面的知识。

1.1　电力拖动系统运行的基本概念

在电动机问世以前,人类生产多以风力、水力或蒸汽机作为动力来源。19 世纪 30 年代出现了直流电动机,俄国物理学家 Б.C.雅科比首次以蓄电池供电给直流电动机,作为快艇螺旋桨的动力装置,以推动快艇航行。此后,以电动机作为原动机的拖动方式开始被人们所关注。到 80 年代,由于三相交流电传输更方便、结构简单,以及三相交流异步电动机的发明,使电力拖动得到了发展。20 世纪,随着社会的进步,为提高生产率和改善产品质量,工业部门对机械设备不断提出新的、更高的技术要求。如要求有较宽的速度调节范围、有较高的调速精度、能快速地进行可逆运行以及对位置、加速度、张力、转矩等物理量的可控性能的要求等。以蒸汽机、柴油机等作为原动机的拖动装置很难,甚至不可能达到标准,而应用电力拖动则能很好地满足上述技术要求。因此,电力拖动被广泛用于冶金、石油、交通、纺织、机械、煤炭、轻工、国防和农业生产等部门,在国民经济中占有重要地位,是社会生产不可缺少的一种传动方式。

最简单的电力拖动系统是电动机与生产机械直接联轴,如通风机,离心泵等机械,被称为单轴电力拖动系统;而在更多的场合中,电动机是经传动机构与生产机械相联的,如起重机等,被称为多轴系统。生产机械所拖动的负载具有旋转、直线和往复等不同的运动形式。无论系统为单轴还是多轴、负载的运动形式为直线还是旋转,为了分析的方便,通常都把实际多轴传动的拖动系统通过折算的方法等效成单轴系统,对于电动机而言,负载最终是以阻转矩的形式作用于电动机转轴上,而这一阻转矩被称为负载转矩。

电力拖动系统有两种运行状态:一是相对稳定状态,此时电动机为恒速旋转或静止不动;二是过渡状态,如电动机起动、制动及转向改变时的转速处于加速或减速的显著变动状态。决定这两种运行状态的因素是电动机的电磁转矩 T 和施加于电动机轴上的负载转矩 T_L。因此,分析、研究电力拖动系统运行状态的主要依据是:① 电动机的机械特性 $n = f(T)$,即电动机的转速与电磁转矩变化的规律;② 生产机械的负载转矩特性 $n = f(T_L)$,即生产机械的转速与负载转矩之间的关系。

1.1.1 生产机械的负载转矩特性

电动机拖动生产机械运行时,它所产生的电磁转矩 T 必须克服生产机械施加在它的轴上的负载转矩 T_L。生产机械作用在电动机轴上的负载转矩就其性质(转矩方向)而言,可分为反抗性负载转矩和位能性负载转矩。

反抗性负载转矩的特点,不论电动机的运转是正向还是反向,它总是起着阻碍电动机旋转的作用。当电动机改变旋转方向时,反抗性负载转矩的方向也随之改变。各类泵、通风机等均属于这一类。

位能性负载转矩的特点,负载转矩总是保持一个固定的作用方向,而与电动机旋转方向的改变无关。因此,若当电动机以正向旋转时,它起着阻碍电动机运动的作用,而电动机以反向旋转时,则推助电动机转动。起货机、起锚机等属于这一类负载。

当生产机械的转速变化时,它施加在电动机轴上的负载转矩的大小也会按一定规律变化,即 $n = f(T_L)$ 或 $T_L = f(n)$。生产机械的负载转矩一般可分为三种主要类型:

1. 恒转矩负载特性

恒转矩负载特性中,负载转矩与转速无关,即 $T_L =$ 定值。恒转矩负载特性具有反抗性,例如机床的平移机构;也有位能性的,如起重机械等。特性曲线如图 1-1 所示。

2. 通风机负载特性

通风机类型的负载转矩大致与转速的二次方成正比,即 $T_L = kn^2$。式中 k 为比例系数,它的特性曲线是一抛物线。通风机负载特性一般都是反抗性

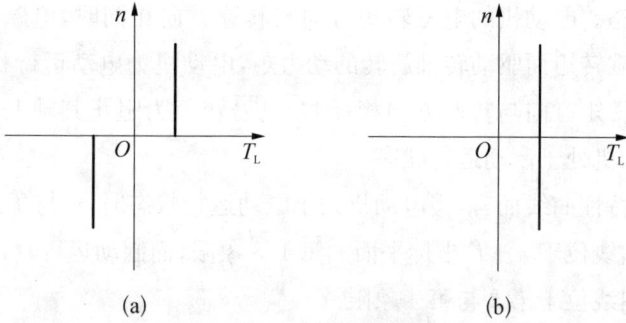

图 1-1　恒转矩负载特性

（a）反抗性　（b）位能性

的，如图 1-2 所示。其第 3 象限内的曲线（反转时）与第 1 象限的曲线是对称的。通风机、离心泵、螺旋桨等生产机械都具有这类特性。

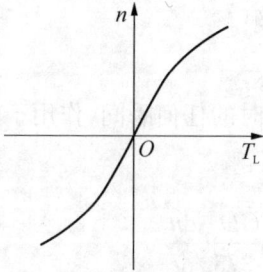

图 1-2　通风机负载特性　　　**图 1-3　恒功率负载特性**

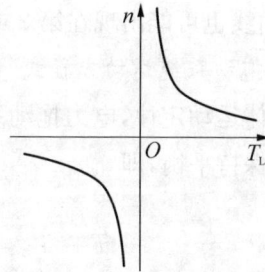

3. 恒功率负载特性

恒功率负载特性的负载转矩与其角速度的乘积基本保持不变，即 $T_L n =$ 定值

或

$$T_L = \frac{k}{n}$$

式中，k 为比例系数，其特性曲线是一双曲线，如图 1-3 所示。工程救捞拖轮上的"自动收缆机"具有这种特性。收缆时，缆绳的张力与线速度的乘积基本保持不变。

1.1.2　电动机的工作状态及电力拖动系统运行方程式

1. 电动机的工作状态

电动机的运行状态根据其电磁转矩与转速方向的关系，分为电动运行和制动运行状态。电动机的电磁转矩方向与转速方向相同时,电磁转矩为克服其轴上的负载转矩而驱动转轴旋转的动力矩,电动机为电动运行状态;而当电动机的电磁转矩方向与转速方向相反时,电磁转矩为阻止其轴上负载运动的阻转矩,电动机处于制动运行状态。

就机械特性曲线而言,当电动机处于电动运行状态时,n 与 T 同为正值或同为负值,曲线位于 $n\text{-}T$ 坐标平面的第 1、3 象限;而制动运行时,n 总与 T 的方向相反,曲线位于第 2 与第 4 象限。

对于由电动机及生产机械构成的电力拖动系统,通常将电动机的机械特性曲线与生产机械的负载特性曲线放在同一 $n\text{-}T$ 坐标平面上。由于生产机械与电动机同轴旋转,当设定电动机的转速和转矩以逆时针转向为正值时,则生产机械的负载转矩为顺时针方向取正值。因此,对于反抗性负载,因负载转矩总与转速的方向相反,故负载特性曲线在坐标的 1、3 象限;而对于位能性负载,则特性曲线也可能出现在第 2 或第 4 象限。

2. 电力拖动系统运动方程式

根据刚体运动定律,电力拖动系统运行时的任何瞬间,作用于电动机轴上的转矩必须保持平衡,即

$$T - T_{\mathrm{L}} = J\frac{\mathrm{d}\Omega}{\mathrm{d}t} = \frac{GD^2}{375}\frac{\mathrm{d}n}{\mathrm{d}t} \tag{1-1}$$

式中,J 是拖动系统中折算到电动机轴上的总转动惯量,而 $J\dfrac{\mathrm{d}\Omega}{\mathrm{d}t}$ 则是系统的转动惯量储存的动能所产生的加速转矩(或称动态转矩);而 $\dfrac{GD^2}{375}\dfrac{\mathrm{d}n}{\mathrm{d}t}$ 则是以飞轮矩 GD^2 来作为系统转动惯量的量度时的加速转矩的另一种表达式。若以 ΔT 简单表示加速转矩,则电力拖动系统的运动方程式为

$$T - T_{\mathrm{L}} = \Delta T \tag{1-2}$$

式中 T 及 T_{L} 的正负取值由它们与设定转速的正方向关系来决定。即当假定 n 以逆时针方向为正方向时,则电动机的电磁转矩 T 逆时针方向时取正,顺时针方向取负;而负载转矩 T_{L} 逆时针方向取负,顺时针方向取正。加速转矩 ΔT 的正负则由 T 和 T_{L} 的代数和来确定。

当 $T = T_{\mathrm{L}}$ 时,$\Delta T = 0$,$(\mathrm{d}n/\mathrm{d}t = 0)$ 则 $n = 0$ 或 $n =$ 定值,拖动系统处于静止

状态或恒速运行,为稳定运行状态;

当 $T > T_L$ 时,$\Delta T > 0$,$(dn/dt > 0)$ 拖动系统处于加速的过渡过程中;

当 $T < T_L$ 时,$\Delta T < 0$,$(dn/dt < 0)$ 拖动系统处于减速的过渡过程中。

3. 电力拖动系统维持稳定运行的条件

当电力拖动系统由于受到外界干扰(如生产机械负载的变化或电动机外加电压的波动等)时,系统的转速将发生变化而离开原来平衡状态。当干扰消失以后,若系统能自动回复到原来的工作点上,则系统就具备维持稳定运行的条件。

如图 1-4(a)所示的是置于同一 n-T 坐标平面上异步电动机的机械特性曲线和恒转矩负载特性曲线的配合,即电动机带一转矩值为 T_L 的恒转矩负载运行。两条曲线有一交点 A,在 A 点上,$T = T_L$。由电力拖动系统运动方程式可知,动态转矩 $\Delta T = 0$,所以在 A 点上该系统能保持一个恒定的转速 n_1 运行,是系统的一个静态工作点。但系统能否在 A 点维持稳定运行,则需作进一步的分析。

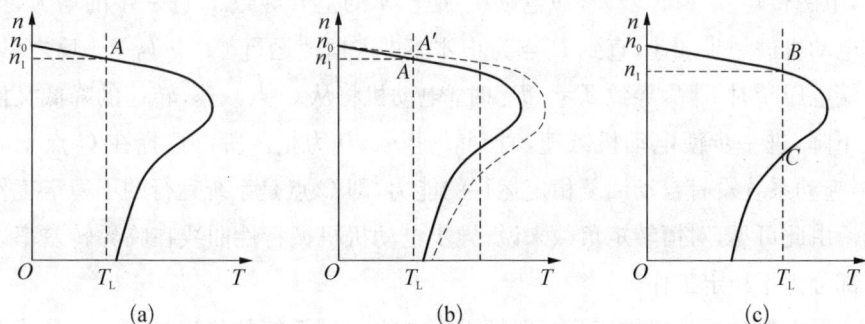

图 1-4　电力拖动系统工作点的稳定性判别

如图 1-4(b)所示,若拖动系统原来运行在 A 点上,突然出现瞬时扰动,比如电动机端电压升高,则电动机的电磁转矩 T 瞬时增大,故 $T > T_L$,$\Delta T > 0$ 从而使系统加速,在转速上升过程中,电动机转矩随之减小。到达 A' 点后,电磁转矩和负载转矩又达到新的平衡,系统以新的恒定转速 n'_1 运行。当扰动消除后,$T < T_L$ 时,转速下降,系统回复到原来的工作点上。同理,如瞬时扰动引起转速稍有降低,当扰动消失后,则由于 $T > T_L$ 将使转速回复到原来的数值。因此系统在 A 点具备维持稳定运行的条件。图 1-4(c)所示的是异步电动机带一较重的恒转矩负载,使特性曲线出现两个交点 B 和 C。如果系统

运行在 B 点上,显然它能够维持稳定工作(判别跟前面 A 点讨论的情况一样)。但如果系统在 C 点上运行,当突然出现瞬时扰动(如端电压增大)时,电磁转矩 T 瞬时增大,使电动机加速,n 的上升又导致 T 进一步的增大,使电动机进一步加速,直到 B 点为止才能进入恒速运行($T = T_L$)。反之,如果端电压瞬时下降,导致 $T < T_L$ 时,电动机将从 C 点减速,转速的降低又使 T 下降,进一步使电动机减速,直到转速 $n = 0$ 为止。所以在 C 点上,拖动系统不具备维持稳定运行的条件。

由此可见,电动机机械特性曲线与负载特性曲线的交点是系统的一个平衡点。系统维持稳定运行的条件为:在该交点所对应的转速之上 $T < T_L$,而在交点所对应的转速之下 $T > T_L$。

但是,两条特性曲线的交点并非都是系统的稳定工作点。如图 1-4(c)所示为异步电动机驱动较重的恒转矩负载,此时特性曲线出现两个交点 B 和 C。如果系统运行 B 点上,显然它能够稳定工作(稳定性判别跟前面 A 点讨论的情况一样)。如果系统在 C 点上运行,当突然出现瞬时扰动(如端电压增大)时,电磁转矩 T 瞬时增大,使电动机加速,n 的上升导致 T 进一步的增大,又使电动机进一步加速,直到 B 点为止才能进入恒速运行($T = T_L$)。反之,如果端电压瞬时下降,导致 $T < T_L$ 时,电动机将从 C 点减速,转速的降低又使 T 下降,进一步使电动机减速,直到转速 $n = 0$ 为止。所以选择在 C 点上工作,拖动系统没有自动回复稳定运行的能力,即 C 点是系统运行的不稳定工作点。由此可见,对恒转矩负载来说,异步电动机机械特性曲线在临界转差率以下部分为不稳定工作区。

以上的分析可以推广到一般情况下电力拖动系统的稳定性判别:系统在电动机机械特性曲线与负载特性曲线的交点能保持恒速运行;如果在该交点所对应的转速之上 $T < T_L$,而在交点所对应的转速之下 $T > T_L$。那么系统就具有恢复稳定工作的能力,该点即为稳定工作点,反之为不稳定工作点。

1.2 三相异步电动机的起动、制动与调速

1.2.1 异步电动机的起动

电动机的起动,是指电动机接通电源后,转速由零上升到稳定转速的整个动态过程。电动机起动时的电磁转矩 T 必须大于生产机械加在电动机轴

上的负载转矩 T_L，否则电动机将无法起动，甚至可能反被生产机械的负载转矩所倒拉，导致反转（见图 1-5）。

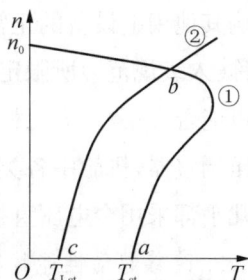

图 1-5　三相交流异步电动机的起动过程

电动机起动过程的时间不长，但对电机本身和电力系统的影响却很大。特别是船舶电站的容量有限，船上有些辅机拖动系统所采用的电动机的功率接近电站发电机的单机功率，若直接起动，其起动电流将引起电网电压的较大波动，从而影响其他用电设备的正常运行。所以对起动频繁和大容量电动机的起动，必须设法缩短起动时间，减小或限制起动电流。

实际生产过程中，对异步电动机的起动有一定的要求。为了缩短起动时间、提高生产效率，一般要求异步电动机有足够大的起动转矩，但起动转矩的加大，必然导致起动电流增大；为了保证电动机以及生产机械的安全运行以及减小对电网的冲击，通常又要求限制起动电流以及起动转矩。所以电动机的起动必须根据拖动系统的具体情况统筹兼顾这两方面的因素。实际应用中异步电动机有着多种启动方法。

1. 鼠笼式三相交流异步电动机全电压直接起动

全电压直接起动就是将电动机的定子绕组经开关设备直接与三相额定电源电压接通。电动机直接起动具有设备简单、操作方便等优点。

图 1-5 所示为一台鼠笼式三相异步电动机带一通风机负载的特性曲线。起动时电动机的电磁转矩 $T=T_{st}$，$T_L=T_{Lst}$，根据拖动系统运动方程式，此时 $\Delta T>0$，拖动系统由静止开始加速起动。在加速过程中，T 的变化规律是从 a 点沿曲线①变化到 b 点，T_L 的变化规律是从 C 点沿曲线②变化到 b 点。在转速从零加速到 n_b 的过程中，T 始终大于 T_L 直到 b 点，$T=T_L$，$\Delta T=0$，起动过程结束，拖动系统以转速 n_b 稳定运行于 b 点。

在全电压直接起动时，电动机定子绕组接通电源瞬间，转子由于惯性不能立即转动，此时转子电势和电流较大，因而定子电流也较大，通常起动电流 $I_{st}=(5\sim8)I_N$。由于鼠笼式异步电动机的结构简单，过载能力较强，且一般起动过程时间都较短，起动电流一般不会对电动机造成直接的损害，因此就电动机本身来说，是允许直接起动的。但另一方面，对于大容量的鼠笼式电动机直接起动，由于起动电流大和功率因数低，会引起较大的船舶电网电压降落，影响其他用电设备的正常工作。因此,从我国《钢质海船建造入级规范》(以下简称《入级规范》)所限定的电网电压降的范围来确定船舶上的鼠笼式异步电动机能否直接起动。目前的交流船舶电站容量较大,并装有性能良好的自动电压调整器,机舱中各类容量在发电机单机容量 60% 以下的鼠笼式异步电动机几乎都采用全电压直接起动。

2. 改善起动性能的特殊三相异步电动机

普通鼠笼式异步电动机虽然起动时电流很大,但起动时功率因数较低,起动转矩并不大。异步电动机可通过采用如图 1-6 所示的双鼠笼式或如图 1-7 所示的深槽式等特殊结构的转子,以改善全电压直接起动的性能。这两种类型的异步电动机特点是起动转矩大,而起动电流较小。

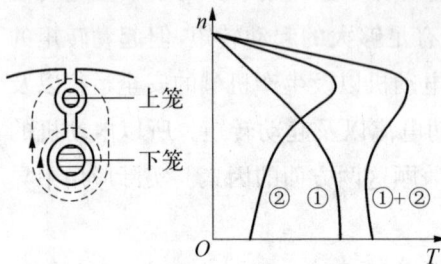

图 1-6 双鼠笼式异步电动机的
转子槽形及机械特性

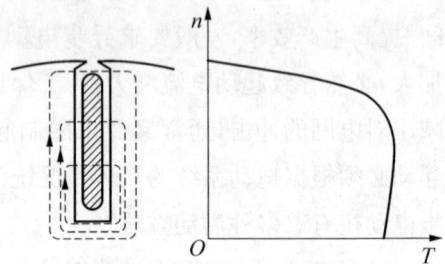

图 1-7 深槽式异步电动机的
转子槽形及机械特性

双鼠笼式异步电动机的转子上有两套笼型导条,分上笼与下笼。两笼间由狭长的缝隙隔开。与下笼相铰链的漏磁通(也即下笼的漏抗)比上笼的大得多。上笼通常用电阻系数较大的黄铜或铝青铜制成,且导条截面较小,故电阻较大;下笼导条截面较大,用紫铜等电阻系数较小的材料制成,故电阻较小;而深槽式转子的槽形窄而深,深槽中的导条可以看作是很多根导线并联嵌在槽内。槽漏磁的分布在槽底较密,而在槽口较疏,因此导条靠近槽底部分的漏电抗要比槽口部分的漏电抗大。起动时,转子电流的频率较高,电流的"趋肤效应"使转子电流大部分集中在双鼠笼式的上笼,或深槽式转子的槽口部分,使得转子绕组呈现出较大的电阻值,而相比普通电动机具有较大的起动转矩;起动过程结束,电动机进入正常运行后,转子电流的频率变得很小,电流的"趋肤效应"消失,转子绕组所呈现的电阻值与普通电动机相仿。因此,双鼠笼式和深槽式异步电动机既有转子电阻增大所带来的起动转矩增大、起动电流减小的优点，又可避免正常运行时因转子电阻增大而导致电动机的特性曲线变软。

3. 鼠笼式三相交流异步电动机的降压起动

异步电动机采用降低电源电压起动是限制起动电流的一种常用方法。船舶上通常用于大容量异步电动机的起动。异步电动机在电源电压频率以及其他参数不变的情况下，其电磁转矩与外施电压的平方成正比，所以降压起动时起动转矩大大减小，起动时间较长，它一般用在轻载起动的场合。

(1) 星形—三角形(Y—△)换接降压起动。此方法适用于正常运行时电动机定子绕组为三角形联接(即定子每相绕组额定电压为电网线电压)的异步电动机，且负载为轻载或空载起动的拖动系统。起动时先将电动机的定子绕组星形联接后与电源接通，待电动机转速升高、电流减小后，再通过继电接触器等开关装置将绕组改为三角形联接，进入正常运行。图 1-8 所示为星形—三角形两种方式的联接原理图。

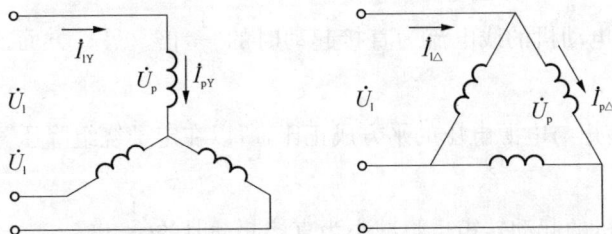

图 1-8　定子绕组 Y 形联接和△形联接时电压、电流的比较

设电源线电压为 U_l，电动机每相绕组的等效阻抗为 z。比较星形联接和三角形联接时定子每相绕组上的电压、绕组中的电流以及电动机的线电流可得

Y 形联接降压起动时

$$\left.\begin{array}{l} U_Y = U_p = \dfrac{1}{\sqrt{3}} U_l \\[3mm] I_{pY} = \dfrac{U_p}{z} = \dfrac{U_l}{\sqrt{3}\,z} \\[3mm] I_{lY} = I_{pY} = \dfrac{U_l}{\sqrt{3}\,z} \end{array}\right\}$$

△形联接直接起动时

$$\left.\begin{array}{l} U_\Delta = U_1 \\[2mm] I_{p\Delta} = \dfrac{U_\Delta}{z} = \dfrac{U_1}{z} \\[3mm] I_{l\Delta} = \sqrt{3}\, I_{p\Delta} = \sqrt{3}\,\dfrac{U_1}{z} \end{array}\right\}$$

由此可得

$$U_Y = \frac{1}{\sqrt{3}} U_\Delta \tag{1-3}$$

$$I_{lY} = \frac{1}{3} I_{l\Delta} \tag{1-4}$$

因此,采用 Y 形联接降压起动,定子每相绕组上电压降低为△联接直接起动时的 $\dfrac{1}{\sqrt{3}}$ 倍;而电动机的线电流为直接起动时的 $\dfrac{1}{3}$ 倍。另一方面,由于异步电动机的起动转矩与电源电压的平方成正比,所以在定子绕组降压 $\dfrac{1}{\sqrt{3}}$ 倍的情况下起动,电动机的起动转矩也将减小为直接起动时的 $\dfrac{1}{3}$ 倍。

(2) 自耦变压器降压起动。正常运行时星形联接的大容量异步电动机,可采用自耦变压器实现降压起动。起动时三相自耦变压器的原边绕组接电源,而副边与电动机的定子绕组相联,电动机在经过变压器降压的电压下起动。其降压幅度为变压器的变比 K。若设电动机全电压直接起动时的电流(即电网提供的线电流)为 I_{st},则降压起动时电动机的起动电流为 I_{st}/K,该电流也是变压器副边绕组中的电流;而此时电网提供的线电流,即变压器原边绕组中的电流为:

$$I'_{st} = \frac{1}{K}\frac{I_{st}}{K} = \frac{I_{st}}{K^2} \tag{1-5}$$

由此可见,对采用变比为 K 的自耦变压器降压起动,起动时电网提供的电流是直接起动时的 $1/K^2$ 倍。同理,由于降压 K 倍起动,起动转矩将为直接

起动时的 $1/K^2$ 倍。实际应用中，自耦变压器的副边绕组一般有三个不同变比的抽头（如 $K = 0.55$、0.64、0.73 等）以满足不同负载对不同降压幅度的起动要求。

4. 绕线式异步电动机转子串电阻起动

绕线式异步电动机转子串电阻不仅可以增大起动转矩，同时还可以减小起动电流，这是改善电动机起动性能的一种有效方法。起动时，转子回路中串入三相对称电阻，随着转速的升高，通过继电接触器或频敏变阻器等自动装置逐级切除外部串接电阻，进入正常运行后应将所串电阻全部切除。

1.2.2　异步电动机的制动

如图 1-9 所示，当电动机在运行过程中，若其电磁转矩的方向与转子转速的方向相反，则为电动机的制动运行状态。对电力拖动系统而言，此时电磁转矩成了制动转矩，其产生的制动作用称为电气制动。与机械制动相比，电气制动具有无机械磨损、制动平稳、容易实现自控制等优点。电气制动可用于拖动系统减速或加速停车、起货机等位能性负载的匀速下降等场合。

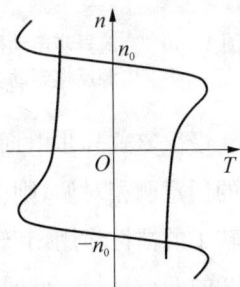

图 1-9　三相交流异步电动运行和制动运行时的机械特性

从能量转换观点看，处于制动状态的电动机，其作用是将拖动系统的机械能转变为电能消耗在电动机内部或反馈至电网。

如果把电动机的正转电动运行（$n > 0$，$T > 0$）和反转电动运行（$n < 0$，$T < 0$）时的机械特性曲线分别定义在 n-T 坐标平面的第 1、3 象限，则特性曲线向 2、4 象限的延伸部分分别为电动机的正转制动运行（$n > 0$，$T < 0$）和反转制动运行（$n < 0$，$T > 0$）。图 1-9 展示了三相交流异步电动运行和制动运行时的机械特性。

电气制动根据其产生的条件和方法的不同，可分为反接制动、能耗制动和回馈制动等三种。

1. 反接制动

异步电动机反接制动分为电源反接制动和倒拉反接制动两种。反接制动时，转子的转向与定子旋转磁场的转向相反，即 n 与 n_0 的符号相反，因此电动机分别运行于正转电动特性曲线向第 4 象限的延伸段或反转电动特性曲线向第 2 象限的延伸段。

(1) 电源反接制动。当交流异步电动机运行在电动状态时($n < n_0$,

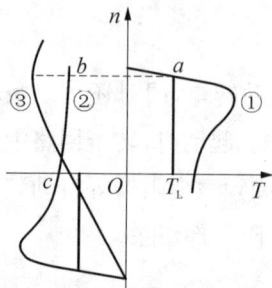

图 1-10 交流异步电动机的
电源反接制动

$0 < s < 1$),将电动机三相电源的任意两相对调使其相序改变,气隙旋转磁场的方向随即改变,而转子因惯性仍保持着原来的转向不变。结果使转子绕组切割气隙磁场的方向改变,从而转子中感应电势和电流的相位变反,产生的电磁转矩 T 方向亦变反,成为制动转矩。图 1-10 的曲线②是鼠笼式异步电动机的反接制动特性,曲线③为绕线式异步电动机转子串制动电阻时的反接制动特性。

设鼠笼式异步电动机带一负载 T_L 在 a 点上正向稳定运行。现将三相电源的任意两相对调,则电动机所运行的机械特性将由曲线①变为曲线②。由于转子的惯性作用,其转速不能突变,因此电动机将由曲线①的 a 点切换到曲线②的 b 点运行。此时电动机的电磁转矩 T 因旋转磁场的方向变反而变为负值,成为制动转矩。根据拖动系统运动方程式,此时 $T - T_L = \Delta T < 0$,电动机在 T 和 T_L 的共同作用下,沿曲线②迅速减速,直到 c 点($n = 0$)。如果制动的目的是为了使电动机迅速反转,则到 c 点后,电动机会自行反向起动(因为在 c 点处,电磁转矩 T 不为零,而等于反向运行时的起动转矩);如果制动的目的是为了迅速停机,则在接近 c 点时,应立即切断电动机的电源,以防止电动机反向起动。

在电源反接制动时,电动机的转差率为:

$$s = \frac{-n_0 - n}{-n_0} = \frac{n_0 + n}{n_0} > 1 \tag{1-6}$$

此时转子感应电势 $E_{2s} = sE_2$ 很大,因而电流转子及定子电流也很大(比起动时还大)。故对绕线式异步电动机,在电源反接制动时,必须在转子回路中串入足够大的制动电阻,以限制冲击电流,同时也产生增大制动转矩的效果。而对于大容量或频繁起动的鼠笼式异步电动机,应避免其运行于电源反接制动状态。

(2) 倒拉反接制动。电动机因外力矩作用而形成转子的转向与旋转磁场

的转向相反的制动运行称为倒拉反接制动。图 1 - 11
为绕线式异步电动机带位能性负载的特性曲线。若电
动机原来带负载正转电动状态稳定运行于曲线①的 a
点，当转子回路中串入足够大的电阻，以使电动机的特
性曲线变软，其工作点由曲线①的 a 点转移到曲线②
的 b 点。由于在 b 点电动机的电磁转矩小于负载转
矩，转子将减速至零(c 点)。由于此时电磁转矩仍小
于负载转矩，故转子继续被负载拉着转动，从而进入倒
拉反接制动。随着电动机反转速度的增大，其制动性
质的电磁转矩也随之增大(与转速方向相反)，直到

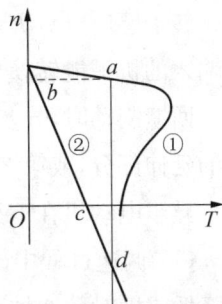

图 1 - 11　绕线式异步
电动机的倒
拉反接制动

d 点时，$T = T_{\mathrm{L}}$，$\Delta T = 0$，系统稳定运行。如果电动机原来处于静止状态，在
转子串入足够大的电阻的情况下起动，则由于其起动转矩小于位能性负载转
矩(c 点)，转子将被负载倒拉直接进入倒拉反接制动状态，最后同样稳定运行
于 d 点。

　　交流异步电动机的倒拉反接制动通常是在增大转子回路电阻的情况下才
能实现，故只适用于绕线式异步电动机，船舶中应用较少。

　　倒拉反接制动时，电动机的转差率为：

$$s = \frac{n_0 - (-n)}{n_0} = \frac{n_0 + n}{n_0} > 1 \qquad (1-7)$$

　　由此可见，无论是电源反接制动还是倒拉反接制动，其特点是 $s > 1$。故
电动机等效电路中附加电阻的阻值 $\dfrac{1-s}{s} r_2'$ 为负值，这说明异步电动机不仅从
轴上吸取拖动系统的机械功率转换成电功率，同时又从电网吸取电功率，两者
都消耗在转子回路的电阻中。

　　2. 回馈制动

　　当异步电动机的转子转速高于其定子旋转磁场的转速(即 $|n| > |n_0|$)
时，因转子导体切割定子磁场的方向改变而使得电磁转矩的方向与转子转速
方向转变，电动机进入回馈制动运行状态。回馈制动时，因 $|n| > |n_0|$，故电
动机的转差率为：

$$s = \frac{n_0 - n}{n_0} < 0 \qquad (1-8)$$

转子感应电势 $E_{2s}=sE_2$ 改变了方向,因而电机处于发电机运行状态,将轴上输入的机械能转换成电能回馈给电网。

回馈制动时,异步电动机将运行于第 1 象限正向电动特性曲线向第 2 象限的延伸部分,或第 3 象限反向电动特性曲线向第 4 象限的延伸部分。

异步电动机在下列两种情况下将会因 $|n|>|n_0|$ 而进入回馈制动运行:

(1) 调速过程中出现的回馈制动。异步电动机在运行过程中,当电源频率降低或极对数增加而使得定子旋转磁场的同步转速突然下降,而转子转速因惯性不能突变,从而导致 $n>n_0$。

设电动机稳定运行在如图 1-12 所示负载特性曲线①的 a 点,同步转速突然下降使电动机运行的特性变为曲线②。此时,电动机由 a 点瞬时转移到曲线②上的 b 点运行,使得 $n>n_0$,电磁转矩 T 变为负值,电动机进入回馈制动状态。T 与 T_L 共同作用使电动机由 b 点沿曲线②减速。到达 c 点时,$n=n_0$,$T=0$,但由于 T_L 的作用,使电动机继续减速,进入电动状态。这样电磁转矩方向重新变正,并逐渐增大,到达 d 点时,$T=T_L$,$\Delta T=0$,于是电动机在 d 点稳定运行。

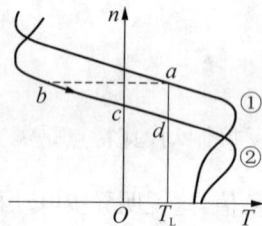

图 1-12 异步电动机调速
过程中的回馈制动

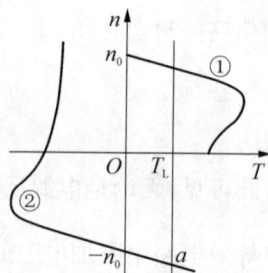

图 1-13 异步电动机在位
能性负载作用下
产生的回馈制动

(2) 位能性负载作用下产生的回馈制动。在图 1-13 中,对于一位能性负载 T_L(设转矩方向为顺时针,则负载特性曲线位于第 1、4 象限),将电动机反向起动,则其机械特性为图中曲线②。此时电动机的电磁转矩 $T<0$(为顺时针方向),电动机在 T 与 T_L 共同的作用下反向起动并加速,运行于反向电动状态。当转速达到反向的同步转速时,$T=0$,但 $T-T_L=\Delta T<0$,使电动机继续反向加速,使得转子的转速高于旋转磁场的同

步转速,电动机进入反向的回馈制动状态。此时电磁转矩也由原来的顺时针方向变为逆时针方向,并逐渐增大;到达 a 点时,$T=T_L$,$\Delta T=0$,至此电动机在 a 点稳定运行于回馈制动状态,其转速绝对值高于同步转速。这时的负载起着原动机作用,拖着异步电动机作发电机运行;而电动机则对位能性负载起着制动作用,限制它的速度。交流异步电动机这种回馈制动的方法较为简单,又极为经济。船舶甲板机械的电力拖动中广泛使用回馈制动来实现对位能性负载的"等速下降",如起货机的等速落货、锚机深水等速抛锚等。

3. 能耗制动

异步电动机的能耗制动有他激和自激两种形式。所谓他激能耗制动,是在电动机电动运行时,将定子绕组与三相电源断开,并同时在定子三相绕组的任意两端加上一个直流激磁电源,使定子绕组在空间产生一静止磁场。转子在此磁场中旋转时,感应出交流电势并形成转子电流,转子电流与此磁场相互作用产生与转速方向相反的电磁转矩,从而使电动机进入制动运行状态。

异步电动机能耗制动的机械特性如图 1-14 所示。因为能耗制动时,定子磁场是一直流恒定磁场,同步转速 $n_0=0$,所以特性曲线通过原点;又因 $T\propto U_2$,当直流激磁电压的数值不同时,在同样转速情况下产生的电磁制动转矩大小也不同,图中曲线①的激磁电压小于曲线②的激磁电压。从图中还可看到,转速越低制动电磁转矩越小,转速降至零时制动转矩亦为零。对于绕线式异步电动机的能耗制动,可在转子回路串电阻以限止制动电流,但特性曲线硬度将下降,如图 1-14 曲线③所示。

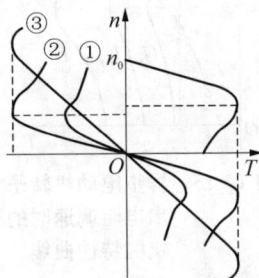

图 1-14 异步电动机能耗制动时的机械特性曲线

异步电动机能耗制动时相当于一台他励发电机,电动机依靠拖动系统贮存的动能或位能发电,电能消耗在转子回路的总电阻上。

异步电动机自激能耗制动的方法是在定子绕组与三相电源断开的同时将三相绕组接上三相对称电容器,这时电动机可看作为一台单独运行的异步发电机,电容器是用来供给电机无功功率,以建立磁场。

异步电动机的能耗制动有两种用途:可以用于实现拖动系统的加速停

车;实现位能性负载的匀速运行。

1.2.3 异步电动机的调速

根据异步电动机的转差率 s 和同步转速 n_0 的定义,可导出其转速的表达式为:

$$n = n_0(1-s) = \frac{60f}{p}(1-s) \tag{1-9}$$

由此式可知,对异步电动机的调速可分别通过改变转差率 s、定子绕组磁极对数 p 以及电源频率 f 来实现。

1. 改变转差率 s 的调速

电动机运行时,在同步转速以及负载转矩均不变的情况下,当电动机机械特性曲线硬度变化时,其转速也将随之改变,因而转差率也就不同。由此可见,改变转差率的调速,其实质就是通过改变电动机机械特性曲线硬度进行调速。具体的方法为:

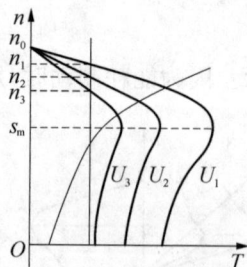

图 1-15 异步电动机转子
串电阻调速时的
机械特性曲线

(1) 转子串电阻调速。这种方法只适用于绕线式异步电动机。当转子串电阻后,电动机的最大转矩 T_{min} 不变,而临界转差率 s_m 增大,因而特性曲线变软。由图 1-15 可见,在同样的负载转矩 T_L 下,转子电路串入电阻值不同,电动机的转速也就不同,由此达到调速的目的。转子串电阻调速方法简单、可实现多级调速;但在轻载或空载时调速范围小,调速效果不明显。

(2) 改变定子电压的调速。当改变电动机定子电压时(从额定电压往下调),机械特性如图 1-16 所示。由图可知,对于通风机性质负载,调速范围较大;而对于恒转矩性质的负载,变压调速所得到的调速范围很小。如果对恒转矩负载进行变压调速时,可通过增加异步电动机的转子电阻(绕线式异步电动机串电阻;或采用转子电阻较大的高转差率笼型转子异步电动机),以便使定子电压改变即可得到较宽的调速范围,如图 1-17 所示。但是此时机械特性太软,而且低压时的过载能力较低,负载的波动稍大,电动机就有可能停转。即转速的稳定性较差。

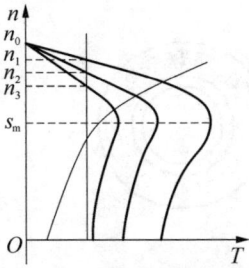

图 1-16　异步电动机改变
定子电压调速时
的机械特性曲线

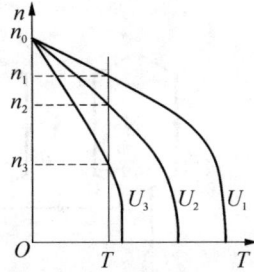

图 1-17　高转子电阻异步
电动机的变压
调速特性

2. 改变磁极对数 p 的调速

正常运行时异步电动机转子转速总是略低于旋转磁场的同步转速,由式 $n_0 = \dfrac{60f}{p}$ 可知,改变磁极对数 p,则同步转速 n_0 改变,电动机的转速也将随之变化。磁极对数只能按整数倍增减,所以异步电动机的变极调速属于有级调速。异步电动机运行时其定、转子绕组的磁极对数必须保持一致,而鼠笼式转子的磁极对数能自动追随定子绕组的磁极对数的变化,因此变极调速一般只适用于鼠笼式异步电动机。异步电动机定子绕组极对数的改变可通过以下两种方法实现:

(1) 采用可变极双速绕组。这种绕组每相均有两个"半绕组"组成。图 1-18 中为其中一相绕组在定子铁芯中的分布示意图(分别设为 a_1、x_1 和 a_2、x_2)。当把 a_1、x_1 和 a_2、x_2 两个绕组正向串联时,可得到四极的磁场分布;而两个绕组若为反向串联或反向并联时,则为两极的磁场分布。若将各相的每两个半绕组正向串联的三相绕组再按星形或三角形联接,分别记为 Y 和 △联接,其磁极对数分别为 p_Y 和 $p_\triangle$,则 $p_Y = p_\triangle = p$;而每两个半绕组反向并联后再按星形联接,为 YY 联接(称为双星形),则可得下式:

$$p_{YY} = \frac{p_Y}{2} = \frac{p_\triangle}{2} \tag{1-10}$$

因此当电动机采用 Y—YY 换接调速时(即由 Y 换接成 YY),或△—YY换接调速时,则定子绕组磁极对数由 p 变为 $p/2$,因而同步转速提高一倍,即 $n_{0YY} = 2n_{0Y} = 2n_{0\triangle}$,转子转速也近似提高一倍。图 1-19 为异步电动机双速绕

(a) 四极磁场

(b) 二极磁场

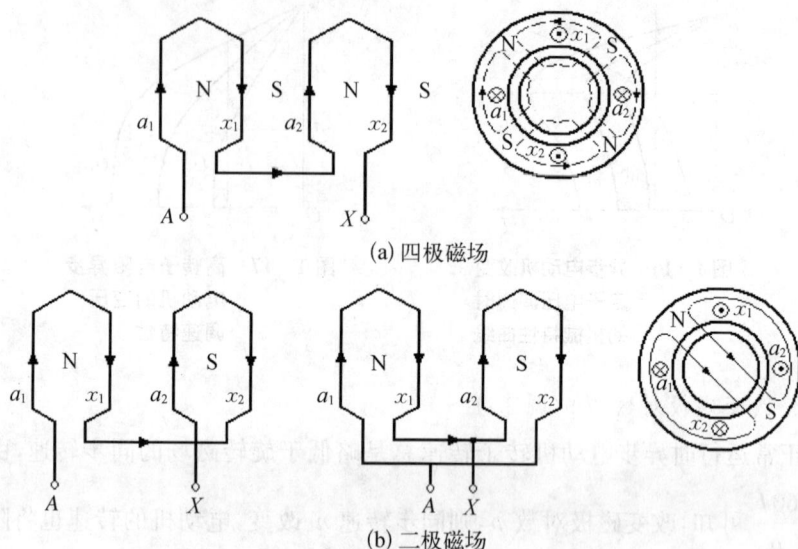

图 1-18　异步电动机双速绕组的变极原理

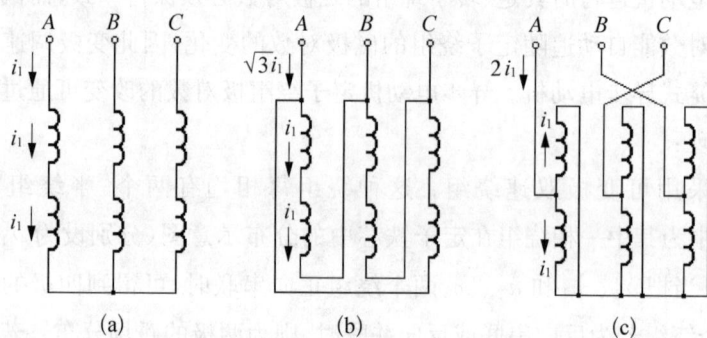

图 1-19　异步电动机双速绕组的 Y、△以及 YY 的接线

组的 Y、△以及 YY 的接线原理图。

　　可见,对于双速定子绕组的异步电动机,改变其定子绕组的接线方式,即可使定子极对数成倍的变化,从而达到调速的目的。

　　异步电动机变极调速时,必须考虑电动机在变速前后转矩及功率的允许输出。

　　假定异步电动机变极调速前后电动机的功率因数 $\cos \Phi_1$ 及效率 η 均保持不变,且定子每相绕组中允许流过的最大电流均为额定电流 I_{1N}。则对于 Y—

YY 变极调速，电动机的允许输出功率与转矩分别为：

Y 接法时

$$\left.\begin{array}{l} P_{\mathrm{Y}} = \sqrt{3}\,U_N I_{1N}\,\eta\cos\varphi_1 \\[2mm] T_{\mathrm{Y}} = 9\,550\,\dfrac{P_{\mathrm{Y}}}{n_{\mathrm{Y}}} \approx 9\,550\,\dfrac{P_{\mathrm{Y}}}{n_{0\mathrm{Y}}} \end{array}\right\} \qquad (1-11)$$

YY 接法时

$$\left.\begin{array}{l} P_{\mathrm{YY}} = \sqrt{3}\,U_N (2I_{1N})\,\eta\cos\varphi_1 = 2P_{\mathrm{Y}} \\[2mm] T_{\mathrm{YY}} \approx 9\,550\,\dfrac{P_{\mathrm{YY}}}{n_{0\mathrm{YY}}} = 9\,550\,\dfrac{2P_{\mathrm{Y}}}{2n_{0\mathrm{Y}}} = T_{\mathrm{Y}} \end{array}\right\} \qquad (1-12)$$

由 $T_{\mathrm{YY}} \approx T_{\mathrm{Y}}$ 可知，电动机的 Y—YY 变极调速属于恒转矩调速。即当定子绕组由 Y 变为 YY 时，尽管电动机转速提高了近 1 倍，但由于允许输出功率也增加了 1 倍，故电动机的输出转矩可保持不变。

而对于 △—YY 变极调速，电动机的输出功率与转矩分别为：

△接法时

$$\left.\begin{array}{l} P_{\triangle} = \sqrt{3}\,U_N (\sqrt{3}\,I_{1N})\,\eta\cos\varphi_1 \\[2mm] T_{\triangle} \approx 9\,550\,\dfrac{P_{\triangle}}{n_{0\triangle}} \end{array}\right\} \qquad (1-13)$$

YY 接法时

$$P_{\mathrm{YY}} = \sqrt{3}\,U_N (2I_{1N})\,\eta\cos\varphi_1 = \frac{2}{\sqrt{3}}P_{\triangle} = 1.155 P_{\triangle} \approx P_{\triangle}$$

$$T_{\mathrm{YY}} \approx 9\,550\,\frac{P_{\mathrm{YY}}}{2n_{0\triangle}} = 9\,550\,\frac{\dfrac{2}{\sqrt{3}}P_{\triangle}}{2n_{0\triangle}} = \frac{1}{\sqrt{3}}T_{\triangle} = 0.577 T_{\triangle}$$

即

$$\left.\begin{array}{l} P_{\mathrm{YY}} \approx P_{\triangle} \\[2mm] T_{\mathrm{YY}} \approx 0.577 T_{\triangle} \end{array}\right\} \qquad (1-14)$$

可见△—YY 变极调速前后电动机可输出的功率基本不变，为近似恒功率调速。因此随着定子绕组由△连接变为 YY 连接，转速升高的同时，其输出转矩也相应减小近 50%。

（2）采用多套不同极对数的定子绕组。电动机的定子铁芯槽内嵌放两套（或多套）不同极数的绕组，运行时根据需要，将其中一套与电源相接。这样就可通过两套绕组间的换接，实现两种转速的变极调速。如果这两套绕组本身就是双速绕组，则电动机便可实现四速变极调速。

3. 变频调速

变频调速与变极调速相似，都是通过改变定子旋转磁场的同步转速来实现的。在电源频率可连续、大范围变化的前提下，可以实现对电动机平滑、大范围的调速。

异步电动机的定子感应电势

$$E_1 = 4.44k_1N_1f_1\Phi = kf_1\Phi$$

式中，$k = 4.44k_1N_1$，为一常数。若忽略定子阻抗压降，则定子绕组感应电势与电源电压近似相等，即

$$U_1 \approx E_1$$

由此可知，如果在降低频率调速时保持 U_1 不变，则主磁通 Φ 将要增加，从而可能使磁路饱和而导致励磁电流大大增加，铁芯过热。因此通常要求在保持 Φ 不变的情况下进行变频调速，即在降低频率的同时电源电压也按比例下调，其比例关系为：

$$\frac{U_1}{f_1} = \frac{U_1'}{f_1'} = 常数 \tag{1-15}$$

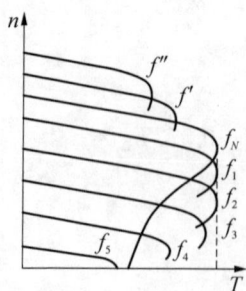

图 1-20 异步电动机变频调速时的机械特性曲线（$f'' > f' > f_N > f_1 > f_2 > f_3 > f_4 > f_5$）

图 1-20 为异步电动机变频调速时的机械特性曲线。在额定频率之下，以保持 U/f 恒定进行变频调速。当频率在较高范围时，因主磁通 Φ 基本不变，故电动机的最大转矩 T_m 不变，为恒转矩的调速方式；但当频率较低时，因定子绕组的阻抗压降的存在，按 U/f 恒定的控制将使电动机的主磁通略有减小，从而导致电动机的电磁转矩有所减小。

在额定频率之上进行升频调速时，若要保持主磁通 Φ 基本不变，U_1 应随 f_1 而上升。由于电源电压的上升将受制于电机的绝缘强度等诸多因素影

响,故一般保持 U_1 不变。此时,随着 f_1 的升高,Φ 将减弱,电动机的电磁转矩也将减小。升频调速属于恒功率的调速方式,一般只在小范围进行。

1.3　直流电动机的起动、制动与调速

对于直流电动机的起动、制动与调速的定义与交流异步电动机相同。他励式直流电动机在主磁极磁场不变的情况下,其机械特性方程为一线性方程,特性曲线为一条直线,且电磁转矩与电枢电流成正比。因而对他励式直流电动机的起动、制动、调速的具体分析,可简化为利用数学的方法,直接得出一些相关的结论,这些结论同样适用于并励或复励直流电动机。

1.3.1　直流电动机的起动

由直流电动机的电势平衡方程式 $U = E_a + I_a R_a$ 可知,电动机的电枢电流为:

$$I_a = \frac{U - E_a}{R_a} \qquad (1\text{-}16)$$

在电动机接通电源的起动瞬间,转子因惯性不能立即转动,$n = 0$,电枢反电势 E_a 也为 0,故直流电动机起动时,其电枢电流为:

$$I_{\text{ast}} = \frac{U}{R_a} \qquad (1\text{-}17)$$

直流电动机的电枢电阻 R_a 很小,因此起动电流 I_{ast} 很大。如果在全电压下直接起动,则起动电流 I_{ast} 可达额定电流 I_{aN} 的 $10\sim20$ 倍,而普通直流电动机允许的瞬时过载电流按规定不得超过 $(2\sim2.5)I_{\text{aN}}$,这样大的起动电流是电动机过载能力所不允许的;此外,由于电动机的起动转矩与电枢电流成正比,过大的起动电流产生过大的起动转矩而引起强烈的机械冲击。一般直流电动机在全电压下起动时,都必须采取措施,限制起动电流和其相应的起动转矩。

根据起动电流 I_{ast} 的表达式可以看出,直流电动机限制起动电流的方法可分别采用电枢回路串电阻分级起动或电枢降压起动。而电枢回路串电阻起动由于使用设备简单、经济而被广泛使用。

当电枢回路串入起动电阻 R_{st} 后,按 $I_{\text{ast}} \leqslant (2\sim2.5)I_{\text{aN}}$,的要求,有:

$$I_{ast} = \frac{U}{R_a + R_{st}} \leqslant (2 \sim 2.5) I_{aN} \tag{1-18}$$

由此(1-18)式可求得起动电阻 R_{st} 的大小。

电动机串电阻起动后,随着转速的上升,电枢电流逐渐减小而接近于额定电流值,在此情况下可将起动电阻切除。起动电阻的切除一般应分段进行,以避免切换过程中引起过大的电枢冲击电流。根据起动电阻的分段数,直流电动机的串电阻起动通常可分为二级起动和三级起动两种。二级起动时第一次和第二次切除的电阻的值一般为 $2/3R_{st}$ 和 $1/3R_{st}$;而三级起动时依次切除的三段电阻则分别为 $0.5R_{st}$、$0.3R_{st}$ 和 $0.2R_{st}$。每次切换通常是在 $I_a = 1.1I_{aN}$ 时进行。

1.3.2 直流电动机的制动

直流电动机的机械特性方程式为:

$$n = \frac{U}{K_E \Phi} - \frac{R_a}{K_E K_T \Phi^2} T = n_0 - \Delta n \tag{1-19}$$

特性曲线为一条斜率为 $\frac{R_a}{K_E K_T \Phi^2}$,与纵轴截距(理想空载转)为:$n_0 = \frac{U}{K_E \Phi}$ 的直线。当电动机因某些参数改变或受外转矩的作用而运行于机械特性曲线的第2、4象限时,其电磁转矩方向与转速方向相反,电动机便进入了制动运行状态。

1. 反接制动

当直流电动机的电枢电势 E_a 与电源电压 U 方向相同时,电动机处于反接制动状态。直流电动机同样有电源反接制动和倒拉反接制动两种情况。

(1) 电源反接制动。电动机在电动状态下运行时,将其电枢电压反接,并同时在电枢回路中串入电阻,以限制换接时的电枢电流。其特性方程为:

$$n = \frac{-U}{K_E \Phi} - \frac{R_a + R_B}{K_E K_T \Phi^2} T \tag{1-20}$$

此时电动机便由正向的电动运行(曲线①的 a 点)过渡到电源反接制动运行状态(曲线②的 b 点),即为反向运行机械特性曲线向第2象限的延伸段,如图1-21(a)所示。

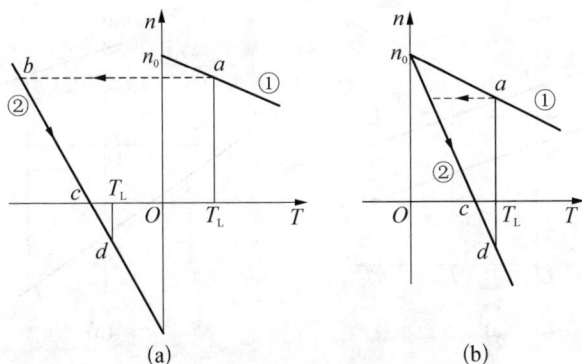

图 1-21　他励直流电动机的反接制动
(a) 电源反接制动　(b) 倒拉反接制动

（2）倒拉反接制动。电动机带一位能性负载 T_L 运行于电动状态[图 1-21(b)特性曲线①的 a 点]，若在电枢回路中串入足够大的电阻 R_B，使其电磁转矩减小（$T'_{ST} < T_L$），以致电动机在负载转矩拖动下进入反转，即机械特性曲线②向第 4 象限的延伸段，此时电动机便进入了倒拉反接制动运行状态。如图 1-21(b)所示。

2. 回馈制动

直流电动机运行时，因外转矩的作用或电源电压的改变使得其转速高于理想空载转速，即 $n > n_0 = \dfrac{U}{K_E \Phi}$（或 $|n| > |n_0|$），电动机便进入回馈制动运行状态。

（1）调速过程中出现的回馈制动。电动机在电动状态下运行时，若对电动机进行降压调速，则降压后的特性曲线的理想空载转速 n_0 降低，而电动机的转速 n 因惯性而不能突变，因而电动机便由特性曲线①的 a 点过渡到曲线②的 b 点而进入制动运行，即降压后的机械特性曲线②向第 2 象限的延伸段，如图 1-22(a)所示。

（2）位能性负载作用下产生的回馈制动。电动机带一位能性负载反向起动（参考方向的设定参见异步电动机回馈制动一节），则电动机将在负载转矩和电磁转矩共同作用下反转并加速直至机械特性曲线②的 d 点，即为反向运行机械特性曲线②向第 4 象限的延伸段，如图 1-22(b)所示，电动机最后稳定运行于回馈制动状态。

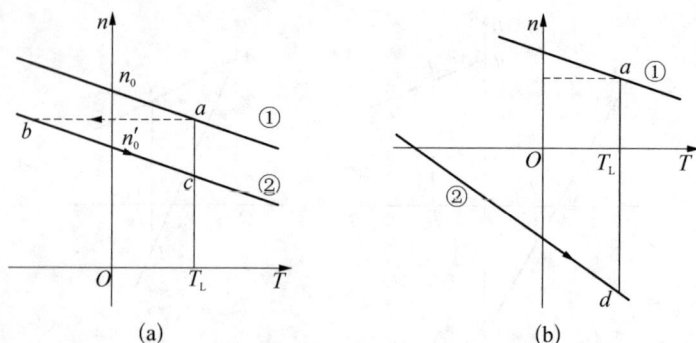

图 1-22　他励直流电动机的回馈制动

（a）调速过程中出现的回馈制动　（b）位能性负载作用下产生的回馈制动

3. 能耗制动

直流电动机实现能耗制动的方法是，将运行于电动状态的电动机的电枢从电源断开，并接入一电阻（用以限流），此时电动机的机械特性为：

$$n=-\frac{R_{\mathrm{a}}+R_{\mathrm{B}}}{K_{\mathrm{E}}K_{\mathrm{T}}\Phi^2}T \qquad (1-21)$$

其理想空载转 $n_0=\dfrac{U}{K_{\mathrm{E}}\Phi}=0$，即曲线为一条过原点、位于第 2、4 象限的直线，如图 1-23 所示。能耗制动既可用于电动机的加速停车（曲线位于第 2 象限部分），也可用于位能性负载的匀速下降（曲线位于第 4 象限部分）。

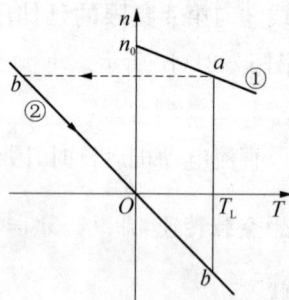

图 1-23　他励直流电动机的能耗制动

1.3.3　直流电动机的调速

直流电动机的调速可分别通过电枢回路串电阻、改变电枢电压以及主磁极磁场的方法来实现。

1. 电枢回路串电阻调速

电动机带负载运行时，保持电枢电压和磁通为额定值，在电枢回路中串入不同阻值的电阻，使得特性曲线的硬度改变而理想空载转速不变，在相同负载情况下电动机的转速降 Δn 增大，从而达到调速的目的。

直流电动机的这种调速方法与异步电动机变转差率调速相似，在轻载或空载的情况下调速效果不明显；此外，随着电枢回路所串电阻越大，其特性曲线就越软，转速的稳定性就越差。

2. 改变电枢电压的调速

考虑到电机的绝缘强度等因素，改变电压的调速一般只进行降压调速。在主磁通以及电枢回路电阻不变的情况下，降低电枢电压，则特性曲线的硬度不变而理想空载转速下降。因此，随着电枢电压的降低，曲线平行下移。在一定负载下，降低电压即可实现电动机的转速下调。

直流电动机的降压调速可实现平滑的无级调速、调速前后特性曲线硬度不变。它具有调速幅度大、稳定性好等一系列优点。但是需要专用的调压设备，如 G-M 系统（直流发电机—直流电动机系统）或 SCR-M 系统（晶闸管—直流电动机调速系统）。

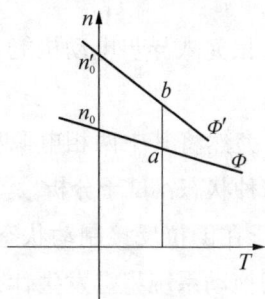

3. 减弱磁通 Φ 的调速

在电动机的励磁绕组回路中，串入可变电阻，就可减小励磁电流，使主磁极磁通 Φ 减弱。从机械特性方程式看，Φ 减少后，理想空载转速 n_0 提高了，同时转速降 Δn 也大为增加。图 1-24 表示了不同 Φ 值时的机械特性曲线。因此在一定负载下减弱磁通 Φ 将使电动机的转速上升。

弱磁调速可使电动机获得高于额定转速的转速，所以一般船舶直流起货机在空钩运行时常利用这种方法来获得高速，以提高生产效率。但是弱磁调速时，机械特性变软，给定转速下的稳定性较差。而且动态电流要比额定电流大。由于换向器和机械强度的限制，转速调节也受到限制。普通电动机在弱磁调速时，转速可达到 $1.1\sim1.2n_N$，但最高不允许超过 $1.2n_N$。正由于它的调速范围窄，故一般与额定转速下的降压调速配合使用，以扩大调速范围。例如船舶起货机，重载低速时，用电枢串电阻调速等方法；而要空载高速时，用弱磁调速。

图 1-24　直流电动机减弱磁通 Φ 的调速特性曲线

习 题 与 思 考

1-1　电力拖动系统运行的稳定性是指什么？而拖动系统稳定运行的条件又

是什么?

1-2 为了缩短起动过程,在电动机方面应采取哪些办法? 常见船舶上的起货电动机转子为什么要制成又细又长?

1-3 直流电动机采用电阻分级起动时,切换电阻时的电流要稍大于额定电流,为什么? 为了使起动平稳,是否分级越多越好?

1-4 在空载和满载起动时,电动机的起动电流及起动转矩是否一样? 对于同一交流异步电动机接成 Y 形(电源电压为 380 V)和接成△形(电源电压为 220 V),起动时的起动电流及起动转矩是否一样?

1-5 试比较异步电动机变转差率、变极和变频调速的各自的优缺点。

1-6 有一台鼠笼式三相异步电动机,铭牌上标明:额定电压 380 V,Y 形联接,出厂时绕组用 Y 形联接,今拟用 Y—△换接降压起动,是否可以? 为什么?

1-7 电源反接制动和倒拉反接制动的区别是什么? 鼠笼式异步电动机能否实现倒拉反接制动?

1-8 异步电动机带一位能性负载运行在电动状态,突然将其中两相电源反接,会出现什么情况,电动机最终稳定运行在何种状态? 试予分析。

1-9 一台直流他励直流电动机带一位能性负载运行在倒拉反接制动状态,此时突将电枢电源反接,并切除制动电阻,试问拖动系统将会发生什么情况? 电动机最终将稳定运行在何种状态? 画出机械特性曲线。

1-10 对恒转矩及恒功率的变极调速,分别应配以何种负载特性比较合理? 为什么?

1-11 异步电动机变频调速时,为什么希望在调速过程中保持磁通不变? 在过载能力不变的前提下,要维持恒转矩或恒功率的变频调速,各自的条件是什么?

1-12 一台他励直流电动机的数据为:$P_N = 40$ kW,$U_N = 220$ V,$I_N = 207.5$ A,$R_a = 0.067\ \Omega$,$n_N = 1\ 000$ r/min,试求:

(1) 若直接起动,则起动电流为额定电流的多少倍?

(2) 如采用三级起动,起动电流不超过 $2.5I_N$,则应串入多大的起动电阻? 并估算各级的起动电阻值。

(3) 算出各级起动电阻切除时的瞬时转速(每次切换时的电流为 $1.2I_N$)。

1-13　一台鼠笼式三相异步电动机的数据为：$P_N = 30\ \text{kW}$，$U_N = 380\ \text{V}$，$I_N = 57.5\ \text{A}$，$f_1 = 50\ \text{Hz}$，$p = 2$，$s_N = 0.02$，$\eta = 90\%$，$T_{st}/T_N = 1.2$，$I_{st}/I_N = 7$，试求：

（1）用 Y—△换接降压起动时的起动电流和起动转矩；如负载转矩分别为额定负载转矩的 60% 和 25% 时，电动机能否起动？

（2）用自耦变压器降压起动，使电动机起动转矩为额定转矩的 85% 时，自耦变压器的变比应为多少？此时电动机的起动电流和线路上的起动电流各为多少？

1-14　一台直流他励直流电动机的数据为 $P_N = 29\ \text{kW}$，$U_N = 440\ \text{V}$，$I_N = 76\ \text{A}$，$n_N = 1\,000\ \text{r/min}$，$R_a = 0.065\,R_N\,(R_N = U_N/I_N)$，若忽略空载损耗，试求：

（1）电动机以转速 500 r/min 吊起 $T_L = 0.8T_N$ 的负载，求这时串接在电枢电路上的电阻 R_Z；

（2）用哪几种方法可使负载（$T_L = 0.8T_N$）以 -500 r/min 的转速下放？求每种方法电枢电路内的串接电阻值各为多少？

（3）当电动机以 500 r/min 转速稳定起吊 $T_L = 0.8T_N$ 的负载时，忽然将电枢反接，并使电流不超过 I_N，求最后稳定下降时的转速；

（4）电动机在倒拉反接制动下工作，转速 $n = -600$ r/min，电枢电流 $I_a = 50\ \text{A}$，求：① 电枢电路内所串接电阻值；② 电动机轴上的转矩；③ 电网供给的功率；④ 从轴上输入的功率；⑤ 在电枢电路内电阻上消耗的功率。

第 2 章　电动机的自动控制基础

生产机械电力拖动自动控制线路主要是以各类电动机或其他执行电器为控制对象,以各类电气元件执行信号或指令的处理实现控制功能。凡是根据外界的电信号或非电信号,能对电气电路实现接通、断开、控制、保护与调节,对非电装置实现控制的电器元件统称为电器。由控制电器组成的系统称为电器控制系统。一般的电器控制系统常选用继电器和接触器,因而称为继电—接触器控制系统。长期实践中,人们已经将电气控制线路总结成最基本的控制单元供选用和组合。

本章首先介绍常用的控制电器如继电器、接触器等,讲述组成电器控制线路的基本规则;之后介绍应用最为广泛的三相异步电动机的起动、运行、调速、制动的基本控制线路。

2.1　控制电器的结构原理和功能

船舶各种常用电器主要包括需要继电器、接触器、熔断器、主令电器及电磁制动器。电器的功能多、用途广、品种规格繁多、工作原理各不相同,通过分类便于系统地掌握。

2.1.1　按用途分

(1) 控制电器:用于各种控制电路和控制系统的电器,如接触器、各种控制继电器、起动器等。

(2) 主令电器:用于自动控制系统中发送控制指令的电器,如控制按钮、主令开关、行程开关、转换开关等。

(3) 保护电器:用于保护电设备的电器,如熔断器、热继电器、避雷器等。

(4) 执行电器:用于完成某种动作或传动功能的电器,如电磁铁、电磁阀、电磁离合器、电磁制动器等。

2.1.2　按动作方式分

（1）自动电器：依据自身参数的变化或外部其他信号的作用，自动完成接通或分断动作，如接触器、各类继电器等。

（2）手动电器：用手动操作或依靠外力作用，直接进行接通或分断动作，如按钮、刀开关、转换开关等。

2.1.3　按工作原理分

（1）电磁式电器：依据电磁感应原理来工作的电器，如交流接触器、各种电磁式继电器等。

（2）非电量控制电器：电器的工作是靠外力或某种非电量的变化而动作的电器，如刀开关、行程开关、按钮、速度继电器、压力继电器、温度继电器等。

任何复杂的控制线路都是由一些基本的单元电路所组成的，而基本单元电路则由若干功能不同的电器元件组合而成。为此，必须先了解电器元件的结构、动作原理以及它们的控制作用。

2.1.4　接触器

接触器是利用电磁吸力原理用于频繁地接通和切断大电流电路（即主电路）的开关电器。电磁式接触器按触头控制的电流种类分为直流接触器和交流接触器。两类接触器在触头系统、电磁机构、灭弧装置等方面均有所不同。交流接触器其外形及结构原理如图 2 - 1 所示。

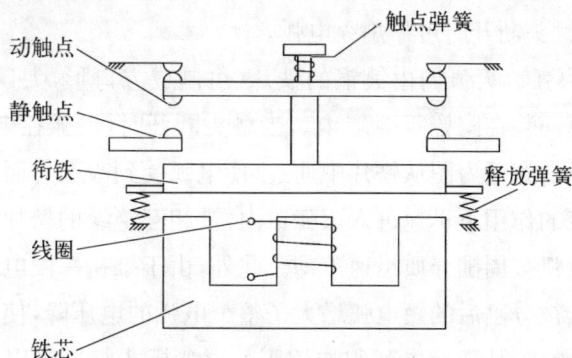

图 2 - 1　交流接触器结构

1. 触头系统

接触器的触头系统受电磁机构控制而动作。触头系统包括主触头、辅助触头和触头弹簧。辅助触头联接在控制电路中流过信号电流,它根据实际需要提供有常开和常闭触头两种方式。在吸引线圈无电,衔铁未被吸引时,处于断开状态,而在吸引线圈通电时,处于闭合状态的触头叫常开(动合)触头;反之叫常闭(动断)触头。主触头可制成单极、双极、三极、四极或五极,且多为常开触头;触头的形式多样,交流接触器一般采用双断点桥式触头结构(见图 2-1),而直流接触器一般采用单断点指式结构,如图 2-2(a)所示。触头弹簧的作用是使触头闭合时能紧密接触,减少触头间的接触电阻和触头通断时引起的跳动。

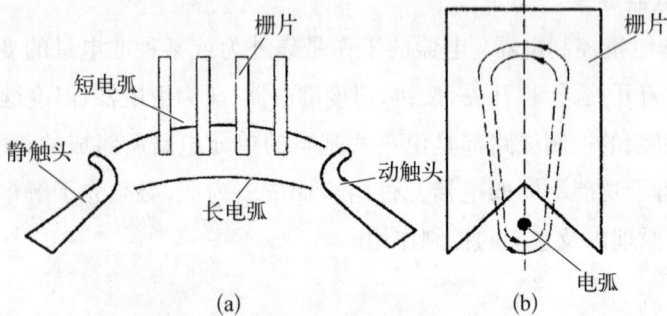

图 2-2 栅片灭弧

(a) 电弧分割　(b) 栅片形状

2. 灭弧装置

接触器主触头在断开主电路时,产生的电弧会使切断电路的时间延长甚至会烧坏触头。为了减少电弧对触头的损伤作用,延长接触器的使用寿命,采用灭弧装置在触头断开时可靠熄灭电弧。

(1) 栅片灭弧。灭弧栅由镀铜的铁片(可制成方口形,尖口形或矩形)组成,按一定距离插装在陶瓷灭弧罩内。当触头断开时,电弧在电动力(在铁栅片下,电弧产生的磁通力图从铁片中通过,使电弧受到吸引力而被拉入灭弧栅中)和热空气流的作用下迅速进入灭弧罩内,被相互绝缘的栅片分隔成多段短电弧,这些短电弧被周围介质迅速冷却。此外,由于维持一段电弧燃烧必须要有一定的电压,被分割后的短电弧增大了整个电弧的电压降,使电源电压不能继续维持电弧燃烧,从而使电弧很快熄灭。灭弧栅非常适合用作交流接触器的灭弧装置,因为交流电(在电流电压)过零之后电弧不易再燃。栅片灭弧如图 2-2(b)所示。

(2) 磁吹灭弧装置。在直流接触器中广泛应用磁吹灭弧装置。图 2-3 为串励磁吹灭弧装置原理图。灭弧线圈与触头串联,电弧在线圈磁场中受力向上运动。灭弧角与静触头联接,起引导电弧的作用。电弧由静触头向上转移到灭弧角,被拖长扩散而迅速冷却熄灭。这种串接励磁的优点是当触头电流反向时,磁吹力的作用不变。由于磁吹力与电流的平方成正比,电弧电流越大,吹弧能力就越强。在断开小电流时,将会由于吹力减弱而造成灭弧困难。

除了上述的串接励磁外,还有并接励磁或永久磁铁励磁法,其优点是能得到恒定的磁吹力,缺点是具有方向性,当触头上电流反向时,磁吹力方向变反。

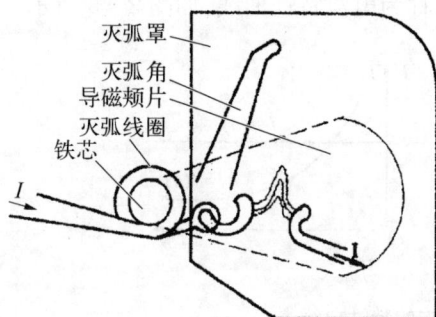

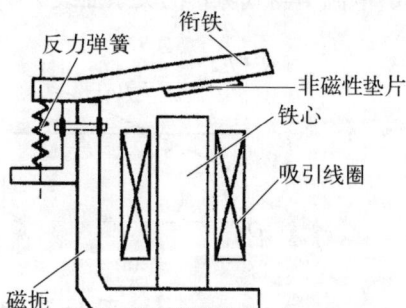

图 2-3 串励磁吹灭弧   图 2-4 转动拍合式电磁机构

3. 电磁机构

交流接触器的电磁机构由铁芯、吸引线圈、衔铁等组成的 E 形电磁铁和反力弹簧(释放弹簧)构成,如图 2-3 所示。直流接触器电磁机构一般采用转动拍合式结构,如图 2-4 所示。

当电磁机构吸引线圈通电后,产生电磁吸力与磁通 Φ 的平方成正比,将衔铁吸合,带动触头工作。当线圈断电或电信号小到一定程度时,由反力弹簧作用使衔铁释放。

交流接触器的吸引线圈是一只交流电压线圈,这种电磁机构在作用原理上属"恒磁链"系统。因为是恒磁链($N\Phi$: 常数,N 是线圈匝数),所以线圈通电后电磁铁产生的吸力 F($F\propto\Phi^2$)恒定不变,与气隙 δ 的大小无关。但恒磁链电磁机构的线圈电流 I 正比于气隙 δ。因此,交流接触器在线圈刚通电、衔铁尚未吸合的瞬间,电流很大,一旦衔铁吸合,电流又自动下降到额定值。对交流接触器(或对恒磁链系统的电磁机构)来说,当衔铁卡住、衔铁吸合不紧密或操作频率过高,都可能造成线圈发热以至烧坏。

对直流接触器的电磁机构来说,吸引线圈是一只直流电压线圈,这种电磁机构在作用原理上属"恒磁势"系统。因为是恒磁势($IN=$常数),电磁机构工作过程中线圈电流 I 恒定不变,与气隙 δ 的大小无关。但恒磁势电磁机构的磁通 $\varPhi$ 反比于气隙 δ,所以电磁吸力反比于气隙的平方($F \propto 1/\delta^2$)。因此,直流接触器的吸力在衔铁吸合前后变化很大,而线圈电流却不变。为了减少吸引线圈的功耗和发热,一般在直流接触器衔铁吸合后,在线圈中串入经济电阻以减少线圈电流。

交直流接触器的吸力 F 与气隙 δ 的关系曲线 $F=f(\delta)$,称为吸力特性曲线;电流 I 与气隙 δ 的关系曲线 $I=f(\delta)$ 称为电流特性曲线,如图 2-5 所示。

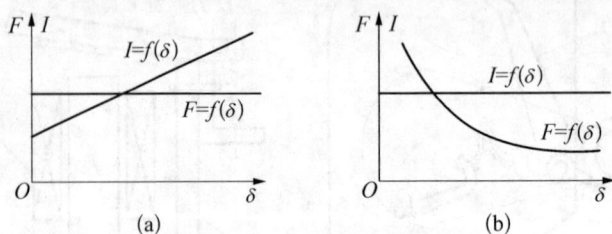

图 2-5 电磁机构的特性曲线

(a) 恒磁链机构　(b) 恒磁势机构

4. 接触器的调整方法

接触器衔铁所受到的吸力大于其反力时,吸合;而小于其反力时,释放。衔铁的反力包括:反力弹簧的反作用力,可动部分的重力和摩擦力,触头闭合后触头弹簧的反力。这里引入一个接触器、继电器的主要技术参数——返回系数 K_f,它的定义是

$$K_f = X_f / X_x \tag{2-1}$$

式中,X_x——使电磁机构可靠动作(衔铁吸合)的最小输入量,简称动作值;X_f——使电磁机构可靠释放的最大输入量,简称释放值。

显然,返回系数 K_f 越接近于 1,则电磁机构动作越灵敏。对接触器来说,因为吸引线圈输入量是一个电压量,故 $K_f = U_f / U_x$。

接触器(或下面要讲到的继电器)动作值和释放值的大小可通过调整反力

弹簧松紧、非磁性垫片厚度以及气隙的大小来实现。增加非磁性垫片厚度,相当于增加衔铁闭合后的气隙,使 X_f 提高,但 X_x 不变,故返回系数 K_f 提高。增加衔铁释放后的气隙,则 X_x 增大,但 X_f 不变,故 K_f 下降。增加反力弹簧预压力时,接触器的动作值和释放值增加的程度相同,但弹簧的预压力增加后,动作电流增加,使磁路饱和,造成 K_f 有所减小。

5. 交直流接触器在电磁机构上的区别

交流接触器的线圈铁芯和衔铁由硅钢片叠成,以便减少铁损,而直流接触器的铁芯和衔铁可用整块钢。交流接触器的吸引线圈因具有较大的交流阻抗,故线圈匝数比较少,且采用较粗的漆包铜线绕制。相比之下,直流接触器的线圈匝数较多,绕制的漆包线较细。

交流接触器的电磁铁芯上必须装有短路环如图 2-6 所示,这是为了消除交流接触器工作时的振动和噪声。因为单相交流电所产生的磁通是脉动的,在一个周期内,磁通两次过零,吸力也过零,使衔铁发生振动,发出噪声。加装短路环后,线圈电流过零时,短路环中的磁通却不为零,电磁铁仍有吸力。如果此吸力大于反力,虽然吸力的脉动仍然存在,但衔铁的振动已消除。

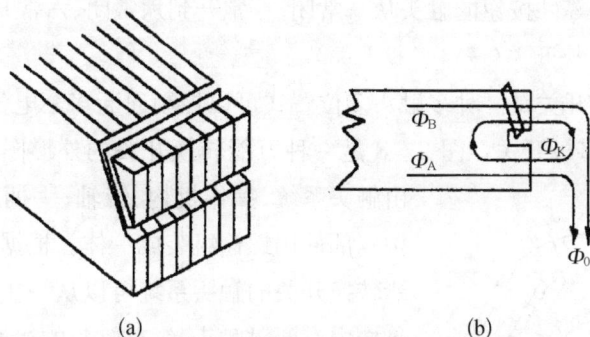

图 2-6　短路环

(a) 恒磁链机构　(b) 恒磁势机构

2.1.5　主令电器

主令电器是切换控制线路的单极或多极电器,其触头容量小,不能切换主电路。主令电器主要包括按钮、行程开关、万能转换开关、主令控制器等。

1. 按钮开关

按钮开关通常用来接通或断开控制电路,从而控制电动机或其他电气设备的运行。如图 2-7(a)所示,将按钮按下时,下面一对原来断开的静触头被动触头接通,而上面一对静触头则被断开。原来就接通的触头称为常闭触头,原来就断开的触头称为常开触头,其符号见图 2-7(b)。

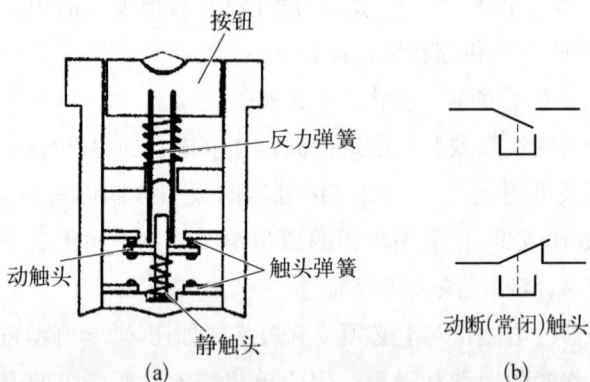

图 2-7 按钮开关

(a) 结构图 (b) 电路图

按钮开关的结构形式根据不同的使用场合有安装式、防护式、防水式、防腐式和钥匙式等。按钮的触头从一常闭、一常开到六常闭、六常开数量不等。

2. 万能转换开关(多路多极开关)

万能转换开关是一种多触头多位置式可以控制通断多个电气回路的主令开关,即多路多极开关。图 2-8 是一种万能转换开关的外形图,其转换开关

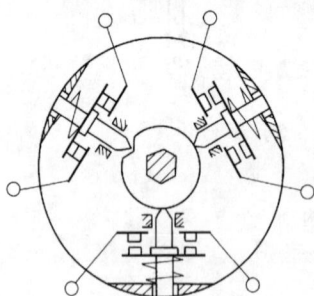

图 2-8 万能转换开关

由触头系统、操作机构、转轴、手柄、齿轮啮合机构等部件用螺栓组装成一体。根据使用要求,万能转换开关的触头系统可以从一档增至十六档,每档内有两对触头,每对触头的接通或断开由套在转轴上的尼龙凸轮推动支架来完成,凸轮的形状决定了触头接通及断开。各触头的闭合规律由图 2-9 所示的触头闭合表来表示,表中打"×"的表示开关手柄在该位置时,该触头是闭合的。

转换开关有自复位式和定位式两种操作方式。自复位式转换开关当人手离开操作手柄时能自动回复到原始位置;定位式转换开关则每隔30°或45°有一个定位。

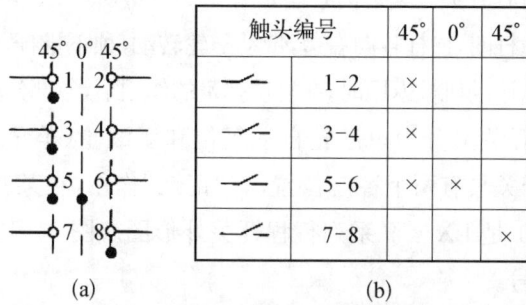

触头编号		45°	0°	45°
⌐	1-2	×		
⌐	3-4	×		
⌐	5-6	×	×	
⌐	7-8			×

(a)　　　　　　　(b)

图 2‑9　万能转换开关图形符号

(a) 图形符号　(b) 点闭合表

3. 行程开关

行程开关又称限位开关,是利用机械运动部件的碰撞或接近来控制其触头动作的开关电器。常用型式有按钮式和转臂式两种。

按钮式行程开关与按钮开关极其类似,不同之处是它依靠机械运动部件碰撞行程开关的推杆,自动控制触头的通断。

行程开关按其结构可分为直动式、滚轮式、微动式和组合式。

(1) 直动式行程开关。其结构原理如图 2‑10(a)所示,其动作原理与按钮开关相同,但其触点的分合速度取决于生产机械的运行速度,不宜用于速度低于 0.4 m/min 的场所。

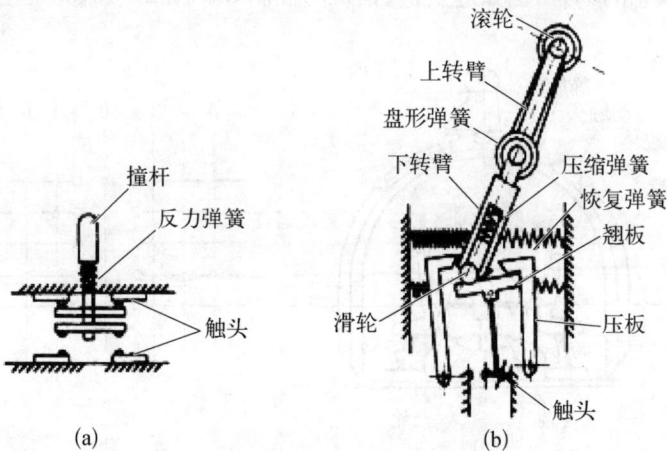

图 2‑10　行程开关结构图

(a) 直动式　(b) 滚轮式

（2）滚轮式行程开关。其结构原理如图2-10(b)所示,当被控机械上的撞块撞击带有滚轮的撞杆时,撞杆转向右边,带动凸轮转动,顶下推杆,使微动开关中的触点迅速动作。当运动机械返回时,在复位弹簧的作用下,各部分动作部件复位。

滚轮式行程开关又分为单滚轮自动复位和双滚轮(羊角式)非自动复位式,双滚轮行移开关具有两个稳态位置,有"记忆"作用,在某些情况下可以简化线路。图2-11是LX-19系列行程开关外形图。图2-12是行程开关图形符号和文字符号。

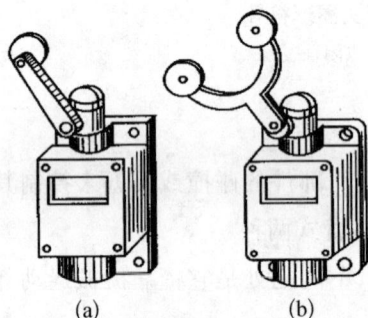

图2-11 LX-19系列行程开关外形图
(a) 单轮旋转式 (b) 双轮式

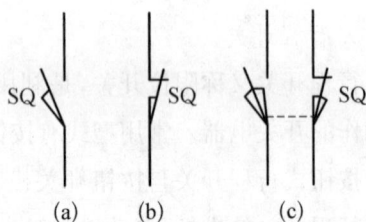

图2-12 行程开关图形符号和文字符号
(a) 常开触点 (b) 常闭触点 (c) 复式触点

4. 主令控制器

主令控制器是一种多位置多回路的控制开关,适合于频繁操作、并要求有多种控制状态的场合,例如起货机、锚机的控制等。图2-13(a)是主令控制器

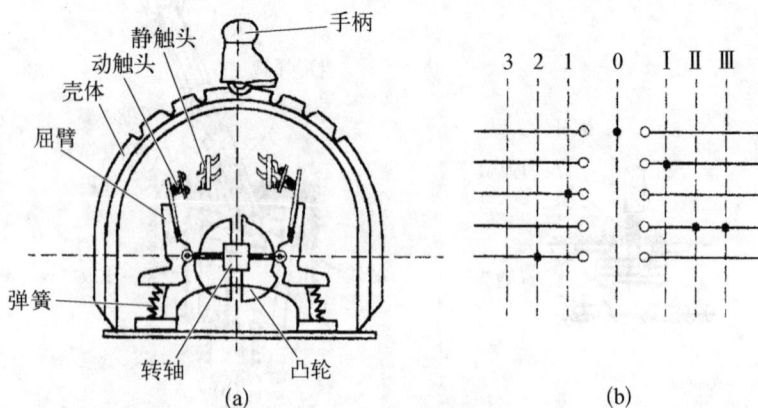

图2-13 主令控制器
(a) 结构示意图 (b) 电路符号

的结构原理图,一般由触头装置和带有凸轮的轴组成。凸轮位置随手柄工作位置而变动,从而改变了相应的触头闭合或断开状态。图 2-13(b)是主令控制器的电路符号及相应的触头通断表。

2.1.6　熔断器

熔断器是最简单而又有效的短路保护电器,船上常用的有管式和螺旋式熔断器[见图 2-14(a)、(b)]。熔断器中的熔片或熔丝用电阻率较高的易熔合金(铅、锡、锌、铝等)制成,或用截面积甚小的良导体(铜、银等)制成。线路正常工作时,熔断器不应熔断;一旦发生短路或严重过载则立即熔断。

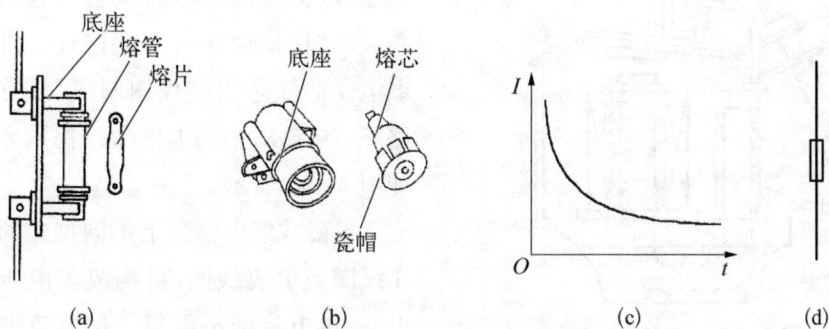

图 2-14　熔断器
(a) 管式熔断器　(b) 螺旋式熔断器　(c) 保护特性　(d) 电路符号

不同熔体材料的热惯性不同。热惯性较大的铅、锡等熔体材料,适用于缓熔;热惯性较小的锌、铝等熔体材料,适用于中熔;而铜、银等热惯性极小,适用于速熔。通常螺旋式熔断器多为缓熔熔断器,而管式熔断器多为中熔或速熔熔断器。熔断器的电路符号如图 2-14(d)所示。

熔断器的保护特性表示熔断器切断电流所需时间与通过熔断器电流的关系,如图 2-14(c)所示。它表现为反时限作用,即当线路电流超过熔断器的额定电流时,线路电流越大,熔断时间越短。

选用熔断器熔体的额定电流应作具体的分析。动力线路中为防止电动机较大的起动电流烧断熔丝,熔体不能按电动机的额定电流来选择,应按下式计算:

$$熔体额定电流 \geqslant (1.5 \sim 2.5) 电动机额定电流 \qquad (2-2)$$

轻载起动或降压起动时取下限,重载起动或全电压直接起动时取上限,以保证熔断器在电动机多次起动时,不致熔断。

2.1.7 继电器

继电器是根据电量(如电流、电压)或非电量(如时间、温度、压力、转速等)的变化而通断控制线路的电器,常用于信号传递和多个电路的扩展控制。

1. 电磁式继电器

电磁式继电器的结构和工作原理类似于接触器,只是其触头容量较小,没有灭弧装置。电磁式继电器也有交直流之分,交流继电器的铁芯用硅钢片叠成,磁极端面装有短路铜环。直流继电器的铁芯用整块钢制成,没有短路环。电磁式中间继电器结构示意图如图 2-15 所示。

电磁式继电器装上不同型式的电压线圈或电流线圈,可构成欠电压继电器、过电流继电器等。过电流继电器用于电动机过大负载时的过电流保护,也可以用于其他自动控制电路。它的吸引线圈匝数不多,串在主电路中。欠电压继电器的吸引线圈是一只电压线圈,跨接在电源上,当电源电压低于继电器的释放值时,其衔铁在反力作用下释放,触头亦复位,切断控制电路,从而起到欠电压保护作用。电磁式中间继电器的电路符号如图 2-16 所示。

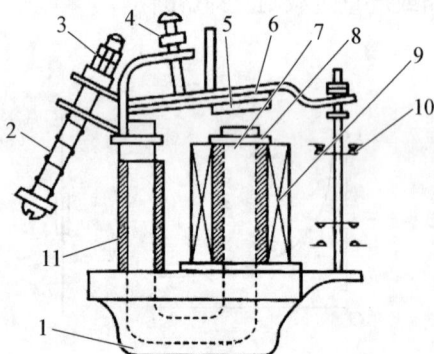

图 2-15 电磁式继电器结构

1-底座;2-反力弹簧;3、4-调整螺钉;
5-非磁性垫片;6-衔铁;7-铁芯;
8-极靴;9-电磁线圈;10-触头

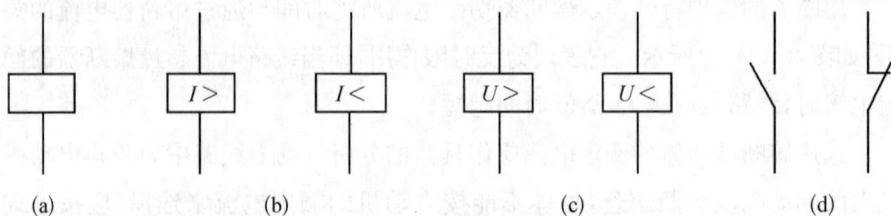

(a)　　　　　(b)　　　　　(c)　　　　　(d)

图 2-16 电磁式中间继电器的电路符号

(a) 一般的线圈　(b) 过、欠电流线圈　(c) 过、欠电压线圈　(d) 常开、常闭触头

在电磁原理上,带有交流电压线圈的继电器属"恒磁链"系统;而带有交流电流线圈或直流电流、电压线圈的继电器属"恒磁势"系统。它们的吸力特性曲线和电流特性曲线如图 2-5 所示。

2. 时间继电器

时间继电器具有接受信号后触头延时动作的特点。它有电磁式、空气阻尼式、电动式、钟摆式及半导体式等多种类型。根据其在线路中的动作要求,可分为四种类型。各类触头的动作要求及图形符号如见表 2-1 所示。

表 2-1　时间继电器图形符号

符　号　名　称	图　形　符　号
当操作器件被吸合时延时闭合的动合触点	
当操作器件被释放时延时断开的动合触点	
当操作器件被释放时延时闭合的动断触点	
当操作器件被吸合时延时断开的动断触点	

（1）半导体时间继电器。随着电子技术的发展,出现了半导体时间继电器。这类继电器机械结构简单、延时范围宽、经久耐用,正在日益得到广泛应用。

JSJ 系列时间继电器工作原理如图 2-17 所示。图中 C_1、C_2 为滤波电容。当电源变压器接上电源,正、负半波由两个二次绕组分别向电容器 C_4 充电,A 点电位按指数规律上升。原始状态 V_{T1} 管导通、V_{T2} 管截止。当 A 点电位高于 B 点电位,V_{T1} 管截止、V_{T2} 管导通,V_{T2} 管集电极电流通过高灵敏继电器 K 的线圈,由图 2-17 右侧继电器 K 的触点输出信号,同时 K 的常闭触点断开充电电路,K 的常开触点闭合使电容放电,为下次工作作好准备。调节电位器 R_{W1} 的数值,就可以改变延时的大小,此电路延时可达0.2～300 s。

（2）空气阻尼式时间继电器。空气阻尼式时间继电器主要由电磁机构、工作触头(微动开关)、气室及传动机构等组成,它有通电延时与断电延时两种类型。图 2-18 为通电延时型的空气阻尼式时间继电器的结构原理图。当线圈通

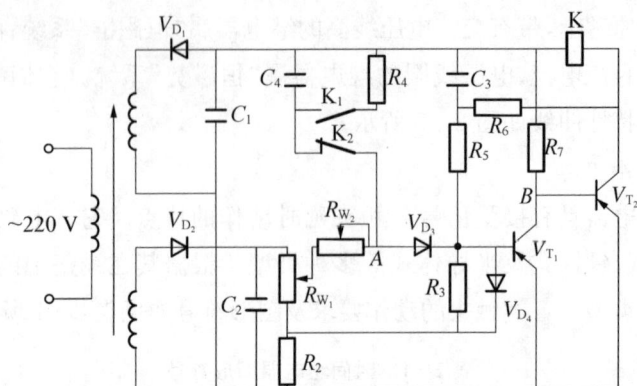

图 2-17　JSJ 系列半导体时间继电器工作原理

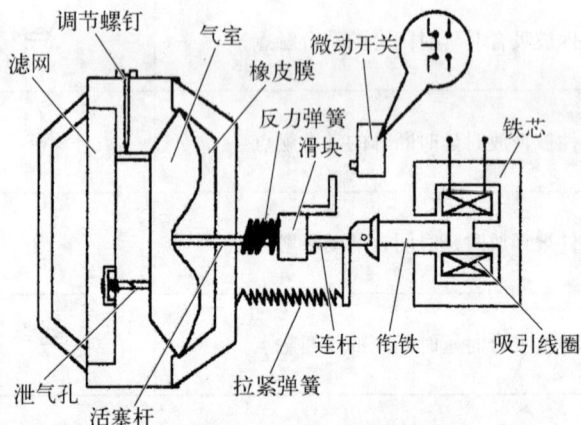

图 2-18　空气阻尼式时间继电器

电时,衔铁被吸引,这时滑块因失去连杆的支托而在反力弹簧的作用下移动,由于橡皮膜运动时受到空气阻尼作用,活塞杆移动缓慢,滑块经过一定时间后,触动微动开关的推杆使其触头动作。当线圈断电时,衔铁在拉紧弹簧的作用下释放,推动活塞,使气室内的空气通过排气阀门迅速排出,触头瞬时复位。

延时时间的长短与气室的进气量有关,调节螺钉可整定延时时间,延时范围在 0.4~180 s 之间。

3. 热继电器

热继电器是利用电流的热效应而动作的电器,适用于交流电动机的过载保护。它的结构原理如图 2-19(a)所示。双金属片由两种膨胀系数不同的金属片牢固轧焊在一起,膨胀系数大的称为主动层,小的称为被动层,在电流热

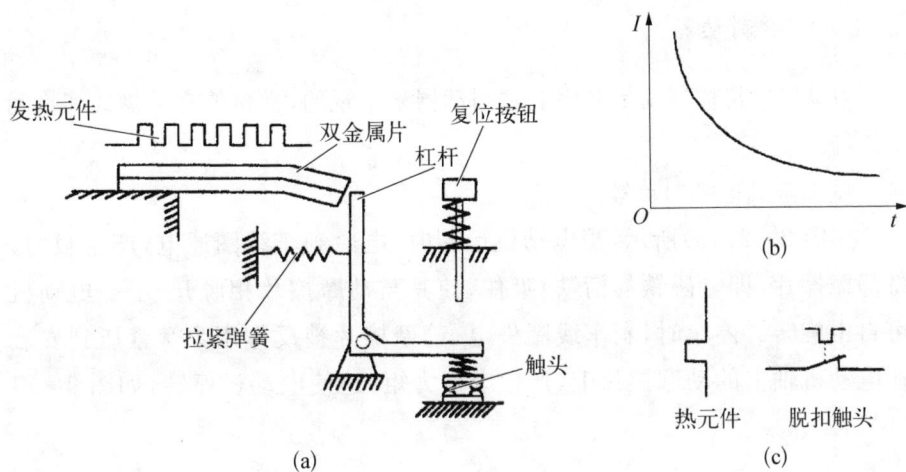

图 2-19　热继电器

(a) 结构原理图　(b) 工作特性　(c) 电路符号

效应的作用下,向被动层方向弯曲。当电动机过载时,过载电流经发热元件发出的热量传到双金属片上,使双金属片受热向上弯曲,右端脱开杠杆,在弹簧的作用下杠杆逆时针旋转,带动触头动作,从而切断电动机的控制电路。

　　热继电器脱扣后,经过一段时间冷却可自动或手动复位,如图 2-19(a) 所示的结构只能手动复位。热继电器的工作特性为反时限特性,如图 2-19(b) 所示。

　　4. 速度继电器

　　速度继电器是传递转速信号的继电器。如图 2-20 所示,转轴与主令轴(反映转速的轴)相连,转轴上装有永久磁铁,圆环与转轴同心,并能独自转动,环上嵌有笼式绕组。当主令轴转动时,带动永久磁铁转动,笼式环中感应电流,使圆环沿永久磁铁旋转方向转动(其转动原理与笼式异步电动机转子沿旋转磁场方向转动相同),带动环上固定的胶木锤转动一角度,使触头动作。但圆环的转动力矩很小,当转速降到 100 r/min 时,触头在弹簧反力作用下恢复原位。

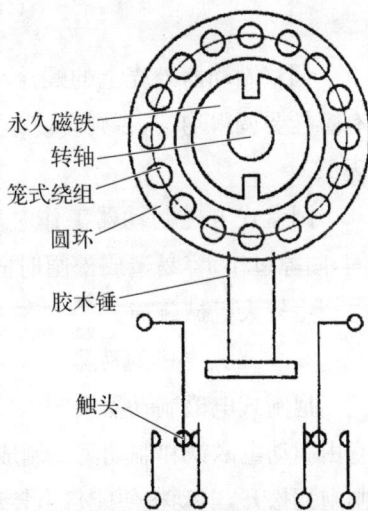

图 2-20　速度继电器结构原理图

2.1.8 电磁制动器

电动机的机械制动是采用电磁制动器来实现的,常见的有圆盘式和抱闸式两种。

1. 圆盘式电磁制动器

如图 2 - 21(a)所示,当电动机运转时,电磁刹车线圈通电,产生吸力,将静摩擦片(即电磁铁的衔铁)吸住,使其与动摩擦片相脱开,于是电动机可自由旋转。停车时,刹车线圈失电,静摩擦片被反作用弹簧紧压到安装在电动机轴上的动摩擦片上,产生摩擦力矩,迫使电动机停转,如图 2 - 21(b)所示。

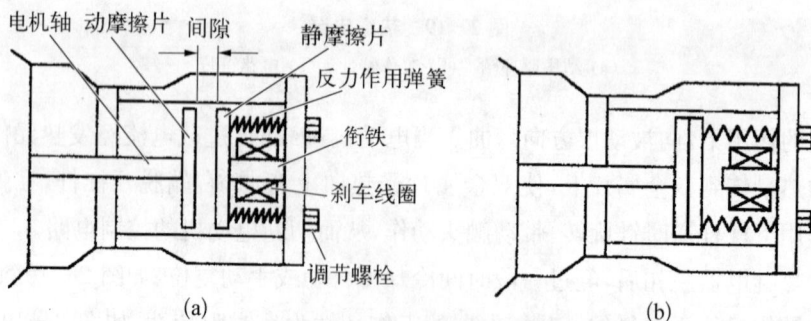

电机轴 动摩擦片 间隙 静摩擦片 反力作用弹簧 衔铁 刹车线圈 调节螺栓

(a)   (b)

图 2 - 21 圆盘式电磁制动器

(a) 松闸时 (b) 制动时

调整制动器外壳上的螺栓,可以改变反作用弹簧制动力矩,但必须注意所有螺栓要调得均匀,否则会使摩擦片歪斜、气隙不均匀,出现噪声大、振动大等现象。

圆盘式电磁制动器工作时静、动摩擦片之间的间隙通常在 $2\sim6$ mm 之间,间隙过小,容易造成松闸时静、动摩擦片之间的擦碰;间隙过大,则在制动时产生较大机械碰撞。

2. 抱闸式电磁制动器

抱闸式电磁制动器又叫电磁抱闸,其制动原理与圆盘式电磁制动器相仿。它由制动电磁铁和制动闸瓦制成。当制动电磁铁线圈通电后,产生吸力,使抱闸闸瓦松开,电动机便能自由转动;当线圈断电时,闸瓦在弹簧力作用下,将电动机闸轮刹住,使电动机迅速停转。

2.2　电动机的基本保护环节

　　船舶电力拖动控制装置中,继电接触控制系统通常用来完成电动机的起动、制动、反转、调速等自动控制功能。为了电气设备的安全可靠,控制线路都设有必要的保护环节,当系统发生各种故障时,能及时切断主电路,保护电气设备安全无损。对电动机控制而言,须具备四种基本保护:短路电流保护、过载保护(或过电流保护)、欠电压保护(包括零电压保护)以及对三相交流电动机缺相保护等。

　　最简单的三相交流异步电动机直接起动控制电路——交流磁力起动器,如图 2-22 所示。合上隔离开关 QS,控制电路有电,此时停止指示灯 HL_1(红色)亮,按下起动按钮 SB_1,接触器线圈 KM 通电,衔铁被吸合,主触头 KM 闭合,电动机定子绕组直接到三相电源上启动运转。接触器辅触头 KM 也同时闭合,这样当松开启动按钮 SB_1 后,接触器线圈仍能通电,保证了电动机的持续运行。接触器的另两个辅触头 KM、分别断开停止指示灯 HL_1,接通运行指示灯 HL_2(绿色),起动过程结束。停车时,按停止按钮 SB_2,接触器线圈 KM 失电,衔铁释放,主触头 KM 断开,电动机定子绕组与电网脱开,电动机停转。同时接触器的辅触头亦都复位,运行指示灯 HL_2 灭,停止指示灯 HL_1 亮。

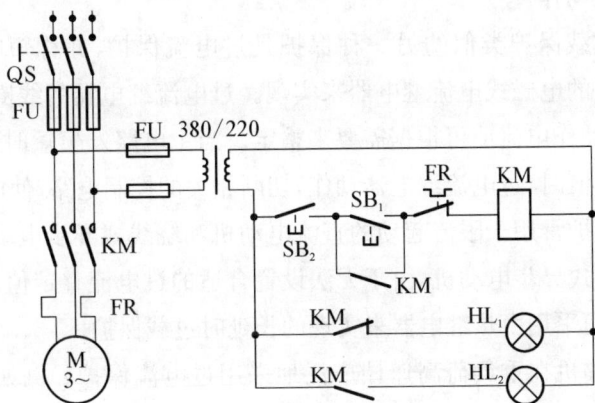

图 2-22　交流磁力起动器

2.2.1　短路电流保护

　　在如图 2-22 所示的交流磁力起动器中,主电路和控制电路上都装有熔断器 FU,以实现短路保护。

控制系统在使用过程中,由于电机绕组、连接导线的绝缘损坏、控制电器动作程序出现故障或误操作等,均有可能使不同极性或不同相位的电源线出现直接短路故障。巨大的短路电流将严重损坏电动机或其他电器,甚至危及电网。所以,短路时,熔断器 FU 应立即动作,短路电流愈大,熔断时间愈短,将短路源与电网隔离。

2.2.2 过载保护

如图 2-22 所示的交流磁力起动器中装有热继电器 FR,当电动机过载时,热继电器的脱扣机构动作,其对应的常闭触头 FR 打开,接触器线圈 KM 失电,主辅触头复位,使电动机停转,防止电动机因长期过载而发热烧坏。这类热继电器实现的过载保护,又称为热保护。

热继电器的过载保护与熔断器的短路保护有本质上的区别,使用时必须配合好。由于热继电器为热惯性元件的关系,当电路中出现短时过电流、过载时,热继电器不会马上动作,旨在避开电动机起动、制动、调速等过渡过程的冲击电流。当瞬时过电流很大,超过熔断器的整定值时,应由熔断器来切断主电路。而当电动机长期过载时,热继电器才动作,起到过载保护的作用,而此时熔断器则不应动作。

通常与过载保护类似的另一种保护是过电流保护,亦称短时过载保护。它通过无延时的电磁式电流继电器来实现。过电流继电器的线圈串在主电路中,继电器的动作电流值可根据需要来整定。当主电路发生短时过电流、电流值超过其动作值时,过电流继电器动作,切断相关的控制电路,使电动机停转。

过电流保护常用于限流起动的直流电动机和绕线式异步电动机。对于直接启动的鼠笼式异步电动机,由于无法设置合适的过电流整定值,一般不采用过电流保护,而采用由热继电器来实现的长延时过载保护。

起货机、锚机在重负荷高速档广泛地采用过电流保护。例如当锚机运行在起锚高速档时,过电流继电器监测主电路的电流,若电流超过其起锚高速档额定电流值时,控制线路自动切换,使锚机自动退到中速档工作。

2.2.3 零电压和欠电压保护

电动机在运行时由于电源电压突然消失致使电动机停车,那么在电源电压一旦恢复时,电动机将会猝不及防地自行起动,危及安全。为此,必须设置保护环节防止电源电压恢复时电动机自行起动,即零电压保护。另外在电动机运转时,电源电压过低会引起电动机转速下降甚至堵转,在负载转矩一定时电动机电流将急剧增大引起过电流。此外,电压过低将会引起一些电器释放,造成控制电路工作不正常。因此,在电压下降到最小允许值时需要切断电源,这就是欠电压保护。

零电压保护和欠电压保护一般可由同一电器来实现。在由按钮作为主令电器的控制线路中,一般由线路中的接触器兼作零压和欠压保护,而不另设专用的零压和欠压保护电器。如图 2-22 的交流磁力起动器中由接触器 KM 来实现该保护。

在由主令控制器作为主令电器的控制线路中,必须设置专用的零压和欠压保护电器。一般采用电压继电器来进行零电压和欠电压保护。在锚机和起货机的控制线路中,均没有这样的零压和欠压保护环节。

用作零电压和欠电压保护的继电器或接触器,必须具备高返回系数,吸引线圈的吸合电压 U_x,一般整定在 0.8~0.85 额定电压之间,释放电压 U_f 整定在 0.5~0.7 额定电压之间。

2.2.4　缺相保护

三相交流异步电动机运行时,任一相断线(或失电),会造成单相运行,此时电动机为了得到同样的电磁转矩,定子电流将大大超过其额定电流,导致电机发热烧坏,缺相运行的电机,还伴随着剧烈的电振动和机械振动。在这种情况下,图 2-22 中的热继电器 FR 起着缺相保护的作用,断开接触器电源,使电动机停下来。

一般热继电器的发热元件串接在三相主电路的任意二相之中,在任一相发生缺相故障时,必然导致另两相电流的大幅度增加,为热继电器所检测到。

2.3　控制电路的基本控制环节

根据生产机械对电力拖动的不同要求,控制线路的结构形式有所差异,但是它们均由一些基本的控制环节并按一定的规律组合而成。

2.3.1　点动控制

有些生产机械拖动设备的运行需要操作人员在场频繁调整和短时操作,即点动控制。譬如甲板舷梯起落设备,主机盘车机等。如图 2-23(a)所示,按下按钮 SB_1,接触器 KM 获电动作,接通主电路,电动机投入运转;而松开按钮 SB_1 时,接触器 KM 立即释放复位,电动机停转,从而实现了电动机的点动控制。

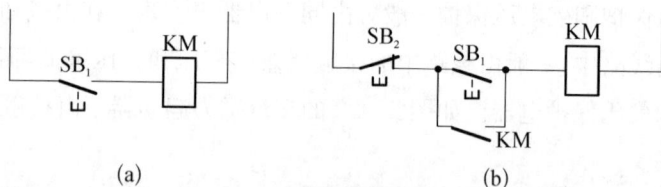

图 2-23　点动控制与连续控制

(a) 点动控制　(b) 连续控制图

2.3.2　连续控制

在点动控制的基础上,若将接触器 KM 的一对常开辅触头 KM 与起动按钮 SB_1 的触头并联,即成为"连续"控制,如图 2-23(b)所示,辅触头 KM 被称为"自锁"(或"自保")触头。上节介绍的交流磁力起动器对电动机进行直接起动控制就是连续控制方式。该方式中要解除"自锁",必须按停止按钮 SB_2。

2.3.3　行程控制

某些生产机械的运动部件的行程范围有一定限制。例如船舶舵机的左右舵角偏转必须限制在 35° 以内;起货机提升机构必须防止吊索收尽而造成吊钩撞碰吊臂事故等。实现行程控制,应将开关安置在设限的位置上,其常闭触头 SQ_1、SQ_2 与控制线路中的停止控钮 SB_2 串联,如图 2-24(a)所示。当运动机械移动到极限位置时,行程开关的常闭触头 SQ_1、SQ_2 断开,电动机便停转。显然限位控制是避免生产机械进入异常位置的一种限位保护。

2.3.4　多地点控制

有些生产机械要求能在两个以上多地点进行控制,例如,机舱内许多泵电动机不但要求能在泵附近进行起停控制,而且要求能在集控室进行遥控操纵。

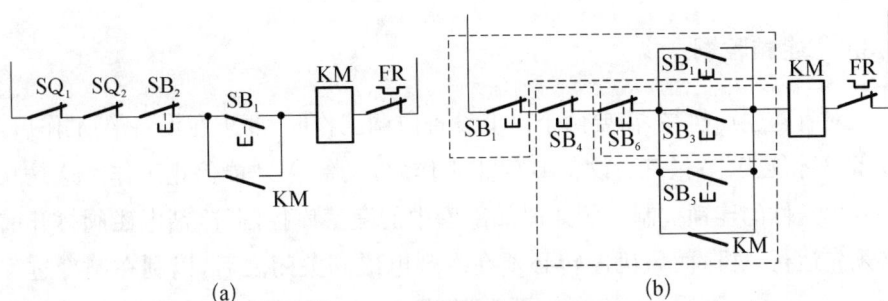

图 2 - 24 行程控制与多地点控制

(a) 行程控制 (b) 多地点控制

为此可将多地点起动按钮并接成"或"逻辑关系,多地点停车按钮串接成"与"逻辑关系,如图 2 - 24(b)所示。

2.3.5 互锁控制

多种运动状态的生产机械或多个生产机械往往存在着相互制约的关系。比如,对正在进行正转的电动机,要求电动机闭锁其反转控制,反之亦然。这就是电动机的正反转互锁控制,图 2 - 25 所示为实现电动机的正反转控制一个实例。线路中的接触器触头 KM_F 和 KM_B 构成了电动机正反转互锁保护,用于防止正、反转接触器 KM_F 和 KM_B 的同时动作。

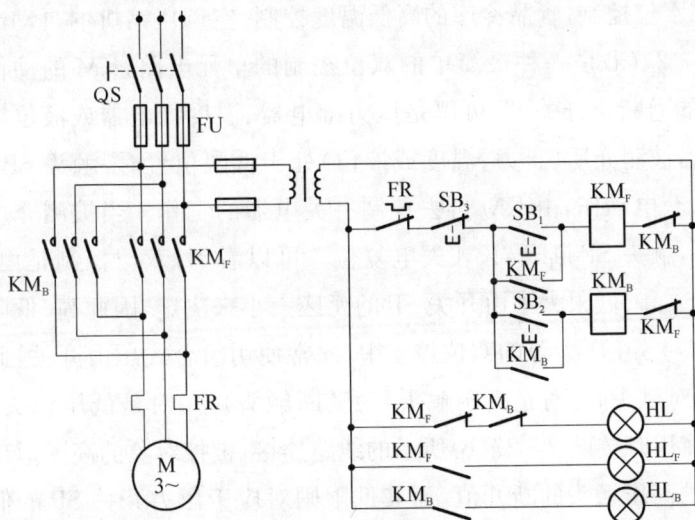

图 2 - 25 互锁控制

2.3.6 连锁控制

对有些生产机械,需要两个以上设备协调工作时,要求在设备 A 工作后, 设备 B 才能工作;只有当设备 B 停止工作后,设备 A 才能停止工作。这是互为发生条件的连锁控制。例如船舶冷库中的蔬菜库控制,冷剂电磁阀打开前必须先运行风机;而风机停转必须在冷剂电磁阀关闭之后,以利在制冷过程中,蔬菜库中的温度均匀,且蒸发器不结霜。图 2-26 为一种手动操作的连锁控制电路。电路中,接触器 KM_1 控制设备 A,KM_2 控制设备 B。KM_1 的常开辅触头串在 KM_2 的控制回路中,因此只有当 KM_1 获电动作后,KM_2 才有可能动作。而 KM_2 的常开辅触头 KM_2 与按钮 SB_3 并联,因此当 KM_2 获电处于运行状态时,KM_1 依然维持有电不会停止工作。

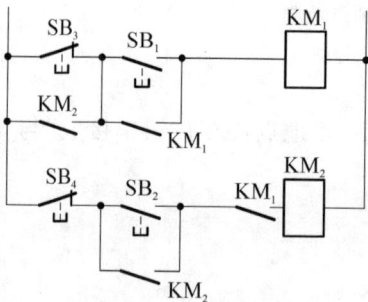

图 2-26 连锁控制

2.3.7 双位控制

在许多无人管理的生产场合,常用到"双位"自动控制。例如船舶辅锅炉的高低水位控制,食品冷库的高低温度控制,空调压缩机的自动起停控制等。图 2-27(a) 是一种最简单的双位控制的单元电路,KM 的动作取决于开关 SP 的通断。开关 SP 可以是压力继电器、温度继电器或液位继电器的电触头,当被测介质(压力、温度或液位)处于低限位置时,触头 SP 闭合,继电器 KM 获电动作,由 KM 再去控制有关电器的工作。当被测介质达到高限位置时,触头 SP 断开,KM 失电复位。可以看到,双位控制是由开关 SP 来实现的。高、低限大小由开关 SP 的死区大小来决定,因此高、低限的差值不可能太大。在压力等的双位控制中,通常使用组合式压力开关,此种压力开关有两对触头,一对是高压触头(为动断触头),一对是低压触头(为动合触头)。使用时按图 2-27(b) 所示的线路连接,被控对象的高限对应于压力开关 SP 的高压触头的断开值,而其低限则对应于压力开关 SP 的低压触头的闭合值。

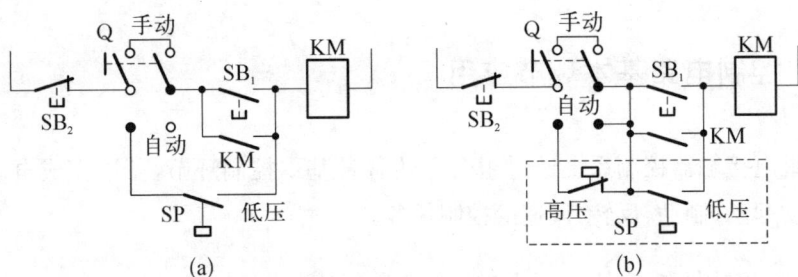

图 2 - 27　双位控制

(a) 单元式双位控制　(b) 组合式双位控制

2.3.8　时间控制

　　船舶机舱泵浦电机按照时间原则启动,很多控制电路需要实施时间控制,例如大容量三相交流异步电动机起动的 Y—△换接起动。从 Y 形接法起动改换到△接法,根据电动机容量大小及负载程度,约需 5~10 s 时间;又如船上的燃油辅锅炉,点火时间通常设定为 5~10 s,在这段时间内如果点火不成功,则视为点火失败,发出报警。常用时间继电器实现时间控制,图 2 - 28 为时间控制典型电路。图 2 - 28(a)为获电延时型时间控制,KT_1 为获电缓慢吸合时间继电器。当触点 KA_1 闭合时,时间继电器 KT_1 获电,在设定的延时时间后,衔铁吸合,相应触头动作,KT_1 的动断触点断开,使 KA_2 断电;KT_1 的动合触点闭合,使 KA_3 获电。图 2 - 28(b)为断电延时型时间控制,KT_2 为断电缓慢释放时间继电器。当 KA_1 断开时,时间继电器 KT_2 断电,其相应触头在设定的延时时间后才复位;图中 KT_2 延时回复闭合的触点使 KA_3 获电,KT_2 延时回复断开的触点使 KA_4 断电。

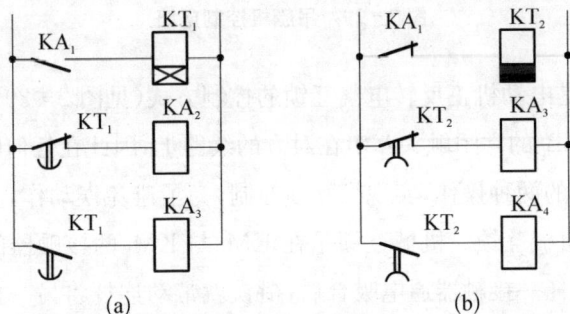

图 2 - 28　时间控制

(a) 通电延时型　(b) 断电延时型

2.4 控制电路基本环节应用

继电接触器控制系统通过组合上述各种基本控制环节,可以完成电动机的自动起动、制动、反转、调速等控制任务。

2.4.1 电动机正反转控制电路

电动机的正反转控制本质上是一种互锁控制。如图 2-29 所示的互锁控制环节多见于机舱风机的正反转控制,正转时通风机向机舱送风,反转时从机舱抽风。风机电动机正反转的互锁控制是通过正、反转接触器 KM$_F$ 和 KM$_B$ 的辅触头 KM$_F$ 和 KM$_B$ 互串在对方的线路中来实现的,这是触头互锁方式。

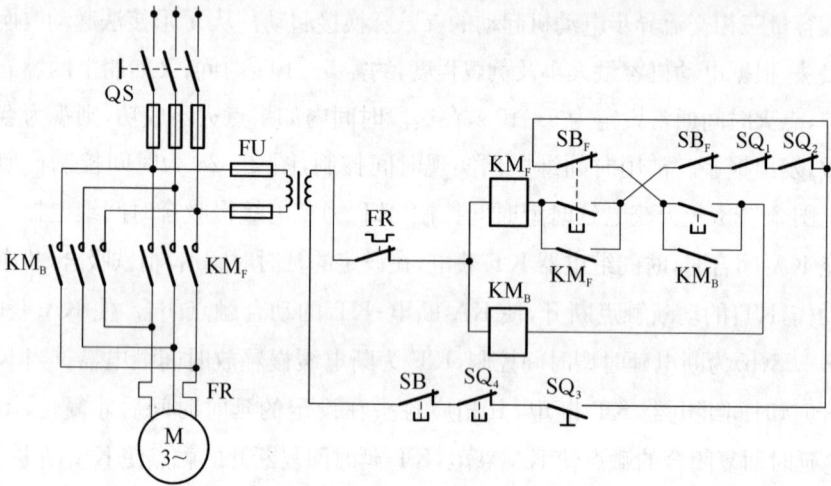

图 2-29 吊艇机控制电路

还有一种是电动机正反转电气互锁的控制方式(见图 2-29)。正、反转起动按钮 SB$_F$ 和 SB$_B$ 的常闭触头互串在对方的线路上,因此在任何时候都不能同时进行正、反转的两种操作,实现了互锁控制,为了避免误动作,在电气互锁的基础上又加上机械互锁。机械互锁是在 KM$_F$ 与 KM$_B$ 两接触器的衔铁间设置一机械连杆,当任一接触器通电吸合后,衔铁就带动连杆将另一接触器的衔铁锁定在释放位置,此时另一接触器线圈即使得电,也无法吸合。

吊艇机操作可以电动控制也可以手摇控制。电动时,先将手摇传动连锁开关复位,触头 SQ_4 闭合,并松开机械制动器,其连锁开关 SQ_3 闭合。按上升按钮 SBF 时,上升接触器 KMF 动作,电动机正向旋转,收起吊索使救生艇吊上。当艇吊至终点时,通过机械装置将终点开关 SQ_1、SQ_2(限位开关)顶开,接触器 KMF 断电释放,电动机停转。按下降按钮 SBB 时,下降接触器 KMB 获电动作,主电路两相换接,使电动机反转,吊索放下,救生艇迅速下降。通常放艇时不用电动控制而靠艇的重力下降,为避免下降速度过大,常用机械制动器配合控制下降速度。

制动器连锁开关 SQ_3 可防止机械制动器在制动情况下,电动机接通电源而造成较大的电流和堵转,SQ_3 触头与机械制动器手柄之间有杠杆的机械关系,唯有在制动器松闸时,SQ_3 才闭合。

手摇传动连锁开关 SQ_4 作为电动/手动连锁保护。手摇控制时,手摇传动的杠杆装置打开 SQ_4 触头使电动机不通电。

2.4.2 海(淡)水柜水位自动控制电路

图 2-30(a)是通过压力双位控制实现的海淡水柜水位自动控制示意图。图中水柜为压力水柜,随着用水量的变化,水、气空间容积在变化,即液位高度和气压都在变化。水位上升,气的空间高度减小,气压增加,如果不考虑漏气损耗,气压大小显然是与水位高低成正比例的,高限水位 H(H)对应着高限压力,低限水位 H(L)对应着低限压力。因此,对于像这样密封容器式的双位液位高度的控制,可以采用双位压力的控制方式。

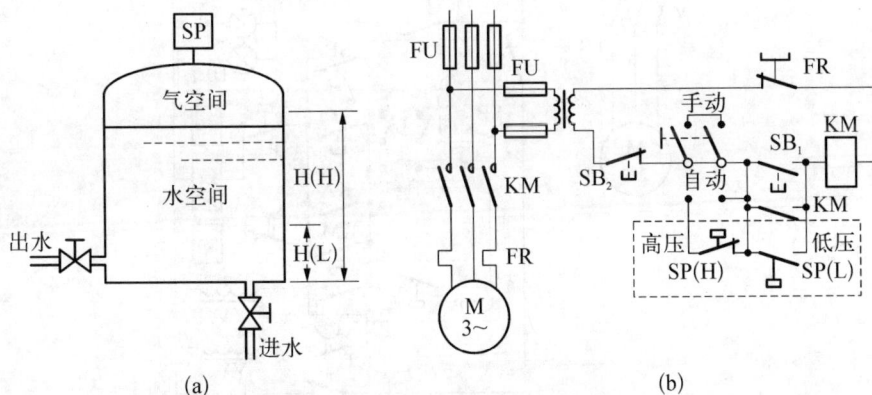

图 2-30 海(淡)水柜自动控制电路

(a) 压力水柜示意图   (b) 自动控制电路

当转换开关打到"自动"位置,如图 2-30(b)所示的正常水位时,即水位高于 H(L),低于 H(H),因 SP(H)闭合,SP(L)断开,接触器 KM 线圈断电,水泵电机停转。随着用水量增加,水位高度和气压逐渐下降。当气压(水位)降到低限 H(L)以下时,压力继电器低压触点 SP(L)由正常水位的"开启"状态转换为"闭合"状态,水泵电机接触器 KM 线圈通电,其常开主触点闭合,水泵起动,向水柜补充水。当气压(水位)升高,并高于低限 H(L)时,虽然压力继电器 SP(L)触点打开,但由于接触器 KM 的自锁作用,KM 仍通电,所以水泵继续打水,直到气压(水位)升高到高限时,压力继电器高压触点 SP(H)断开,使接触器 KM 线圈断电,水泵停。当水位再次降到高限以下时,虽然 SP(H)恢复闭合,但由于 SP(L)为"开启"状态,因此接触器 KM 线圈仍不能通电,直到水位再继续下降到低限时,SP(L)闭合,水泵方能重新起动打水。这一过程就是压力(水位)检测的双位闭环控制。

2.4.3　空压机自动控制电路

图 2-31 是双位控制的另一典型例子——空压机的自动控制线路。

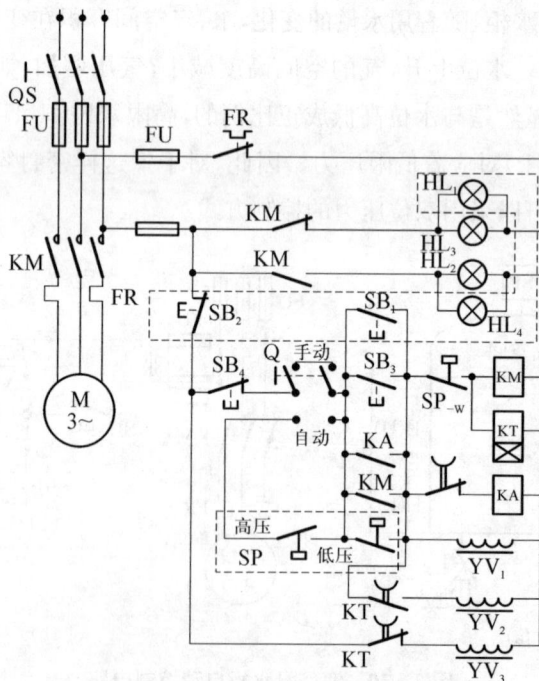

图 2-31　空压机的自动控制线路

它的控制要求是：当主空气瓶内气压达到 2.5～2.8 MPa 高限值时，空压机必须停机；而当气压降低到 1.5～1.3 MPa 低限值时，空压机则要重新起动。

在手动控制时，先把"手动/自动"转换开关置于"手动"位置。然后合上隔离开关 QS，控制线路有电，空压机残气泄放，电磁阀 YV$_3$ 获电开启，泄放供气管中的残气，为空压机起动运行做准备。之后按动 SB$_1$（或 SB$_3$），继电器 KA 获电动作，触头 KA 自锁；冷却水电磁阀 YV$_1$ 获电开启，冷却水进入空压机；待冷却水压力上升到正常值时，压力开关 SP_w 闭合，接触器 KM 获电动作，主触头 KM$_1$ 闭合，空压机起动运行，KM 闭合自锁，同时时间继电器 KT 获电开始计时。延时时间到后，触头 KT 断开，继电器 KA 断电释放；触头 KT 闭合，供气电磁阀 YV$_2$ 获电开启，向气瓶供气；同时触头 KT 断开，残气泄放电磁阀 YV$_3$ 断电关闭。这里采用 KT 延时的目的是让空压机在空载情况下起动，以缩短起动时间。当气瓶的气压上升到高限值时，按动停机按钮 SB$_2$（或 SB$_4$），接触器 KM 断电复位，空压机停机，冷却水电磁阀 YV$_1$ 断电关闭，残气泄放电磁阀 YV$_3$ 获电开启，泄放残气。

当"手动/自动"转换开关置于"自动"位置时，空压机的起动和停机完全由组合式压力开关 SP 的高、低压触头来控制。从线路结构上看，压力开关 SP 的高压触头相当于手动操作的停机按钮 SB$_4$，而低压触头则相当于起动按钮 SB$_1$。因此，当自动控制时，当气瓶压力低于 SP 的低压动作值时，低压触头闭合，空压机起动；而当气瓶压力上升至 SP 的高压动作值时，高压触头断开，空压机停机。压力开关 SP 高、低压的调节范围为 0.6～3 MPa 一般空压机的高压压力整定在 2.5～2.8 MPa 之间，低压压力整定在 1.5～1.8 MPa 之间。

空压机控制线路中，除了有常规保护环节，如过载保护、短路保护、欠压保护、缺相保护等之外，还有冷却水压力保护环节，由冷却水压力继电器SP_w来实现。当运行时出现冷却水断流或冷却水不通畅时，水压下降，SP_w 断开，KM 失电，空压机自动停机，并发出声光报警（报警线路未画出）。有的空压机还有滑油压力保护环节。

2.4.4　三相异步电动机 Y—△起动控制电路

图 2 - 32 为三相交流异步电动机 Y—△形起动的控制线路，正常运行时

采用△形接法,起动时采用Y形接法,以减小起动电流。起动时,合上隔离开关 QS,电源指示灯 HL₁(HL₂)亮。按下起动按钮 SB₁(SB₂),接触器 KM₁ 获电动作,KM₁ 闭合自锁;接触器 KM₃ 获电动作,主电路由于 KM₁ 和 KM₃ 的闭合主触头,电动机接成 Y 形起动。同时,时间继电器 KT 获电延时,经一段延时后,时间继电器的触头 KT 断开,接触器 KM₃ 断电,其主副触头复位,使接触器 KM₂ 获电动作;KM₂ 主触头闭合,电动机接成△运行,KM₂ 一对副触头闭合自锁,KM₂ 另一对副触头断开使时间继电器 KT 断电复位,起动过程结束。线路中,接触器 KM₂ 和 KM₃ 触头互锁,以保证在起动过程中两接触器不会同时动作而造成主电路的短路。

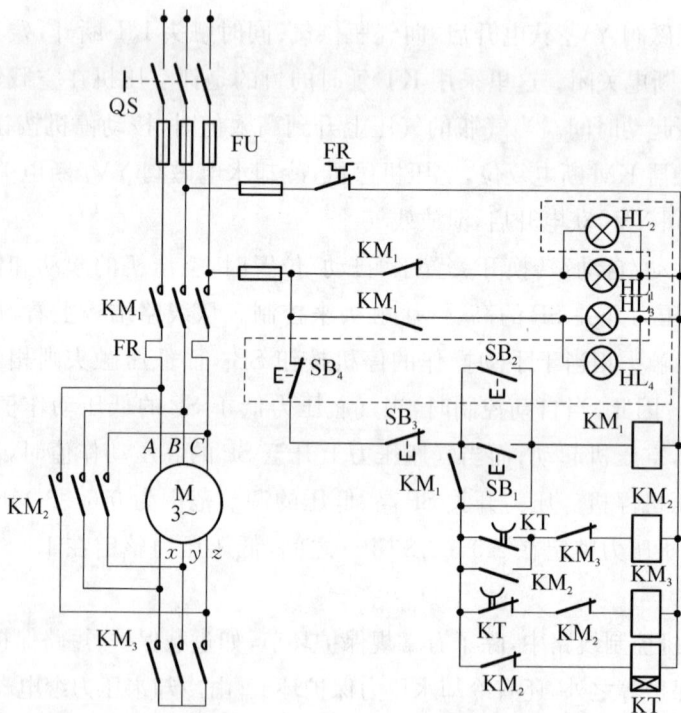

图 2‑32　三相交流异步电动机 Y—△形起动的控制线路

2.4.5　反接制动控制线路

　　反接制动依靠改变电动机定子绕组中三相电源的相序,使电动机旋转磁场反转,从而产生一个与转子惯性转动方向相反的电磁转矩,使电动机转速迅速下降,电动机制动到接近零转速时,再将反接电源切除。通常采用速度继电器检测速度的过零点。为了减小冲击电流,通常要求在电动机主电路中串接一定的电阻以限制反接制动电流。

图 2-33 为电动机单向反接制动控制线路。控制线路工作原理如下:合上电源开关 QS,按下起动按钮 SB_2,接触器 KM_1 通电自锁,电动机 M 起动运行,速度继电器 KS 常开触点闭合,为反接制动作好准备。停车时,按下停止按钮 SB_1,接触器 KM_1 线圈断电,电动机脱离电源。由于电动机的惯性转速还较高,速度继电器 KS 常开触点还处于闭合状态,接触器 KM_2 通电自锁,电动机定子绕组中三相电源的相序改变,电机进入反接制动,速度迅速下降。当速度继电器检测速度接近零点时,速度继电器 KS 触点复位,反接制动结束。

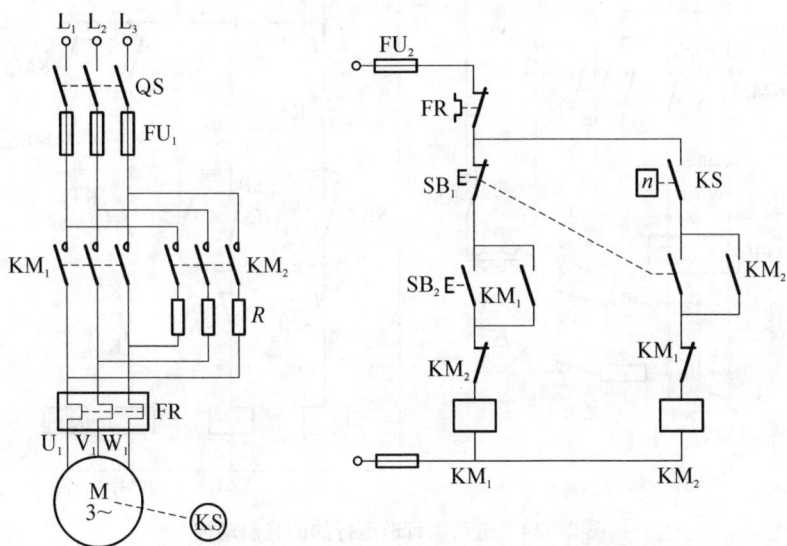

图 2-33 电动机单向反接制动控制线路

2.4.6 能耗制动控制线路

能耗制动是在切除三相交流电源之后,定子绕组通入直流电流,在定子、转子之间的气隙中产生静止磁场,惯性转动的转子导体切割该磁场,形成感应电流,产生与惯性转动方向相反的电磁力矩而使电动机迅速停转,并在制动结束后将直流电源切除。

　　图 2-34 为电动机可逆运行的能耗制动控制线路。控制线路工作原理如下：合上电源开关 QS，按下起动按钮 SB_2，接触器 KM_1 通电自锁，电动机 M 正序起动运行；当进行能耗制动时，按下 SB_1，按下停止按钮 SB_1，接触器 KM_1 线圈断电，电动机脱离正序电源，KM_3 线圈和 KT 线圈得电，KM_3 和 KT 常开触点闭合自锁，KM_3 主触点闭合将直流电源接入电动机进行能耗制动；经延时，KT 延时断开的动断触点断开，接触器 KM_3 断电失电，KM_3 主触点断开，能耗制动结束，KM_3 辅触点断开，KT 失电，KT 触点复位。

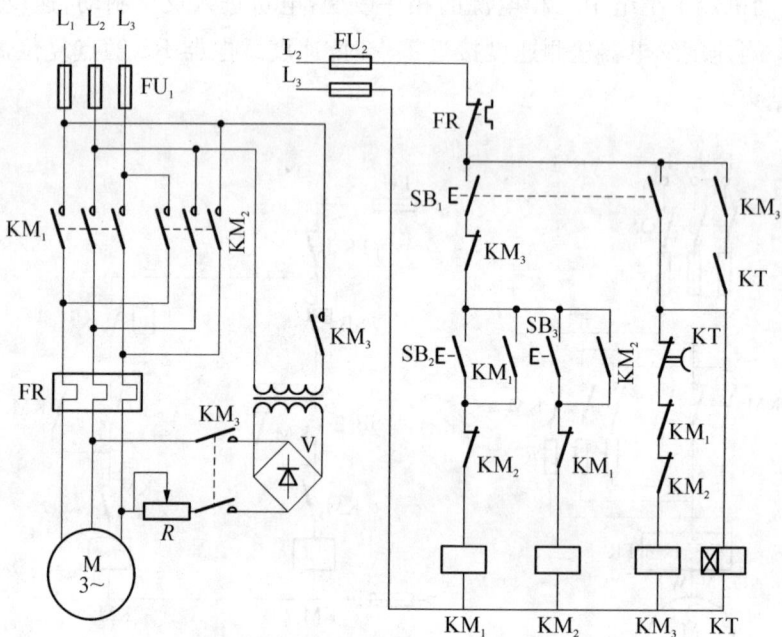

图 2-34　电动机可逆运行的能耗制动控

2.4.7　交流三相异步电动机变极调速线路

　　4/2 极的双速交流三相异步电动机控制线路，如图 2-35 所示。SB_2 为低速起动按钮，SB_3 为高速起动按钮，SB_1 为停止按钮。由低速变为高速时采用时间继电器进行控制。电动机低速运转时，交流异步电动机 M 的绕组连接成△形；电动机高速运转时，交流异步电动机 M 的绕组连接成 YY 形。

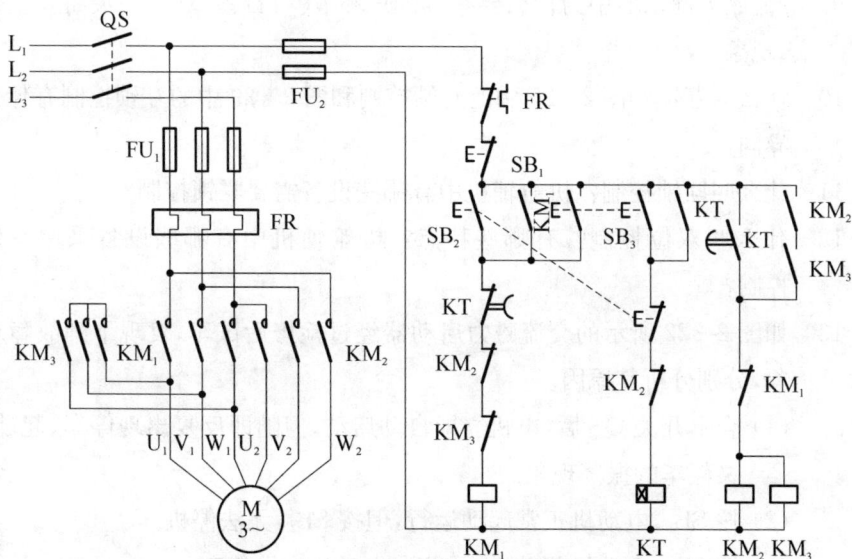

图 2‑35 交流三相异步电动机变极调速线路

习 题 与 思 考

2‑1 交直流电磁机构的根本差异是什么？何谓恒磁链电器,何谓恒磁势电器？

2‑2 交流接触器运行中噪声很大是什么原因？如何消除？

2‑3 接触器(继电器)的返回系数是如何定义的？如何整定其动作值和释放值？

2‑4 两个同型号的交流接触器,吸引线圈额定电压为 110 V,能否将其串联后接到 220 V 交流电源上？如果是直流接触器,情况如何？

2‑5 在线圈额定电压相同的前提下,交流电器与直流电器能否相互代用？

2‑6 直流接触器线圈中串经济电阻的作用是什么？交流接触器线圈中也能串经济电阻吗？

2‑7 交流接触器在使用中线圈严重发热,经检查线圈额定电压符合要求,试析是什么原因呢？

2‑8 电动机的保护线路中已经设置熔断器为什么还要装热继电器？而热继电器为什么至少要在电机定子的两相中安放,一相或三相都放行吗？

2-9 交流磁力起动器中为什么要有"自锁"环节?"自锁"环节失灵将发生什么现象?

2-10 什么叫互锁?图2-25中的互锁控制和图2-29中的互锁控制有什么异同?

2-11 什么叫联锁控制?机舱辅机中有哪些设备需要联锁控制?

2-12 什么叫双位控制?有哪些特点?机舱辅机中有哪些设备采用双位控制?

2-13 如图2-22所示的交流磁力启动器经过检修后试车,发现下列故障现象,分别分析其原因。

    (1) 合上开关QS后,电机立即自动启动,但随即反复出现停车、起动、又停车的振荡现象。

    (2) 按SB_1,电动机正常起动运行,但按SB_2,无法停机。

    (3) 按SB_1,电动机起动,松开SB_1电动机立即停车。

2-14 如图2-29所示的吊艇机控制电路,合上开关QS后,按吊艇按钮SB_B,无任何动静,发生这种故障可能的原因有哪些?

2-15 如图2-30所示的海(淡)水柜水位自动控制电路,水位是通过压力的双位控制来实现的,但是在锅炉水位控制中一般不采用这种方法,而是通过电极式或浮子式液位继电器进行水位控制,为什么?

2-16 如图2-31所示的空压机自动控制电路,获电延时型时间继电器KT坏了后,误将一只新的断电延时型时间继电器换上,此时空压机运行将会发生什么情况?

2-17 如图2-32所示的三相交流异步电动机,Y/△换接起动控制电路,在起动加速过程中始终不能转换为△接法,会有什么后果?故障主要出在哪些元件上?

第 3 章　船舶的甲板机械
电力拖动与控制

现代船舶甲板机械包括锚机、绞缆机、起货机和其他甲板起重设备。在新颖船舶上,计算机和电气控制新技术应用到甲板机械的驱动控制中,使得这些设备和系统工作更可靠,操作更方便,效率更高。

目前,船舶的甲板机械大多采用电力拖动自动控制系统和电动液压控制系统。本篇重点阐述电动锚机、电动绞缆机、电动起货机及其控制系统。其次介绍电动液压锚机、绞缆机和起货机的基本工作原理。

机电设备运行的可靠性维系着船舶及海员的安全,船舶机电设备必须适应海上各种恶劣天气的情况,还要求操作灵活,维修方便。本篇在介绍甲板机电设备日常维护的同时,引入典型实例分析了故障处理的方法。

3.1　船舶甲板机械的特点及驱动与控制方法

3.1.1　甲板机械的特点、驱动及控制方式

船舶甲板机械的驱动方式有电动式和液压式两大类,其相应的控制回路为电气控制回路和液压控制回路。在电气控制回路中,当代船舶已经引入了可编程控制器和单片机;在液压控制方式中,目前大多采用电子技术和液压技术相结合的电液复合系统,使它在船舶甲板机械得到推广应用。

1. 电动甲板机械

电力拖动及控制的甲板机械有很多种类,为分析其电力拖动及驱动方式,需要了解其特点、基本性能及对电力拖动所提出的要求。

(1) 船舶甲板机械的工况特点。船舶甲板机械与船舶电站紧密联系。甲板机械中某些电动机单机功率相对发电机的容量而言,占有了较大的权重,拖

动电机的起动、制动、运行状态都会直接影响到船舶电网参数的变化。船舶电站的容量基本上根据船舶机电设备总容量确定,一般而言,锚机、绞缆机属于短时工作制。系泊绞缆机和锚机存有较大的峰值载荷,尤其锚机"破土"瞬间,其拉力峰值高达额定负荷的 1.8 倍,因而要求电动机有较大的起动力矩和堵转力矩。船用起货机和大型起重吊车能在额定负荷情况下连续运行 30 min,且能在 1.5 倍超载情况下,稳定运行 2 min,起动转矩可达额定力矩值的 2.5 倍,起货机为重复短时工作制。虽然起货机的载荷稳定,但电动机也需要较大的起动转矩,同时它为周期循环间歇作业,对电动机负载持续率有明确要求。船用起货机如果配备冷却装置,也可满足长期运行要求。

(2) 调速要求。甲板机械要求调速的主要有起货机、锚机和绞缆机等,但这几种设备对于电力拖动的各项调速指标的要求并不高。一般要求调速范围在 1∶8~1∶10 左右。至于特性的硬度、静差率以及动态性能方面的指标都没有特殊的要求。目前在船用交流调速系统中,起货机、锚机大多采用变极调速,也有引入微机控制实现调速的,其性能更佳。

(3) 工作的可靠性要求。甲板机械及其机电设备的高可靠性,这是由船舶的特殊性所决定的。除了要求它们可靠运行外,还要求方便日常管理和维护,一旦发生意外故障,则要求受损伤部分能迅速恢复和切除,尽最大可能保持供电和继续运行。

(4) 对电气设备的要求。对船舶的甲板机电设备有以下几点要求。

① 通用性。同一用途的设备应具有同一规格,以保证良好的互换性。

② 抗干扰性。目前电力电子器件在船舶中大量运用,必须抑制各种电磁干扰、提高电子设备和微机系统的电磁兼容性以保证这些系统的正常工作。

③ 环境条件。要求机电设备能承受船舶在航行中发生的振动和冲击力,以及环境温度的变化。

2. 液压甲板机械

日益的完善液压传动技术已经为大多数甲板起重机所采用,也有不少用在锚机、系泊绞缆机和起货机系统中。近年来,我国船用甲板起重机的发展以电动液压起货机为主。例如南京绿洲机器厂引进的德国"LIBHERR"公司高压(21 MPa)型液压起货机,武汉船用机械厂引进的日本"IHI"公司中高压(7 MPa 和 17.5 MPa)液压起货机。

液压起货机、锚机和绞缆机操作方便,工作比较平稳,可实现无级调速,而且能吸收冲击性负荷和自动防止过载,并具有良好的制动能力。它们对环境温度和湿度不太敏感。其缺点是加工精度要求较高,制造安装比较复杂,维护管理工作量相对大。

无论是电动甲板机械还是电动液压甲板机械都要满足运行可靠和安全,要能承受正常营运产生的振动和冲击。甲板机械两种驱动方式的性能及有关情况的比较如表 3-1 所示。

表 3-1　甲板机械两种驱动方式的比较

驱动方式	适用范围	各类工程船舶的选用	对船舶电站容量的要求	起动特性	调速特性	运行特性	制造成本及可靠性	技术发展趋向	维护管理
电气传动	油船、化学品船不宜采用	较少	起动时对电站及电网有冲击	加速时间在 2~4 s 内	大多采用阶梯式	难以保证平稳和抗冲击	投资小,可靠	PLC 控制	维修方便
液压传动	适用于各类型船舶	广泛	基本不冲击电站	加速时间小于 2 s	无级调速速比范围大	运动平稳,能抗冲击	投资大,可靠	电液复合机电一体	维修工作量较大

3.1.2　船舶电力拖动系统的分类

电力拖动种类繁多,工作电流制式有直流和交流两大类;若以电力拖动中有无电流变换装置划分,则有单机拖动和调速拖动两大类型。电力拖动方式很多,但船舶上只采用了几种。这是因为现在船舶都为交流供电制,船用大量恒速运转系统都采用交流单机拖动,如船上的电动液压锚机、绞缆机和起货机等。而直接单机拖动需要大量的电阻、继电器和接触器,基本上已不再采用。

甲板调速机械,目前以交流变极调速和直流调速拖动系统最常见。尽管前者的调速性能不如后者,但基本上可以满足船舶机械调速系统的要求。船舶上广泛使用结构简单、维护方便的鼠笼式变极电动机。

电力拖动甲板机械,归结起来只有两种运行状态:一种是相对稳定状态,另一种是过渡状态。运行状态的分析,必须抓住电动机的机械特性和船舶甲板机械的机械特性。

直流电力拖动系统有并励直流电动机或复励直流电动机单机拖动系统,

早先以发电机—拖动电机结构为主,近年来拖动系统应用电力电子器件、节省了直流发电机及其原动机,使整个调速系统变得简单、可靠。

交流电力拖动系统则多为单机拖动系统,其中鼠笼式异步电动机拖动有恒速运行系统,或采用变极、变频、调压、电磁转差离合器等方法的变速运行系统;而绕线式异步电动机则以转子串电阻、调压、晶闸管串级等方法实现调速运行。计算机与通信的不断更新,尤其近代电力电子与变频控制技术的崭新发展,使船舶甲板机械智能化日趋完备。

3.2 起货机的电力拖动与控制的基本要求

3.2.1 船舶起货机的类型及特点

船舶起货机的类型从机械结构的形式来分,主要有吊杆式起货机、回转式起货机(克令吊)和门吊式起重机几种类型。在 20 世纪六七十年代中,船舶起货机多数采用吊杆式起货机。80 年代以后,回转式起货机(克令吊)逐渐增多,并且大多采用电动或电动液压型起货机。近年来,集装箱船舶的不断发展,门吊式起货机逐渐被采用。

电动起货机系统结构紧凑、振动、噪声较小,便于实现自动化和遥控;其缺点是电气线路较为复杂,在管理和维护方面有一定的要求。可采用多电动机拖动或选用各种类型电动机的固有特性或人为特性来满足起货机对电力拖动提出的要求。

电动液压起货机能实现无级平滑调速,加速时间短,具有良好的制动能力,不需要电磁制动器。它的调速和换向是在液力机械中进行的,而电动机维持恒速不变,因此可采用线路简单的普通鼠笼式异步电动机。它的缺点是工作效率低,制造精度要求高,油路管道系统复杂,一旦管路破损而漏油不易修复。

3.2.2 电动起货机的结构和运行特性

起货机与其他机电设备一样,由原动机,传动机构和执行机构三部分构成。电动起货机主要由以下几个部分构成:电动机,减速箱和离合器组成的传动机构,卷筒和电磁/机械刹车装置与吊杆等组成的执行机构。

1. 吊杆式起货机

吊杆式起货机有单杆式和双杆式两种。单杆式电动起货机是一种具有电动回转和变幅的起货机,见图 3-1。图中有三台电动绞车:1 号是提升和下降货物的升降绞车;2 号是吊杆升降的变幅绞车;3 号是吊杆回转的回转绞车。有两个主令控制器;一个主令控制器用来提升和落货;另一个主令控制器有特殊的结构,将变幅与回转控制合在一个手柄上操作,可按要求同时控制吊杆的升降和回转。这种起货机操作灵活平稳,并且可减少吊杆千斤索的伸缩次数,从而减轻工作强度,提高工作效率。

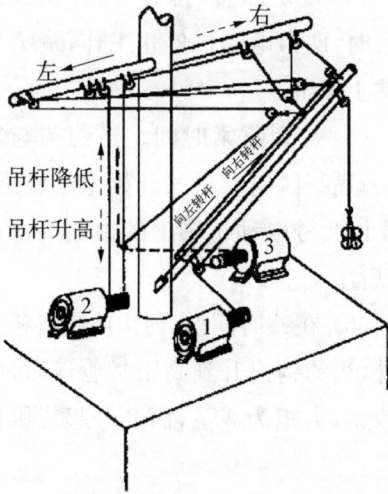

图 3-1 单杆式电动起货机结构图   图 3-2 双杆式电动起货机结构图

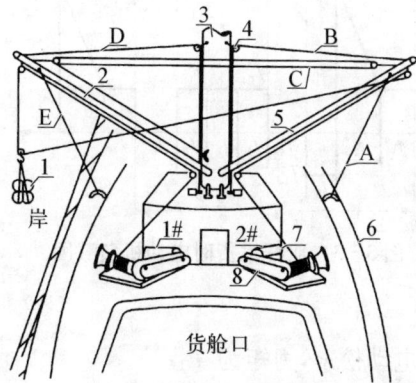

双杆式电动起货机是采用两台起货机在起货过程中相互配合进行工作的,见图 3-2。在运行时,吊杆不转动,货物水平移动,靠两台起货绞车同时协调工作来完成。双杆吊货的工作过程见图 3-3。图中横坐标表示时间 t,纵坐标表示电动机负载力矩 M_f(此负载按负载力矩与电动机力矩相平衡而进行作业),此图中 M_f 即为 M_s,横坐标以上为电动状态,纵坐标以下为各段时间动作情况分别叙述如下。

(1) 在 t_1 时间内是吊货阶段。货物挂上钓钩,1 号起货机起吊货物,这时 1 号上的负载力矩为 T_L,2 号起货机收起松弛的钢索,其负载力矩为 T_L'。

(2) t_2 时间内,货物由舷外向舱口移动。这段时间,货物已吊到一定高度,2 号起货机开始拉货物向舱口移动,其负载力矩从 T_{L1}' 逐渐增加到 T_{L2}',而 1 号起货机则松索,其负载力矩从 $-T_{L2}$(开始松索时货物拽拉电动机,为制动状态)到 $+T_{L2}$(负载移到 2 号起货机后,1 号起货机不受负载拖拉,而是电动松索

1号起货机

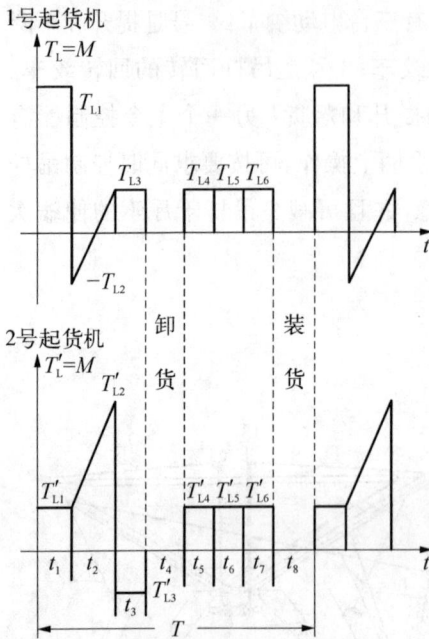

2号起货机

图 3-3 双杆吊货时电动机负载图

状态)。

(3) 在 t_3 时间内，是落货阶段。此时货物已移到舱口上方，货物拽拉 2 号起货机电动机反转，其力矩为 $-T'_{L1}$；而 1 号起货机继续松索，其力矩为 $+T_{L3}$。

(4) t_4 是卸货时间。当货物放到舱底时，两台电动机停止工作，货物从钓钩上取下。

(5) t_5 为收索时间。当钓钩与货物一旦脱开，电动机又开始电动收索。1 号和 2 号电动机轴上的力矩为 T_{L4} 和 T'_{L4}。

(6) 在 t_6 时间内，钓钩从舱口移至舷外，当钓钩提升到高于货舱口后，电动收索，力矩为 M_{f5}，而 2 号起货机也为电动松索，力矩为 T'_{L5}。

(7) 在 t_7 时间内是放下钓钩阶段。当钓钩移到码头上方时，1 号起货机电动松索，力矩为 M'_{f6}。

(8) t_8 为装货时间，两台电动机都停止工作。

以后的工作过程重复上述过程。

由图 3-3 可见，起货电动机是重复短期工作，即周期性有规律的运转，所以起货电动机一般采用专用的重复短期制。这种工作制用百分数 JC 值表示，称为暂载率或通电持续率，它表示在一个周期内，工作时间与一个周期时间 T 之比。

$$JC = \frac{t_g}{t_g + t_t} \times 100\% = \frac{t_g}{T} \times 100\% \tag{3-1}$$

式中，t_g 为一周内的工作时间，t_t 为一周内的停止时间。船舶起货机采用的电动机的暂载率一般为 15%，20%，25%，40%。一个周期的时间一般不超过 10 min。

电动机本身的 JC 值不能小于起货机实际运行的 JC 值,否则电动机会过热而影响使用寿命。但也不宜选的过大,浪费电动机的功率。另外,起货机电动机的起动和制动次数甚多,起动和制动时电流很大,也将引起电动机发热、影响电动机寿命,因此,对起货机电动机的接通次数也要加以限制。如国产变极(4/8/28)变速电动起货机的接通次数为 240/480/480 次小时。允许接通次数比暂载率指标更为重要。

2. 回转式电动起货机

回转式起货机(克令吊)包括提升、变幅和回转三个主要机构。它可采用电动机拖动,也可以用电动液压装置拖动。仅以电动机拖动为例,简述其工作原理。如图 3 - 4 是克令吊结构示意图,通常可操作两个机构同时运转,也可以操作三个机构同时工作。

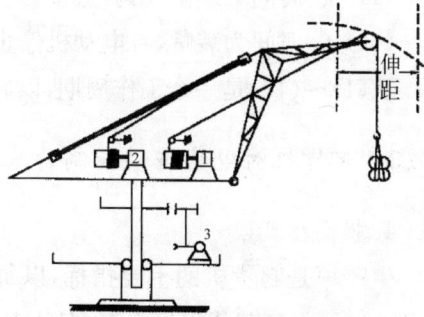

图 3 - 4　克令吊结构示意图

1-提升机构电动机;2-变幅机构电动;
3-旋转机构电动机

回转式起货机的吊货过程可以用简化的负载图来表示,见图 3 - 5。图中纵坐标 M_f、M'_f、M''_f 分别为提升机构、回转机构和变幅机构电动机轴上的负载力矩,横坐标为时间 t。工作过程如下:

(1) t_1 时间为吊起货物阶段,同时伸距由最大到最小。

(2) t_2 时间为继续吊货至需要高度,同时开始回转(回转机构起动时,伸距必须最小)。

(3) t_3 时间回转至需要位置,伸距同步由最小开始变大。

(4) t_4 时间伸距继续变化至最大,同时开始落货。

(5) t_5 时间继续落货,直至"到位"。

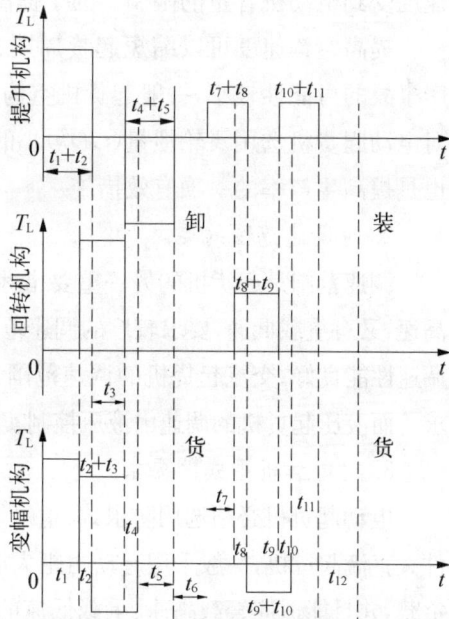

图 3 - 5　各电动机轴上所受力
矩的简化负载图

(6) t_6时间卸货(摘钩),此时各电动机停止工作。

(7) t_7时间空钩吊上,同时伸距由最大到最小。

(8) t_8时间继续吊至需要高度,同时开始回转。

(9) t_9时间继续回转至需要位置,同时伸距由最小开始变大。

(10) t_{10}时间伸距继续变化至最大,同时开始落空钩。

(11) t_{11}时间继续落空钩,直至"到位"。

(12) t_{12}时间为装货,各电动机停止上作。

从(1)～(12)是一个工作周期,以后重复上述过程。

3.2.3 起货机对电力拖动控制的基本要求

1. 提高生产率

生产率是起货机的重要指标,以每小时的起货量(t/h)表示,加快提升货物的速度可提高起货机生产率,但从安全生产的角度来看,提升速度越高越不安全。因此,起货量大时,起货速度相应地要减小。从电动机容量来看,在起货量一定的情况下,起货速度越高,电动机轴上输出的功率也越大,因此起货速度受到电动机容量的限制。为了提高生产率,必须合理确定额定起货速度。

提高空钩速度可以缩短起货周期、提高生产率。因为空钩高速时造成生产事故的可能性较小,一般起货机空钩运行速度比额定起货的速度高出许多。对电动起货机选用飞轮惯量(GD^2)小的电动机以缩短系统的起动和制动时间也是提高生产率的一项有效措施。

2. 对调速范围的要求

调速范围是起货机的另一重要指标。起货电动机在运行过程中,既有空钩高速,又有重载低速,要求较广的调速范围。一般直流起货机调速范围为10∶1,调速性能良好;交流起货机的调速范围为7∶1,基本上也能满足起货的调速要求。而液压起货机的调速由液压控制实现,拖动电动机本身不需要调速。

3. 对电动机型式的要求

电动起货机必须选用防水式、重复短期工作制的电动机以适应甲板工作条件。直流起货机,一般采用起动力矩大而机械特性软的复励电动机以承受冲击负载,并且能适应轻载高速、重载低速的工况。对交流起货机,宜选用起动力矩大、转差率高而起动电流较小的深槽式(或双笼式)的变极调速笼式异步电动机,也可选用绕线式异步电动机。对发电机—电动机(G—M)系统的起货机,宜选用具有差复励绕组的发电机,使电动机获得适用于起货机的下坠特性。此外,要选用转动惯量(或飞轮惯量 GD^2)小的专用电动机,使起动和制动过程中的能耗降低。

4. 对控制电路的要求

对液压起货机而言,控制电路对油泵电动机实施起/停控制,并对油泵电动机实施基本的保护。对电动起货机,控制电路应设有自动起动和分级调速环节,并且根据拖动电机的类型和工作方式设置保护,如以恒功率的工作方式防止重载高速提升,或防止重载超速下降等保护环节,在系统发生故障或在危及安全的场合,能自动采取措施隔离电源,使系统停车。

3.2.4　电动起货机的运行特点及电路控制要求

(1) 电动起货机采用三档调速控制,并能实现正反转运行。

(2) 对电动机设置短路、过载、绕组过热、失压欠压、缺相保护环节等。

(3) 采用主令控制器实现运行操作,以保证起货机操作灵活,工作可靠。

(4) 电动机要求有通风机进行强制冷却,并设置风道的风门对风机和起货电动机之间的联锁控制。

(5) 设置从零档至上升(或下降)高速档的自动延时起动控制,以防止快速操作引起电动机过大的冲击电流以及起货机过大的机械冲击。

(6) 从高速档回零档停车时设置有三级自动制动控制:电气制动(再生制动)、电气与机械联合制动以及机械制动。

(7) 对于恒功率调速的电动机,中、高速档设置有重载不上高速的控制环节:当额定负载(重载)时,即使主令手柄扳至上升高速档,电动机也只能运行于中速档;若电动机运行于高速档时出现重载,则应自动回到中速档。

(8) 设置"逆转矩"控制环节,即首先实现从高速挡到零档的自动制动停车,然后再实现从零档到反向高速档三级延时起动的自动过程。

(9) 设置有电磁制动器处于松闸的状态下防止"货物自由跌落"的保护。

(10) 设置有电磁制动器线圈处于刹车状态下防止中、高速档堵转的保护。

3.3　起货机的电力拖动控制线路

3.3.1　交流恒功率变极调速起货机的控制

图 3-6 是 HJD 型交流变极调速起货机控制原理电路图。该起货机的主

要性能如下：起货重量为 1.5 t、3.0 t 和 5.0 t 三种。对应的起升速度为 35 m/min、40 m/min 和 24 m/min。1.5 t 起货机采用 JZF - H5 型 15/15/3 kW 三速交流异步电动机；3 t 和 5 t 起货机采用 JZF - H6 型 26/26/5.5 kW 三速交流异步电动机。

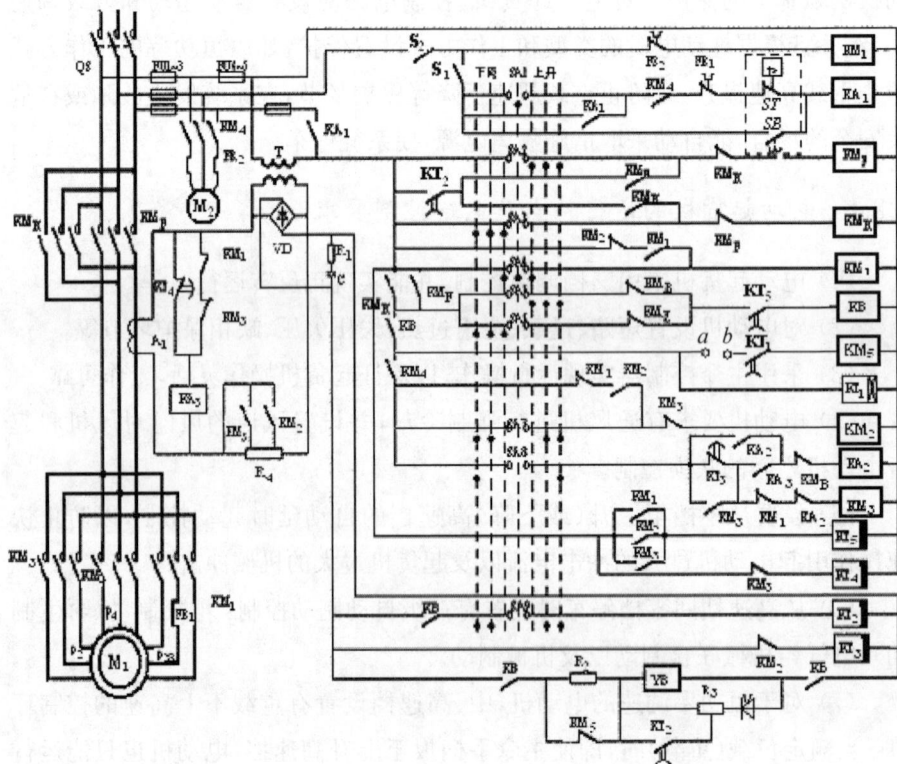

图 3 - 6 HJD 型交流变极调速起货机控制原理电路图

M₁-交流三速异步电动机；M₂-风机电动机；QS-隔离开关；KM_F-上升接触器；KM_B-下降接触器；KM₁、KM₂、KM₃-低、中、高速接触器；KM₄-风机接触器；KM₅-制动器线圈限流控制接触器；KA₁-零压继电器；ST-温度继电器；S₂-风门开关；S₁-控制电源开关；SB-应急强制运行按钮；SA₁₋₉-主令开关的触点；TA-电流互感器；KA₃-负载继电器；KA₂-中间继电器；KT₁、KT₄、KT₅-交流时间继电器；KT₂、KT₃-直流时间继电器；YB-直流电磁制动器线圈；KB-制动接触器。

电动机三速交流异步电动机定子有三套独立的绕组，定子绕组的极对数分别为 4/8/28，对应的同步转速为 1 500/750/215 rpm。4 极和 8 极中、高速绕组按恒功率设计，4 极为高速半载级，用于轻载或空钩运行；8 极为额定中速级，可在额定负载下中速运行；28 极为低速级，其起动力矩大而起动电流小，以适应货物低速起吊和着地的要求。

　　控制电路用于单杆起货机时,应将接触器 KM_5 的线圈回路中 a、b 两点短接;用于双杆起货机时,应将另一台起货机控制线路中的中间继电器 KA_2 的一个常闭触点串接于 a、b 两点间;同样,将本电路中 KA_2 的常闭触点串接于另一电路中的 a、b 两点间,以构成两台起货机之间的高速联锁控制。

　　电路的工作原理分析如下:

1. 基本保护控制环节

　　由风机接触器 KM_4 的线圈回路和零压继电器 KA_1 的线圈回路所组成的电路,分别实现了控制电路的短路、风机电动机过载和起货电动机低速绕组的过载、失压欠压、起货电动机的绕组过热、电源缺相、风门与风机之间的联锁、电源应急、应急强制运行等一系列保护控制功能。电路中 M_2 为风机电动机;S_1 为风门开关;ST 为温度继电器常闭触点,其感温元件位于起货电动机定子绕组内;S_2 为控制电源开关,也可作为应急断电开关;SB 为应急强制运行按钮,当出现电机过热、过载等故障,保护环节动作使电动机不能运行时,按住按钮,则可实行强制运行,S_2、SB 均位于主令控制器操作手柄下方;FR_2 和 FR_1 为热继电器。

2. 起货电动机基本动作控制

　　根据图 3-6 中的主电路可知,电动机升降、调速以及电磁制动控制是通过 6 个接触器来实现,即 KM_F、KM_B 实现转向控制;KM_1、KM_2、KM_3 的主触点分别控制低、中、高三套定子绕组,以实现调速控制;KB 用于对电磁制动器线圈 YB 的控制,而各接触器的动作则由主令控制器进行控制。图 3-7 所示的主令控制器控制电路仅满足基本控制要求,其他一些特殊控制功能的分析则可在此电路基础上进行。

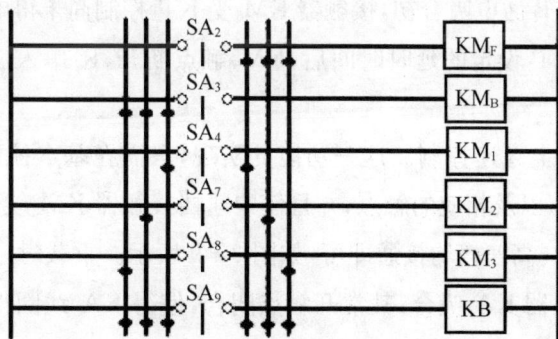

图 3-7　基本控制电路

（1）停车过程中自动三级制动控制。电动机由中、高速档返回零位停车时，要求有电气制动、电气和机械联合制动以及机械制动的三级制动过程。其中的电气制动（再生制动）是通过时间继电器 KT_2 和相应的辅助电路来实现的，如图 3-8 所示。主令手柄从中、高速档回零后，SA_2（或 SA_3）以及 SA_9 断开，将使 KM_F（或 KM_B）和 KT_2 线圈失电，但由于 KT_2 延时断开的常开触点与 KM_F（或 KM_B）自锁触点构成的支路将继续维持 KM_F（或 KM_B）线圈通电，而零位时，KM_1 线圈保持通电，故电动机的低速绕组接通，定子内产生低速旋转磁场。由于从中、高速档回零之初，时转子仍以高速旋转，其转速高于旋转磁场的转速，从而使电动机运行于再生制动状态。在主令手柄回零时，接触器 KB 线圈也同时失电，电磁制动器线圈 YB 回路断电，由于 YB 线圈存在放电回路，使电磁制动器衔铁延时释放（延时时间取决于放电回路电阻 R_3 的阻值），实现了机械制动的延时。通常电磁制动器衔铁释放延时时间小于 KT_2 延时时间，所以当电磁制动器衔铁释放后，而电动机低速绕组仍存在一段通电时间，此为电气与机械联合制动；最后，KT_2 触点断开，切断 KM_F（或 KM_B）的控制回路，电动机绕组断电，则为单独机械制动。

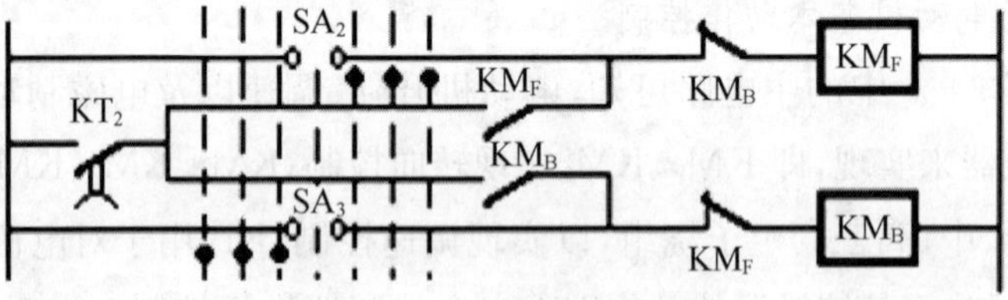

图 3-8　电气制动控制环节

电路中电阻 R_2 是电磁制动器线圈 YB 维持吸合时的限流电阻，它又称为经济电阻。在 YB 通电吸合初，接触器 KM_5 受 KT_1 控制尚未得电，其常闭触点使 R_2 短接；经 KT_1 设定的延时时间后，KM_5 触点断开，R_2 串入 YB 回路中，起到了限流作用。

（2）重载不上高速控制。这一功能的实现，只需在基本控制电路中加入中间继电器 KA_2 以及相应的触点，并且使中速档接触器 KM_2 线圈回路中的主令开关 SA_7 在中、高速档均接通即可，如图 3-9 所示。重载时，用于检测重载信号的电流继电器 KA_3 吸合，其常开触点闭合，使得 KA_2 线圈得电，KA_2 在高速档接触器 KM_3 线圈回路中的常闭触点断开，故此时无论主令手柄处在中速

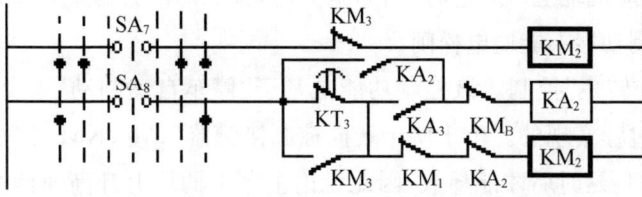

图 3 - 9　重载不上高速和高速档延时起动控制

档或高速档,均为 KM_2 得电,电动机只能运行于中速档,防止了电动机的中高速运行。

(3) 自动延时起动控制。当主令手柄在零档或低速档时,时间继电器 KT_3 线圈有电,其串接于高速档接触器 KM_3 线圈回路中的常闭触点断开,因此当主令手柄从零档快速扳至上升(或下降)中速或高速档时,KM_3 不能马上得电,因而 KM_2 先得电,电动机只能运行于中速档;与此同时,KM_2 得电串接于 KT_3 线圈回路的常闭触点断开,使得 KT_3 失电,其常闭触点经延时后闭合,KM_3 得电,电动机进入高速档运行。由此可见,起货机从零档至上升(或下降)高速当时,其起动过程与主令手柄操作速度无关,只取决于时间继电器 KT_3 的延时时间。

(4) 防止"货物自由跌落"控制。① 落货下降时,电动机运行于电气制动状态。起货机在下降各档起动时,电动机的电磁转矩与货物重力形成的负载转矩方向相同,使得转速不断提高,直至转速高于电动机旋转磁场的同步转速而进入再生制动状态;

② 起动时先接通电机的低速绕组电源,再接通电磁制动器线圈使之松闸:KB 线圈回路中串入 KM_F、KM_B 的常开触点,以保证 KM_F(或 KM_B)得电,电动机绕组通电后电磁制动器才能通电松闸;

③ 用于控制 KM_1 线圈的主令控制器触点 SA_4 上并联了 KM_1 常开触点和 KM_2 常闭触点串连而成的支路,以及控制 KM_2 线圈的主令控制器触点 SA_7 上并联了 KM_1 常闭触点和 KM_2 常开触点串连而成的自锁支路,确保在低、中速档的换档过程中,即使主令控制器处于两档中间空档位置(SA_4、SA_7 均断开)时,电动机总有一个绕组处于通电状态;

④ KB 线圈回路中串入 KT_5 的常开触点,而 KT_5 的线圈则受控于 KM_1、KM_2、KM_3,当主令控制器手柄在运行各档时,若 KM_1、KM_2、KM_3 因故障不能

吸合使得电动机绕组未通电时,则 KT_5 失电,其延时断开触点使 KB 线圈延时断开,电磁制动器不能通电松闸。

(5)"逆转矩"控制。该控制功能是基于"停车自动制动"以及"自动延时起动"两个过程实现的。由于两个转向控制接触器 KM_F、KM_B 之间具有互锁,且都需经 KT_2 延时后才能释放,因此无论主令手柄从上升高速档快速扳至下降高速档(或相反)时,都会经过停车电气制动过程,而从停车至高速档也将自动延时起动,这就有效防止了电动机高速运行时进入反接制动状态,实现了"逆转矩"控制。

3.3.2 交流恒转矩变极调速起货机的控制

恒转矩变极调速三相交流异步电动起货机和前节所述的恒功率变极调速三相交流异步电动起货机有所不同,恒转矩变极调速三相交流异步电动起货机起动力矩大,但起动电流也大,约为额定电流的 5~6 倍(恒功率调速电动起货机约为额定电流的 2 倍);恒转矩电动起货机高速时的转矩比恒功率调速电动起货机大;恒转矩电动起货机高速时可提升额定负载而恒功率调速电动起货机高速时只能提升半载;恒转矩电动起货机无需超载保护环节,控制电路简单,维修方便。

1. 恒转矩变极调速三相交流异步电动起货机工作原理

图 3-10 和图 3-11 分别是西门子交流三速电动起货机主电路及控制电路原理图。其电路符号及文字符号均不同于我国国内标准形式。通过对原图的分析(包括后续一些电路),也有利于熟悉和掌握不同形式电路的分析方法。

电路图下方一行数字为各支路编号;控制电路中 NC、NO 列表明了该支路中的接触器或继电器的常开触点(NO)和常闭触点(NC)所处的支路编号。它的工作原理分析如下:

(1)准备阶段(主令控制器手柄在零位)。当要使用起货机时,应先打开起货电动机的风门,风门打开后,风门开关 b12 自动闭合,风机接触器 11-C16 通电吸合,其主触头 10-C16 闭合,风扇电动机 m_2 电源接通,风机起动运行以冷却起货电动机;C16 的常开辅助触头 26-C16(13,14)闭合,为中速接触器 26-C14 和高速接触器 27-C15 接通作准备,保证只有在风机运行的条件下起货机才能进入中、高速运行。

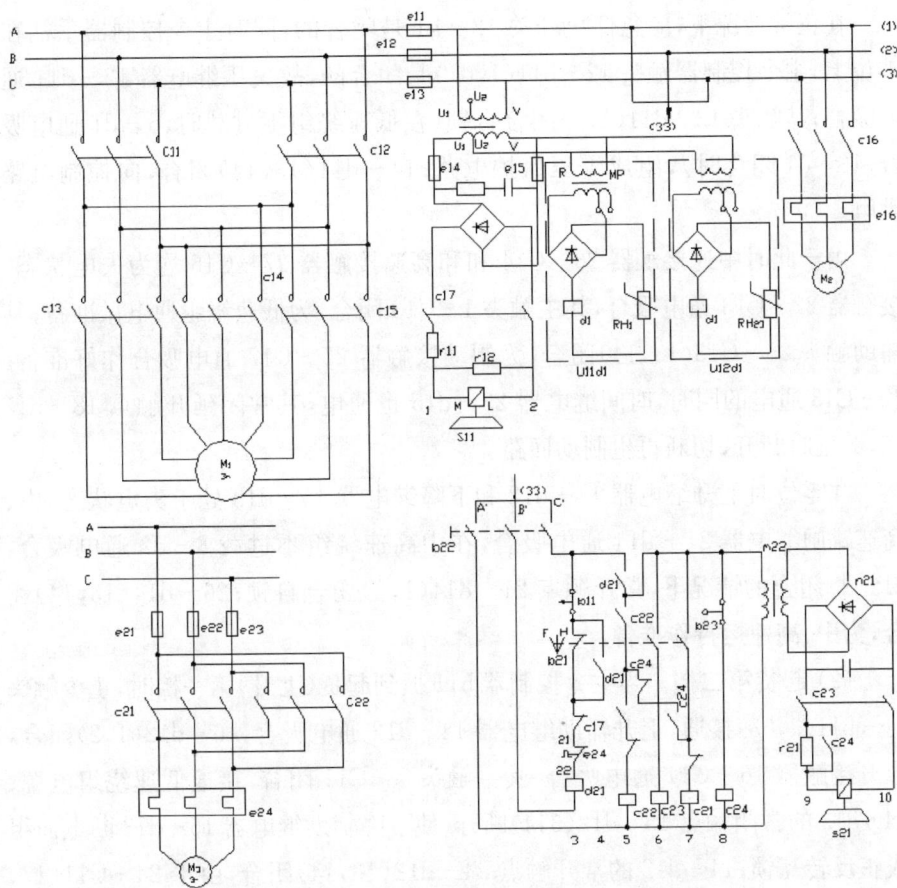

图 3-10　"西门子"交流电动起货机主电路图

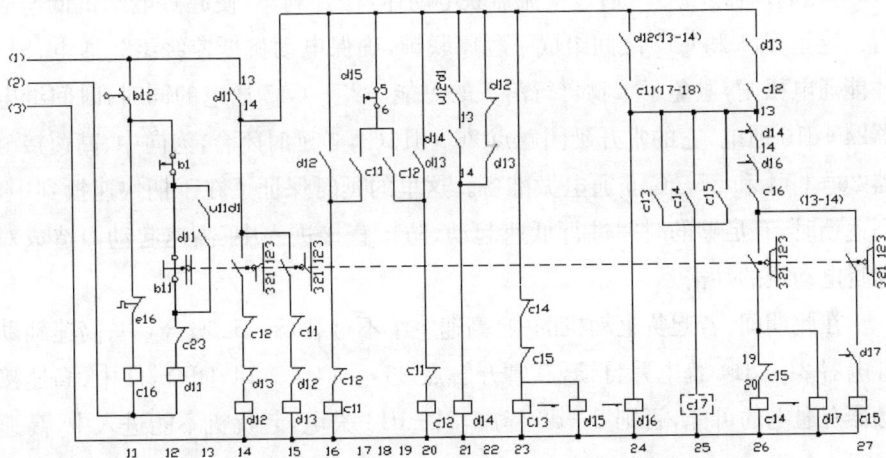

图 3-11　西门子交流三速电动起货机控制电路原理图

在正常情况下,应急仃止开关 12 - b1 是闭合的,同时主令控制器手柄在零位上,主令控制器触头 12 - b11(1,01)是闭合的,故失压继电器 12 - d11 通电吸合,其触头 13 - d11(1,2)闭合自锁(在低速绕组不过载时,6 - d1 通电吸合,13 - d1 闭合时),组成零压保护电路;14 - d11(13,14)闭合,向控制电路供电。

由于此时中速接触器 26 - C14 和和高速接触器 27 - C15 均为失电状态,接触器 22 - C13 通电吸合,其主触头 1 - C13 闭合,为低速绕组通电做准备;其辅助触头 25 - C13(13,14)闭合,为制动接触器 25 - C17 通电吸合作好准备。22 - C13 通电的同时,时间继电器 23 - d15 也通电,其常闭延开触点 18 - d15(5,6)延时断开,切断再生制动回路。

在零位时上升继电器 14 - d12 和下降继电器 15 - d13 处于失电状态,中、高速跳闸继电器 21 - d14 通电吸合,在中高速绕组不过载 8 - d2 通电吸合,21 - d2 闭合的情况下,常开触点 21 - d14(1,2)闭合自锁;26 - d14(13,14)闭合,为中、高速运行作准备。

(2) 起货第二档。当主令控制器 b11 扳到起货(上升)第一档时,主令触头 14 - b11(3,03)接通,上升辅助继电器 14 - d12 通电吸合,16 - d12(1,2)闭合,上升接触器 16 - C11 通电吸合,其主触头 1 - C11 闭合,接通低速绕组电源;14 - d12 的常闭触点 15 - d12(3,4)断开,使下降辅助继电器 15 - d13 断电而组成正反转互锁;14 - d12 的常开触点 24 - d12(13,14)闭合,由于 24 - C11(17,18)已经闭合,故电磁制动接触器 25 - C17 通电吸合,其常开触头 4 - C17 闭合,电磁制动器 4 - S11 通过整流器获电动作,松开刹车,使起货电动机低速运行。这里 C11 和 C17 之间组成了程序联锁,确保电动机低速绕组先通电,S11 才能通电松闸,避免了重物自行落下的可能。25 - C17 通电的同时,时间继电器 24 - d16 通电,它的常开延闭触点 26 - d16(3,4)延时闭合,为向中、高速接触器 26 - C14 和 27 - C15 通电做准备。这里的延时保证了在手柄快速扳到中、高速档时,有足够的时间进行低速起动,防止直接进入中、高速起动而造成对起货电动机的冲击。

在此期间,若起货电动机的中、高速绕组不过载,8 - d2 吸合,中、高速辅助继电器 21 - d14 获电并自锁,其常开触点 26 - d14(13,14)闭合,使中、高速接触器有通电的可能,否则 8 - d2 释放,21 - d14 失电,起货机不能进入中、高速运行。

（3）起货第二档。当主令控制器手柄从起货第一档扳到起货第二档时，主令触头 26 - b11(9,09)接通，中速接触器 26 - C14 通电吸合，其主触头 2 - C14 闭合，中速绕组通电，起货机中速运行；其常闭辅助触点 22 - C14(15,16) 断开，低速接触器 22 - C13 断电，使低速绕组断电，保证电动机在换档过程中不会中断供电，同时 23 - d15 失电，18 - d15(5,6)立即闭合，为停车或反向操作时进行再生制动作好准备。与此同时，时间继电器 26 - d17 通电，其常开延闭触点 27 - d17(3,4)延时闭合，为第三档高速运行做准备。

（4）起货第三档。将主令控制器手柄扳到起货第三档时，主令触头 27 - b11(11,011)闭合，高速接触器 27 - C15 通电吸合，其主触头 3 - C15 闭合接通高速绕组，使起货电动机高速运行；其辅助触点 26 - C15(19,20)断开，中速接触器 26 - C14 失电，2 - C14 断开，中速绕组断电，保证在换档过程中不会中断向起货电动机供电。

在上升各档时，电磁刹车接触器 25 - C17 始终保持通电吸合状态，以保持刹车松开。

（5）主令控制器手柄从零位快速扳到起货第三档。因为主令控制器手柄在零位时已有 12 - d11、11 - C16、21 - d14、23 - d15、22 - C13 通电吸合，当控制手柄突然扳到起货第三档时，主令控制器触头 14 - b11(3,03)、26 - b11(9,09)、27 - b11(11,011) 闭合，这时 14 - d12 和 16 - C11 先后通电，使低速绕组通电，同时 25 - C17 因 24 - d12(13,14)、24 - C11(17,18)、25 - C13(13,14)已接通而使 25 - C17 线圈获电，其常开触头 4 - C17 接通，电磁制动器 4 - S11 通电而松闸，起货电动机首先在低速起动。在 25 - C17 线圈通电的同时，时间继电器 24 - d16 也通电，经约 0.25 秒延时后，其常开触点 26 - d16(3,4)闭合，使中速接触器 26 - C14 线圈通电吸合，起货电动机转换到中速绕组加速运行，22 - C13 和 23 - d15 失电断开低速绕组并使 18 - d15 闭合，为再生制动作准备。在 26 - C14 通电吸合的同时，时间继电器 26 - d17 通电，经约 0.5 秒延时后，其常开延时闭合触点 27 - d17(3,4)闭合，使高速接触器 27 - C15 通电吸合，起货电动机转换到高速绕组进入高速运行，常闭触点 26 - C15 断开，26 - C14 失电，中速绕组断电。

由上分析可见，主令控制器手柄突然从零位扳到起货第三档时，起动过程与手柄的操作速度无关，而是通过时间继电器 24 - d16 和 26 - d17 的延时控制，按时间原则自动起动并逐步加速到高速运行。不会出现高速、中速绕组堵转,也不会出现直接高速起动的情况。

(6) 主令控制器手柄从起货第二、三档突然扳回零位。由于在第二(或三)档时,中速(或高速)接触器 26 - C14(或 27 - C15)的线圈是通电吸合的,其常闭触点 22 - C14 或 22 - C15 断开,时间继电器 23 - d15 处于断电状态,其常闭延开触点 18 - d15(5,6)是闭合的。这为接通再生制动电路作好了准备。

当手柄突然回到零位时,一方面上升辅助继电器 14 - d12 断电释放了,其常开触点 16 - d12(1,2)断开;手柄回零位的同时,26、27 回路也断开,26 - C14 和 27 - C15 断电,其常闭触点 22 - C14(15,16)和 22 - C15(15,16)闭合,使 22 回路接通,低速接触器 22 - C13 利时间继电 2e 23 - d15 同时通电。时间继电器 23 - d15 的常闭延开触点 18 - d15(5,6)在延时期间还未断开,16 - C11 的自锁触点 17 - C11(13,14)使 16 - C11 继续保持通电吸合状态,又因低速接触器 22 - C13 在零位时是通电吸合的,此时低速绕组和电源是接通的,起货电动机进入再生制动状态。

在上升辅助继电器 14 - d12 断电的同时,其常开触点 24 - d12(13,14)断开,电磁制动接触器 25 - C17 线圈失电,制动电磁铁线圈 4 - S11 的直流电源被切断,但因 S11 是大电感元件,它将通过电阻 r12 放电并在短暂时间内维持吸合状态,到 S11 放电到不足以使电磁铁吸合时释放而使制动器刹车。此期间因 18 - d15 还未断开,故再生制动和机械制动同时起作用(联合制动)。

当时间继电器 d15 延时结束,18 - d15(5,6)断开,接触器 16 - C11 断电释放,低速绕组断电,起货电动机在机械制动作用下停车。

(7) 落货。落货各档或从零位快速扳到落货二、三档;或从落货二、三档快速扳回零位都与起货时的情况相类似,所不同的是:落货时下降辅助继电器 15 - d13 取代了 14 - d12;下降接触器 20 - C12 取代了 16 - C11,起货电动机反转。由于货物是位能性负载,在落货时使电动机处于再生制动状态下运行,起货电动机使货物匀速下降。

(8) 主令控制器手柄从起货第三档快速扳到落货第三档(或相反)。其过程为首先三级制动停车,然后按时间原则逐级反向起动。

主令控制器手柄在落货状态时其触点 14 - b11(3,03)断开,上升辅助接触器 14 - d12 断电释放,其常开触点 24 - d12(13,14)断开,使制动接触器 25 - C17 和 4 - S11 延时释放,同时在手柄过零位时使中速接触器 26 - C14 和高速接触器 27 - C15 也都断电释放,其常闭触点 22 - C14(15,16)和 22 - C15(15,

16)闭合,从而使低速接触器 22 - C13 通电吸合,时间继电器 23 - d15 同时通电。在 23 - d15 延时时间内,其常闭延开触点 18 - d15(5,6)仍然闭合,加之 17 - C11 的自锁作用,上升接触器 16 - C11 继续保持有电吸合状态,15 - C11、20 - C11 断开迫使下降辅助继电器 15 - d13 和下降接触器 20 - C12 不能获电,防止了起货电动机在高速状态下反接制动的可能。

由于低速接触器 22 - C13 和上升接触器 16 - C11 仍然吸合接通低速绕组的电源;起货电动机进入再生制动状态。同时制动接触器 25 - C17 断电释放,制动电磁铁线圈 4 - S11 延时释放刹车,又加入了机械制动,此期间既有再生制动,又有机械制动,故称联合制动。

待 23 - d15 延时结束,其常闭延开触点 18 - d15(5,6)断开,上升接触器 16 - C11 断电释放,再生制动完毕,由机械制动直到停车。16 - C11 断电后,其常闭触点 15 - C11(15,16)闭合,下降辅助继电器 15 - d13 获电,其常开触点 20 - d13(1,2)闭合,下降接触器 20 - C12 通电吸合,开始按落货方向逐级延时起动,并加速达到要求的下降转速后稳定运行。这种控制称为"逆转矩控制"。

2. 基本保护功能

(1)"逆转矩控制"。如上面第(8)项所述,不再重复。

(2)防止货物自由跌落。其一:在货物下降时,起货电动机处在再生制动状态下运行,使货物等速下降。其二:在换档过程中,中速接触器 26 - C14 通电吸合,其常闭触点 22 - C14(15,16)断开后,低速接触器 22 - C13 才断电,断开起货电机低速绕组的电源;高速接触器 27 - C15 通电吸合,其常闭触点 26 - C15(19,20)断开后,中速接触器 26 - C14 才断电,断开起货电机中速绕组的电源;既使在主令控制器手柄在两档中间位置时,总是有一个接触器吸合,使起货电动机对应的一个绕组通电,保证货物不会自由下落。

(3)应急切断。如遇控制器失控或其他紧急情况时,可按下应急按钮 12 - b1 切断控制电路电源,使起货机立即停止工作。

(4)失压保护(零电压保护)。用零电压继电器 12 - d11 和主令控制器触点 12 - b11(1,01)来实现零电压保护。当出现失压后又恢复供电时,必须先将主令控制器手柄扳回到零位,12 - d11 才有可能再次获电并自锁,控制电路电源才会接通。这样手柄不在零位时,一旦失电后又复电也不会自动起动而造成意外事故。本起货机采用断电刹车方式,断电后电磁刹车靠弹簧力复位刹紧,防止货物下落伤人。

（5）起货机过载保护。用安装在起货电动机低速绕组内部的热敏电阻 7 - f1 来控制低速档保护跳闸单元 6 - u11，用安装在起货电动机中、高速绕组内部的热敏电阻 9 - f2/3 来控制中、高档保护跳闸单元 8 - u12，以实现过载保护。当低速绕组长期过载时，热敏电阻 7 - f1 的阻值升高，使 6 - u11 中的电流继电器 6 - d1 释放，断开 13 - d(11,4)，零电压继电器 12 - d11 断电使整个控制电路失电，起货机停止工作。同样，当中、高速绕组长期过载时，9 - f2/3 电阻值升高，使 8 - u12 中的 8 - d2 释放，其常开触点 21 - d2 断开，21 - d14 失电，触点 26 - d14(13,14) 断开，中、高速接触器 26 - C14、27 - C15 断电，起货机不能在中、高速档运行而只能低速运行。

（6）风机过载保护。用热继电器 10 - e16 来实现。风机过载时，10 - e16 动作，11 - e16(21,22) 断开，风机接触器 11 - C16 断电释放，风机停止工作。同时其常开触点 26 - C16(13,14) 断开，使 26 和 27 回路断电，起货机不能在中、高速档运行而只能在低速档运行。

（7）短路保护。由熔断器 e11~e13 来实现。

（8）断相保护。电动机在缺相运行时，会使电动机过热而损坏。由于本电路的控制电路由三相供电，在电源的任一相失电的情况下都能使控制电路失电，电动机都会停止运转而起保护作用。

3.3.3　电动液压起货机

电动液压起货机是一种较新型的起货机，其应用日趋普遍。主要优点：是能在很大范围内实现无级调速；运转平稳；加速时间短；有良好的制动能力等。但是液压系统比较复杂，制造精度要求高，排除故障困难。

电动液压起货机主要由油泵机组、油马达及各种控制阀等组成，通过管路连接构成液压传动系统。油马达也叫液动机，用来拖动起货机卷筒转动，油马达的转动是利用高压油来推动，油泵的作用就是向油马达提供压力油液，而油泵由电动机拖动，因此称电动液压起货机。油泵、拖动油泵的电动机及其起动设备合称为油泵机组。各种控制阀用来控制和调节液压系统中的油液的压力、流量和方向等，以保证拖动系统平稳而又协调的工作。与发电机—电动机系统的电动起货机相比较，油泵机组相当于发电机组，油马达相当于电动机，各种控制阀相当于开关的控制设备，而管路相当于导线。

1．吊杆式电动液压起货机

1）液压系统工作原理

现以国产双吊杆式电动液压起货机为例,其左、右吊杆的卷筒驱动系统完全对称,液压元件和控制线路也完全相同。图 3－12 为左(或右)吊杆液压系统工作时的简图。液压系统由一台笼式异步电动机3 拖动主油泵 1 向油马达 2 提供压力油。油马达 2 拖动起货卷筒转动。主油泵与油马达构成独立的闭合循环回路,因此该系统称为"闭式系统"。

（1）主油泵。泵为输送液体的机械设备,形式很多,本液压系统中的主油泵为斜盘式双向变量泵,通过改变倾斜盘倾斜角的方向改变泵的吸排油的流动方向,从而改变油马达的旋转方向;通过改变倾斜盘倾斜角的大小改变排量的大小。从而调节油马达的转速。在泵的端部装有变向变量的控

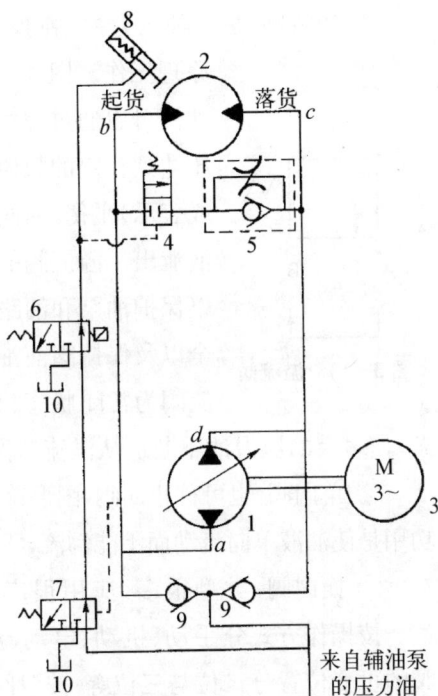

图 3－12　液压系统工作时的原理简图

1－主油泵;2－油马达;3－笼式异步电动机;4－二位二通阀;5－单向节流阀;6－电动二位三通阀;7－液压二位三通阀;8－制动油缸;9单向阀;10－储油箱

制机构,只要拉动控制机构和拉杆,便可使倾斜盘偏转。倾斜盘与泵轴垂直时不排油,当向上拉动拉杆时,倾斜盘向某一方向倾斜(如对应于"起货"方向),而向下拉动拉杆时.便可向另一方向倾斜(对应于"落货"方向)。除主油泵外还有辅油泵(图中未画),用以向液压制动(相当于电磁铁制动)油缸 8 和旁通控制阀 4 等提供压力油,并向主油泵循环系统补充油液等。

（2）油马达。油马达是液压驱动系统的动力装置。油马达与油泵是可逆的液压元件,即对同一元件既可作油泵运行,也可作油马达运行,两者也可在运行中相互转化,其转化决定于运行条件,相似于电机的可逆性。油马达从结构上可分为柱塞式、滑板式和齿轮式等各种结构形式。本液压系统使用的是柱塞式双向油马达。

（3）控制阀。主要有溢流阀,单向阀和换向阀,以下分别作介绍。

① 溢流阀,是一种压力控制阀,主要根据液体压力和弹簧力相互平衡的

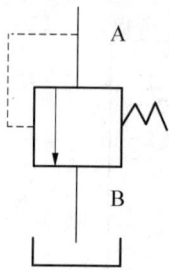

图 3-13 溢流阀

原理工作。图 3-13 符号表示,阀前系统的油液,即 A 管的油液可以通过虚线所示的控制油路进入阀体内,当 A 管油压达到整定的数值时,液体压力与阀体内弹簧(图中以波折线表示)平衡,而阀被开启,使 A 管与 B 管接通,将 A 管油液泄出。溢流阀的重要作用是在油压过高时,泄出油液,借以保护油泵和油路系统的安全以及保持阀前油路系统的安全以及保持阀前油路系统压力的稳定。作为安全阀时,溢流阀为常闭状态;作为系统压力调节时,溢流阀为常开状态,使多余的压力油不断地从溢流口泄出而流回油箱,起溢流定压作用。

② 单向阀,也可称止回阀,图形符号如图 3-14 所示,其功用是使油液单向流动而不能倒流,即从 A 管流向 B 管。

③ 换向阀,类型很多,应用很广,可以按不同方式分类。按操作方式分手动、机动、电动、液动、电液动等;按滑

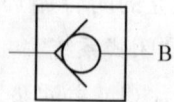

图 3-14 单向阀

阀的可变位置分二位与三位等;按滑阀的通路数目分为二通、三通、四通、五通等。图 3-15、图 3-16 分别为液动二位二通阀、液动二位三通阀。

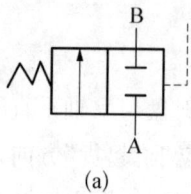

(a)

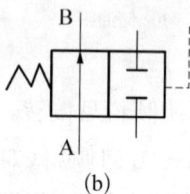

(b)

图 3-15 液动二位二通阀(常开式)

(a) 有控制压力油 (b) 无控制压力油

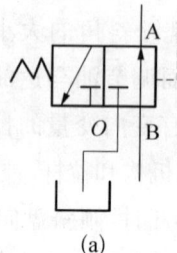

(a)

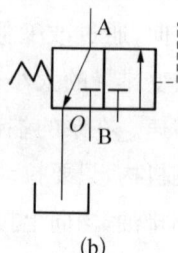

(b)

图 3-16 液动二位三通阀

(a) 有控制压力油 (b) 无控制压力油

液动二位二通阀是用液体压力油操作,有两个工作位置及两条通路(A 和 B)。当压力油经控制油路(虚线所示)进入阀体时,控制油的压力克服弹簧力,使阀处于图 3-15(a)所示的工作位置,A 和 B 两油路不通,当没有控制油或压力太低时,弹簧使阀处于图 3-15(b)所示的工作位置,A 和 B 两油路接通,无压力油信号使管路相通为常开式。

液动二位三通阀有三条道路(A、B、O)。当控制油进入阀体内克服弹簧力

时,阀处于图 3-16a)所示工作位置,A、B 两油路接通,"O"油路被隔开;当不通控制油或油压太低时,弹簧力使阀处于图 3-16b)所示的工作位置,A、B 两油路被隔开不通,而 A、O 两油路接通。

电动二位三通阀为电动换向阀,一般称为电磁换向阀,简称电磁阀。图 3-17 显示了电动二位三通阀断电的状态。与液动阀不同之处是改用电磁铁控制,当电磁铁通电时,A、B 两油路接通,A、O 两油路断开不通。

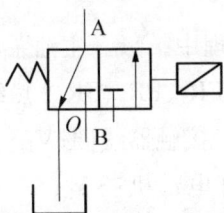

图 3-17　电动二位二通阀　　　　图 3-18　单向节流阀

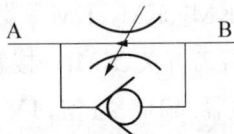

④ 单向节流阀。流量控制阀的一种形式,图形符号如图 3-18 所示。当从 A 管进油时,油液可通过单阀畅通,经 B 管排出,反之从 B 管进油时,则不能畅通而受到一定限制,起到节流的作用,其流量大小可以调节。图中上半部分为简单节油阀的符号,是一种简易式流量控制的阀门。

根据图 3-12 所示,分析液压系统的起货、落货、调速和制动等工作状态。

起货:油泵机组起动后,操纵主令手柄从"0"位扳到"上升"位,变量泵的倾斜盘向起货方向倾斜,变量泵 a 管排压力油,d 管吸入,管路 ab 段内为高压油。阀 7 有液压信号而处于右位。但在油刹车松闸前,阀 4 处于上位,主油泵的排油经阀 4 和阀 5 组成的旁通支路吸油管 d。主令手柄离开"0"位后,阀 6 通电而处于右位,来自辅油泵的压力油经阀 6 进入刹车油缸 8,将克服弹簧力使油刹车松闸。同时流向刹车油缸的压力油进入阀 4 的控制油路,使阀 4 处于下位而关闭,于是,高压油经 ab 管路流入油马达。油马达产生转动力矩带动卷筒旋转提升货物。改变主令手柄的位置,可改变变量泵倾斜盘的倾斜角大小而实货货速度的调节。

落货:主令手柄扳到"下降"位时,变量泵的倾斜盘向反向倾斜,使吸排方向与起货时相反。变量泵的高压油从 C 管进入油马达,使油马达产生反向转矩而反转落货。在空钩时,油马达克服摩擦力而拖动卷筒下降。而在下放重物时,在货重的作用下,油马达转速不断升高,当油马达排出的油量大于变量泵的排量时,油管 ab 内油压将高于 cd 管内的油压,这时便产生制动转矩。油马达由拖动卷筒便为阻碍卷筒旋转,当制动转矩随转速而增加到与货重产生的力矩平衡时,便以稳定转速等速落货。此时油马达以油泵状态运行,而油泵以油马达状态运行,其能量或供给同轴的另一个主油泵,或拖动电动机变为发电机状态运行,将电能反馈至电网,这一状态与电动起货机中,电动机的再生制动状态类似。落货速度的调节,同样通过扳动主令手柄的位置,改变变量泵倾斜盘的倾斜角来实现。

2) 电气系统的工作原理

在图 3-19 电动液压起货机电气系统原理中。M_1-主油泵电动机;M_2-辅油泵 KM_1、KM_2、KM_3、KM_4-交流接触器;FR_1、FR_3、FR_4-热继电器;QS_1、QS_2、QS_3-电源刀开关,KMF-接触器;KMR-接触器线圈;V_1-放电二极管;KT-时间继电器;SB_1-按钮;1M、$2M_1$-吊杆电动机;SA_1、SA_2-零位开关;YB_1、YB_2-直流电磁制动器;YV_1、YV_2-制动电磁阀线圈。

该起货机吊杆的上下移动是利用电动机 1M、2M 拖动的。因 1M、2M 的控制线路完全相同,故图中仅画出 1M 的控制线路。1M 的定子绕组有 7 根出线头,分别为 D_1、D_2、D_3,Ch_1、Ch_2、Ch_3 和 N。该型电动机附有直流电源,利用电动机本身每相绕组的中间抽头 CH_1、CH_2 整流器 V_1 整流供电。为保证制动器动作灵敏,在电动机断电瞬时,接触器辅助触头〔KMR 或 KMF 断开,使制动线圈 YB1 放电电阻 Rf 放电,迅速制动,而电动机通电时,使电阻 Rf 短接,使制动器可靠动作松闸。吊杆电动机用正反转磁力起动器直接起动,通过按钮控制和连锁。

主油泵电动机 M_1 的容量较大,采用 Y—△压起动。根据液压系统的要求,应先起动辅油泵电动机约 1 min 后再起动主油泵电动机,为此利用接触器 KM_1 的常开辅助触头与接触器 KM_2 线圈连锁来满足这一要求。

零位开关 SA_1,SA_1 的常开触头,用来控制制动电磁阀线圈 YV_1、YV_2。当起货机的主手柄在"0"位时,该触头打开,电磁阀断电,液压制动器制动。主令手柄离开"0"位时,触头合使电磁阀通电,油制动松闸。

零位开关 SA_1、SA_2 的常闭触头与主油泵接触器 KM_2 线圈连锁,其触头与起动按 SB_6 联后,再与 KM_2 自保触头并联。当主令手柄在"0"位时才能起动主油泵电动机,实现零主油泵电动机起动后,变压器 TM 供电,操纵主令手柄,液压系统才能工作。

2. 回转式电动液压起货机

下面以克令吊为例讲一下回转式电动液压起货机的工作原理。克令吊主

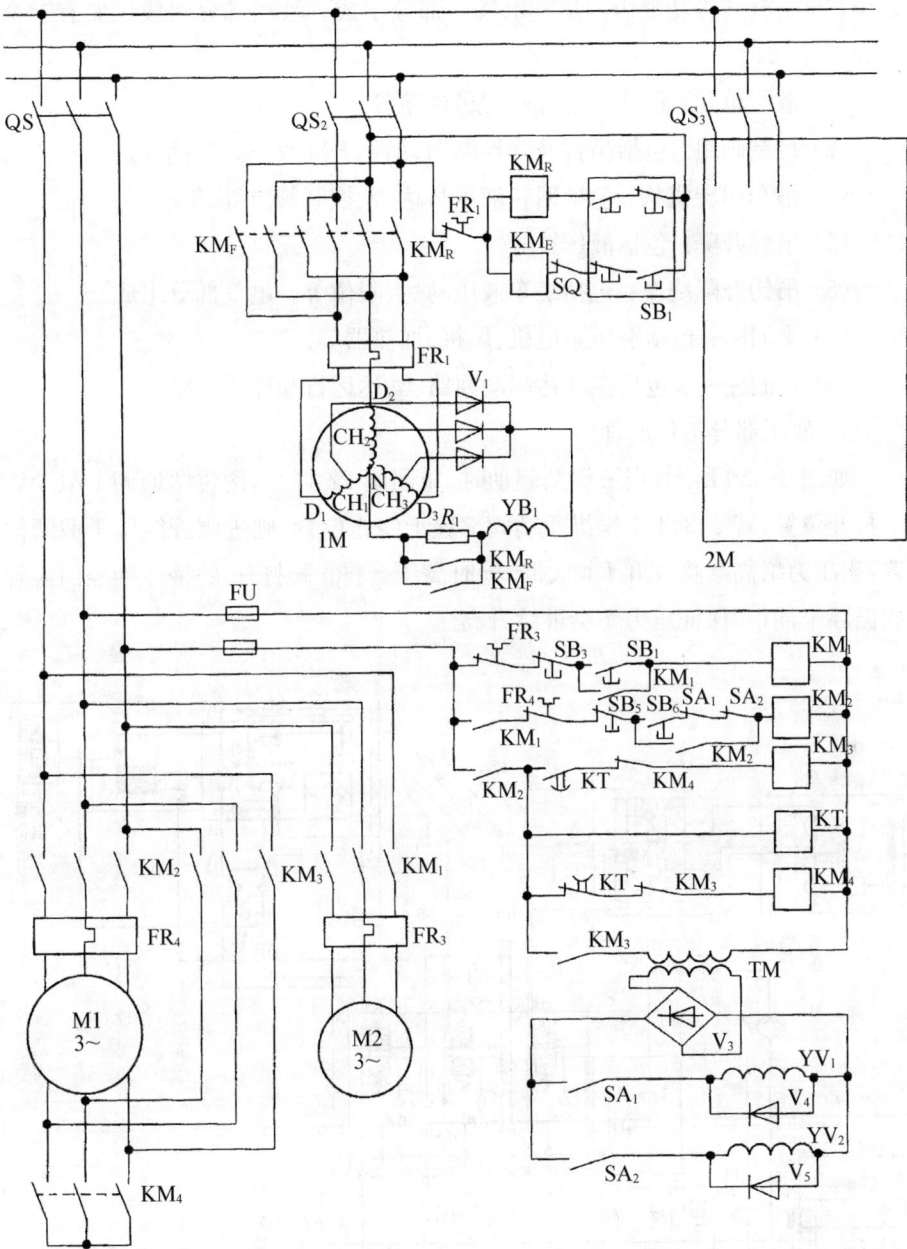

图 3-19　电动液压起货机电气系统原理图

要用于船舶货物、集装箱及其他物质。使用比较方便,不受环境影响,具有全方位(360°)旋转等功能由液压和电气两部分组成。液压部分组成主要有七个方面,具体如下。

(1) 液压单元:包括马达、液压泵、油箱等。

(2) 控制阀组:包括吊臂升降控制阀、吊钩升降绞车控制阀等。

(3) 吊车回转机构:包括回转液压马达、及控制阀组等。

(4) 吊臂升降:包括液压缸等。

(5) 吊钩升降绞车:包括绞车液压马达、限位等。电气部分组成:

(6) 主回路:包括液压泵电机、风机、加热器等。

(7) 控制回路:包括主马达起动回路、马达运行和停止回路。

1) 液压部分工作原理

如图 3-20 所示,当液压泵起动时,止回阀 22 打开,两位两通阀 b,d,f 处于打开位置,若 2、3、4 个操纵手动阀都置于停止位置,则进阀管线位于截断位置,当压力增高会将 b、d、f 阀关断,同时高压会将 a 阀打开,将液压油经回流管线循环至油柜,保证压力不会继续升高。

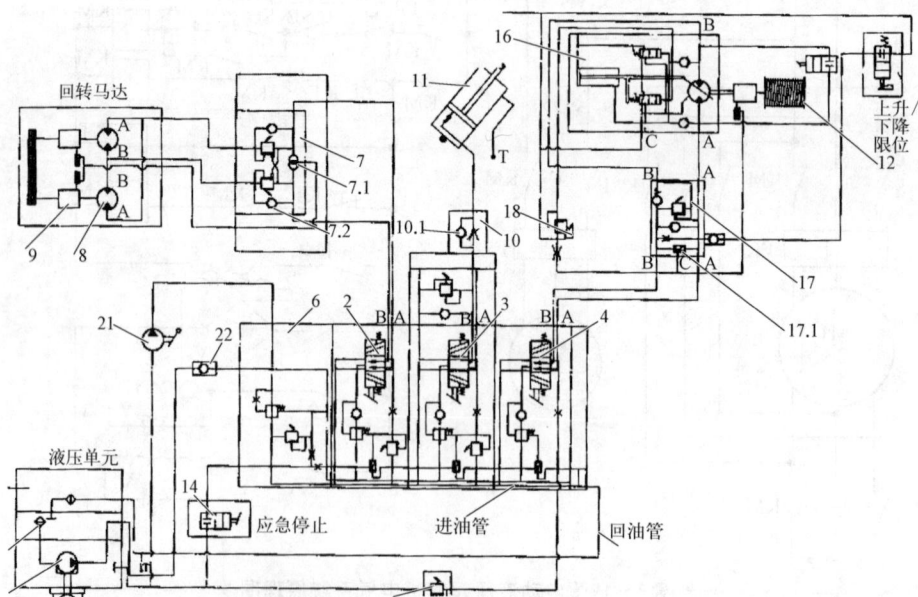

图 3-20 克令吊液压系统原理图

当回转马达控制阀 2 开至正转位置时,阀的进油管线和出油管线 B 接通,压力降低 b 阀再次打开,液压油通过回转马达控制阀 2 管线 B 至回转控制阀组 7,通过选择阀 7.1 将回转马达抱闸 9 打开,并将控制阀 7.2 打开,液压油至回转马达,马达旋转,液压油经过另一管线 A,回到回转马达控制阀 2,再经过回油管线回到油柜。反转时,液压油管线 A 进入控制阀组 7,由管线 B 变为回油管线。

当吊臂升降阀 3 置于上升位置时,阀的进油管线和出油管线 B 接通,压力降低,d 阀再次打开,液压油通过吊臂升降阀 3 和管线 B 再经过止回阀 10.1 流入液压缸 11 推动吊臂上升,液压缸 11 上半部分液压油通过 T 管线流回油柜;下降时,吊臂升降阀 3 置于下降位置,液压缸进油管线 B 变为回油管线,止回阀 10.1 关闭,液压油经限流阀 10 流回吊臂升降阀 3,再经回油管线回油柜。限流阀 10 起的作用是让吊臂缓慢下降。

当吊钩控制阀 4 置吊钩提升位置时,吊钩控制阀 4 进油管和 B 出油管接通,回油管和另一根 A 管接通,阀 f 由于吊钩控制阀 4 进油管压力下降,再次打开,液压油经吊钩上下控制阀 4 通过 B 管线到达钩头升降绞车控制阀组,选择阀 17 打开,液压油流到抱闸液压缸 12 打开,将抱闸打开,同时通过正、反转控制阀和正、反转控制液压缸选择液压马达转向。下降控制仅是液压油反向流动。在绞车控制回路中有两个限位阀,一个是吊钩提升/下降限位 13,一个是绞车钢丝绳限位阀。当吊钩上下限位阀到位时,两条液压管线通过限位阀 13 直接连回油柜,使液压马达没有液压油停止。当绞车钢丝绳限位阀动作时,将液压马达两端的液压管线连通,液压马达中无液压油流过停止运转。

此外,在此液压控制回路中,还包括应急停止回路和应急释放回路,当应急停止阀 14 被打开时,会强行将 b,d,f 阀关闭,切断主控阀的供油回路,使吊车停止运行。应急释放回路是在液压主马达无法建立油压时,通过应急手压泵 21 将主控阀的液压油的压力重新建立,使吊车继续工作的回路。

2) 电气控制系统工作原理

克令吊电气控制系统工作原理如图 3-21 所示,图 3-22 为克令吊电气控制系统主电路原理图,具体原理如下:

(1) 当绝缘检查完毕后,具备送电条件,合上主配电板上的电源开关后,把控制箱的电源开关 MCB0101 合上,再合控制回路电源开关 MCB0301,电源指示灯 D 亮。同时时间继电器 TF0402 得电,延时 0.1 KM,其常开触点闭合。

(2) 按压起动按钮 AY0107,时间继电器 TF0102 得电(AY0107 常开触点

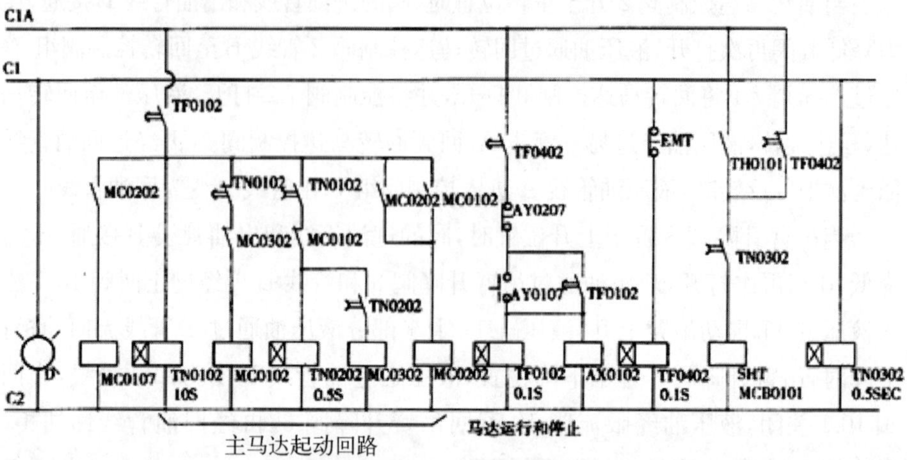

图 3 - 21   电气控制系统工作原理

为内部所须继电器,已接通),同时,继电器 AX0102 得电,由于 TF0102 常开触点闭合,使主接触器 MC0102 得电,其常开触点闭合使 MC0202 得电,电机作星形起动。接触器 MC1012 得电后使接触器 MC1017 得电,冷却风机工作。同时由于时间继电器 TF0102 得电,使时间继电器 TN0102 得电延时 10 KM 后,常闭触点断开,MC0102 失电。TN0102 常开触点闭合使 TN0202 得电延时 0.5 KM,其常开触点闭合,使 MC0302 得电,其主触点闭合,接通电源主回路,电机作三角形运行,主油泵正常工作,吊车可以正常使用。

(3) 当使用完毕后,按停止按钮 AY0207,时间继电器 TF0102 失电,使主接触 MC0302、MC0302 失电,电机停转,再断开控制触点的主电源开关,工作正常结束。

如需主马达加热器送电,则合上开关 MC0201,加热器得电加热,当主马达运转时,由于继电器 AX0102 得电,其常闭触点断开,加热器电源断电,停止加热。

(4) 控制箱电源开关保护:控制回路有电,时间继电器 TF0402 得电,延时 0.1 KM 后,由于串在主开关脱扣线圈 KMHT 回路内的常闭触点断开,而时间继电器 TN302 得电,延时 0.5 KM 后,虽然串在主开关脱扣线圈 KMHT 回路内的常开触点闭合,但 KMHT 线圈也不工作。当液压泵马达热继电器 TH0101 过流等原因动作时,其常开触点闭合,使 KMHT 线圈得电,主开关 MCB0101 断开,起到保护作用。同时按压应急停止按钮 EMT,时间继电器 TF0402 失电,其常闭触点闭合也可使 KMHT 线圈得电使主开关 MCB0101 断开。

加热器电源

AC 200 V 60 Hz 1φ

电源

AC 440 V 60 Hz 3φ

滑环

TS TS1

RS RS1

MCB0201
EA53B/15 A

AX0102

F0701 3 A

OL
OL0102

RS1 TS1

RS1 TS1

100 W

100 W

主马达L

F0601
3 A

RS1 TS1

INDI.BOX

F0501
3 A

AX0103

控制间灯 机器间灯

控制间灯 机器间灯

MCB0101

C1A

C1

C2

F0101 10 A

F0201 10 A

F0401
15 A

F0301
15 A

TR2 TRANS
220/100 V
100 AV

DCPS1
±24 V

(+1)(+2)(E)

MCB0501

BH-K/20 A

控制间热器 控制间风机

走道灯

MCB0401

BH-K/15 A

SC-4-0

MC0107

TH0201
SET 6.6A
W1TR5-1NH-6A

U1 V1

M

油冷却风机马达

变压器箱

440/220 V TR1

R12

T12

R11

T11

MCB0301
SA102B/20A

MCB0201
EA53B/15 A

SC10N
MC0302

SC8N
MC0102

N

滑环

T

S

R

SHT

MCB0101

T1

S1

R1

CT 5 A/300 A
0~300A~900A

A

SC10N
MC0202

TH0101
TR10NH-180 A
SET 162 A U

Z

X

Y

W

V

U

M

液压泵马达

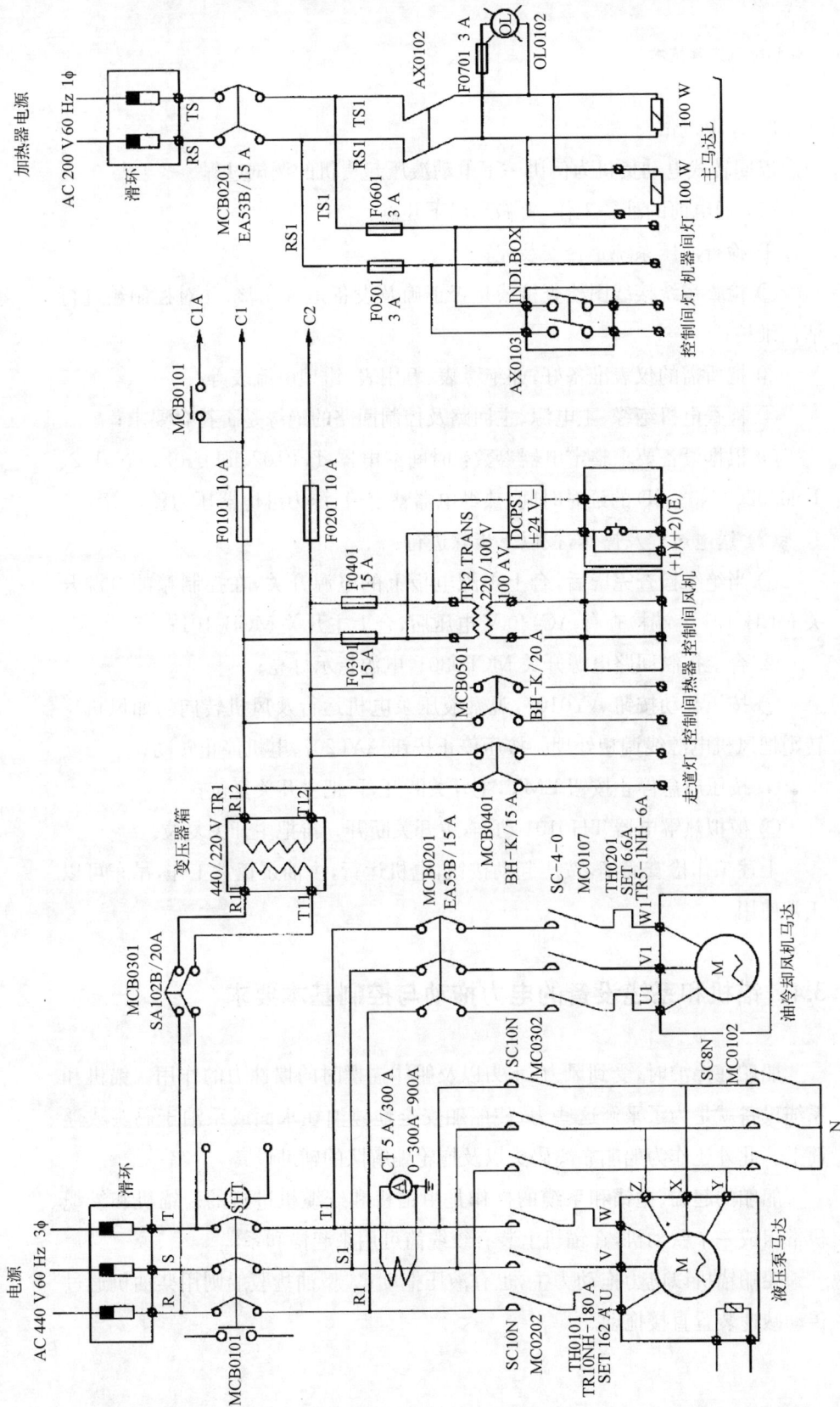

图 3-22 克令吊电气控制系统主电路

3) 通电调试

以回转式电动货机为例讲一下电动液压起货机的调试过程。

(1) 通电前的准备工作，要做到以下几点：

① 检查液压系统是否安装完；

② 检查系统接线图检查接线是否正确及设备是否完整，并对控制箱进行清洁维护；

③ 把所需的仪表准备好，如绝缘表、万用表、钳型电流表等；

④ 检查电机绝缘、主电源、主回路及控制回路的绝缘是否符合要求；

⑤ 根据设备要求整定电器参数：时间继电器 TF0102、TF0402、TN0102、TN0202、TN0302D 的延时时间，热继电器整定值、压力继电器压力整定等。

(2) 送电过程及操作，按以下步骤进行：

① 当绝缘检查完毕后，合上主配电板上的电源开关，在控制箱的电源开关 MCB0101 上端检查有 AC440 V 电压后，合上主开关 MCB0101；

② 合上控制回路电源开关 MCB0301，电源指示灯亮；

③ 按压起动按钮 AY0107，观察液压泵电机运行及风机转向。如风机反转则把风机电源线调相处理。按压停止按钮 AY0207，电机停止转动；

④ 按压应急停止按钮 EMT，主开关断开，再把主开关复位；

⑤ 模拟热继电器 TH0101 动作，主开关断开。再把主开关复位。

上述工作检查完毕，按压起动按钮，电机运行，主油泵正常工作，吊车可以正常使用。

3.4 锚机和系缆设备的电力拖动与控制基本要求

船舶在停泊时，受到风力、水力以及船体摇摆时的惯性力的作用。锚机和系缆设备就是为了平衡这些力，使船舶安全地停泊在水面或系泊于码头或浮筒上。此外还作为船舶靠离码头以及拖轮编解队的辅助设备。

船舶的起锚、抛锚和系缆的操作是由锚机和绞缆机进行的。锚机和绞缆机常组成一个联动机，在锚机上装有绞缆筒可用来起锚和系缆。

船舶锚机以电力拖动为主，也有液压拖动；大型油货驳船则用柴油机通过传动减速装置直接拖动。

3.4.1　锚机运行特点

起锚机的运行有正常起锚和应急起锚两种工况。正常起锚的整个过程如图 3 - 23 所示。

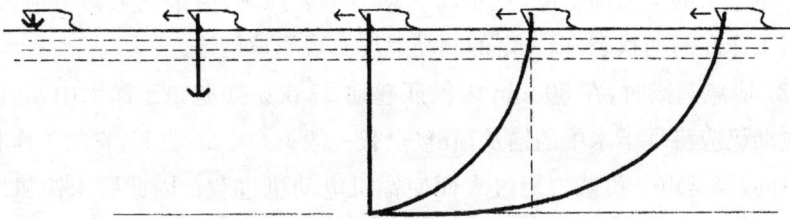

图 3 - 23　起锚过程

第一阶段——收起沉躺在水底的锚链。这时起锚电动机全速运行,电动机轴上的负载力矩是不变的。船舶在起锚机收链的拉力作用下慢慢接近抛锚点。锚链悬垂部分形状不变。

第二阶段——收紧锚链。这时锚机将锚链拉紧,电动机轴上的负载力矩逐渐增大,转速下降,锚链悬垂部分形状改变,直到锚链拉直。船舶继续向前移动。

第三阶段——拔锚出土。在锚链拉紧后,靠船舶前进的惯性拔锚出土。如不能拔出,则电动机将发生"堵转"现象,即在很大堵转电流下停止转动。为防止电机因堵转而烧坏,要求电动机有软的机械特性,堵转力矩为额定力矩的两倍。为避免堵转时间太长(规定为 1 min),驾驶人员可开慢车,靠推进器的力拔锚出土。

第四阶段——收起悬于水中的锚及锚链。锚出土后,电动机负载力矩突然降低,电动机转速也增高了。随着锚链的缩短,其负载力矩也逐渐下降。

第五阶段——拉锚入锚链孔中,电动机以低速运转。在锚入孔时,由于锚与锚链孔的钢板摩擦,电动机的负载力矩有所增加。

3.4.2　锚机对电力拖动控制的要求

根据上述的锚机运行特点,对锚机的电力拖动和控制提出以下要求:

(1) 电动机和控制电器采用 30 min(分钟)短时工作制。锚机电力拖动装置应能满足在给定航区内,单锚破土后能起双锚。在正常深水抛锚(深度为

80 至100 m)下依次起双锚约需 30 min,故起锚电动机一般采用 30 min 短时工作制。

（2）在电动抛锚时必须有稳定的制动抛锚速度。抛锚时一般采用重力自由下落抛锚,用手动带式制动器来调节抛锚速度。但当深水抛锚时,为避免抛锚时产生过大的重力加速度,且手动制动器不易控制,需采用电动抛锚,这时电动机工作在制动状态,以一定的制动速度实现稳速抛锚。

（3）应急起锚时,在 30 min 内保证起动 25 次。如抛锚于深水中,起锚时锚机电动机应将垂于水中的锚及锚链(全长一般为 200 m)收起,它的工作状况是繁重的,经常由于负载力矩过大而使锚机电动机过载。因此要求锚机电动机及其控制设备能在最大负载力矩下起动运行。过载时,必须使电动机继续强行工作,应急起锚,在 30 min 内保证起动 25 次。

（4）锚机电动机允许带电堵转 1 min。电动机应有软的或下坠的机械特性。其堵转力矩应为额定力矩的两倍,以适应拔锚出土和系缆开始时需很大拉力来克服船舶惯性的工作特点,并允许带电堵转工作 1 min。

（5）锚机电动机应有一定的调速范围。为了加快起锚过程,要求锚机破土起锚速度如下:单锚不小于 12 m/min;双锚不小于 8 m/min。此外,拉锚入孔的速度一般为 3~4 m/min。

（6）对锚机控制装置要求。要求设备重量轻,装置紧凑,成本低,维修费用少,调速平滑,控制简单,操作方便。

3.4.3　锚机和系缆设备的电力拖动控制线路

图 3 - 24 所示的是国产交流三速电动起锚机控制线路,用主令控制器控制锚机电动机的起动、制动、调速及反转。锚机电动机是三速笼式电动机,有两套绕组:一套为 4 极高速绕组;另一套是变极绕组,16 极低速是 D 形接法。8 极中速是 YY 形接法,从 D 形改接成 YY 形属于恒功率调速。中、低速级采用直接起动的方法,中速至高速级按时间原则自动延时起动。

在高速级运行过载时,能自动瞬时转换到中速级运行,负载减小后,为了重新回到高速级,主令手柄必须从第三档扳回到第二档,然后再扳至第三档上。过电流继电器 KA_3 动作电流为高速级额定电流的 110%。控制箱具有下列保护:失压保护,低速与中速级过载保护,高速级过载保护,接触器 KM_F 与 KM_B 间及 KM_1 与 KM_2 间有互锁作为防止电源短路的保护,控制回路用熔断器

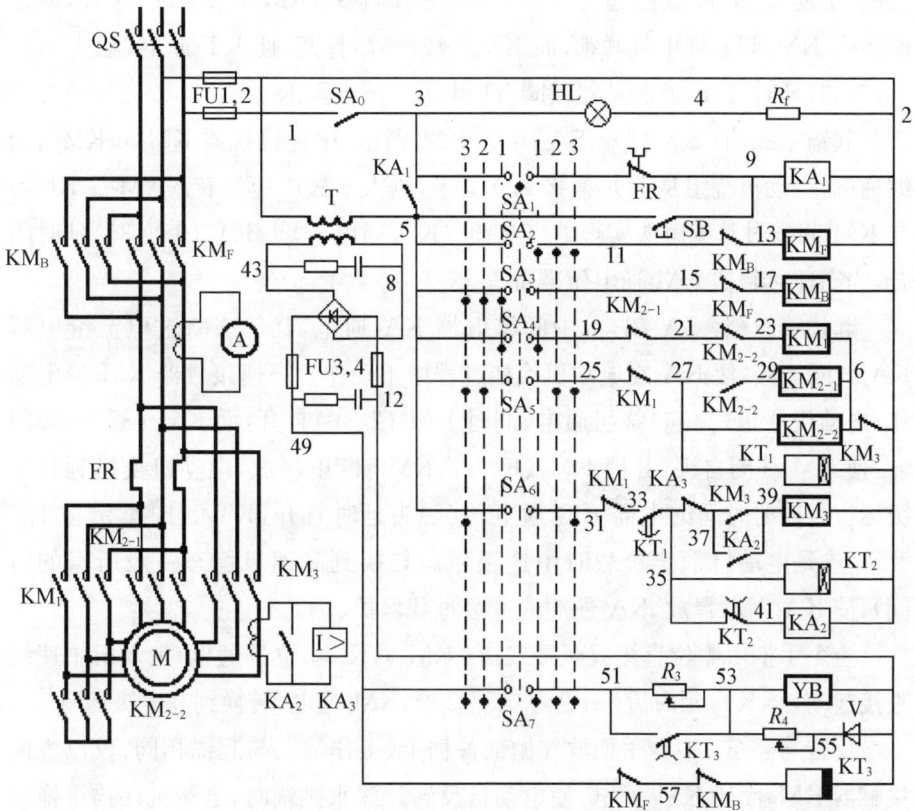

图 3-24 交流三速电动起锚机控制线路

M-交流三速异步电动机;QS-隔离开关;KM_F-上升接触器;KM_B-下降接触器;KM_1,KM_{2-1}、KM_{2-2},KM_3-分别为低、中、高速接触器;KA_1-零压继电器;SA_0-控制电源开关;SB-应急强制运行按钮;SA_{1-7}-主令开关;KA_3-过电流继电器;KA_2-中间继电器

作短路保护。

1. 控制线路工作原理

合上刀开关 QS 和控制电路电源开关 SA_0 时,主令控制器上电源指示灯朋亮,表示电网供电。

主令手柄在零位时,SA_1 闭合,零电压继电器 KA_1 通电吸合,控制电路得电,同时时间继电器 KT_3 获电,触头 KT_3(51-53)闭合,为制动器线圈 YB 通电做准备。

起锚第一档:SA_1 打开,SA_2、SA_4、SA_7 闭合。方向接触器 KM_F 和低速接触器 KM_1 通电动作,电动机绕组以 D 形接法接通电源,同时 YB 通电,制动器松闸,电动机 16 极低速起动运转。KM_F 的副触头 $KM_F(15-17)$ 断开,使之 KM_F 与 KM_B 间实现电气联锁,而 $KM_F(49-57)$ 打开,使 KT_3 断电,触头 KT_3 $(51-53)$ 延时打开,使制动器线圈 YB 串入经济电阻 R_3。

起锚第二档:SA_4 打开,SA_5 闭合,KM_1 断电,中速接触器 KM_{2-2}、KM_{2-1} 相继通电,电动机绕组从 D 形换接到 YY 形,进入 8 极中速运转。KM_{2-1}、KM_{2-2} 与 KM_1 间通过其副触头实现电气互锁。KT_1 通电,触头 $KT_1(33-35)$ 延时闭合,为高速接触器 KM_3 通电做准备。

起锚第三档:SA_6 闭合,中间继电器 KA_2 通电,其触头将过电流继电器 KA_3 线圈短接,使 KA_3 在电动机换档过程中不动作。高速接触器 KM_3 通电动作,电动机 4 极(高速)绕组通电,同时 $KM_3(2-6)$ 打开,而 $KM_3(37-39)$ 闭合,使 KM_3 线圈自锁,并使 KM_1、KM_{2-1}、KM_{2-2} 断电释放,电动机换接到高速级运行。同时时间继电器 KT_2 通电,其触头延时打开(KT_2 延时整定在 $1\sim$ 2.5 s,这是电动机额定负载时中速级稳态转换到高速级稳态一般所需的时间),使 KA_2 断电释放,KA_3 便起高速级过载保护。

主令手柄由零位直接扳至第三档:KM_{2-2}、KM_{2-1} 立即通电,电动机中速级直接起动,经 KT_1 延时后(一般为 $0.5\sim2$ s),KM_3 通电,转换到高速级运行。

反转与停车:主令手柄放在抛锚各档上,工作情况与起锚相同,仅以方向接触器 KM_B 代替 KM_F 通电,使电动机反转。深水抛锚时,电动机在锚重拖动下处于回馈制动状态等速抛锚。停车时,主令手柄扳回零位,电动机脱离电网,制动器断电机械刹车,电动机迅速停止运转。

2. 主要保护环节

(1) 零位(失压)保护。由零电压继电器 KA_1 实现,并与 SA_1 配合实现零位保护。当主令手柄不在零位时电网失电,零电压继电器 KA_1 触头释放,切断控制电路;之后,即使电网恢复供电,系统仍不能工作,必须待主令手柄回零后,KA_1 重新获电,系统才能恢复工作。

(2) 高速级过载保护。高速级运行过载时,过流继电器 KA_3 动作,其触头 $KA_3(35-37)$ 打开,KM_3 断电释放,使 KM_{2-2}、KM_{2-1} 相继通电动作,电动机转换到中速级运行。KM 断电后,其自保触头 $KM_3(37-39)$ 打开,因而过载消失后不能再自行通电,如需高速运行,其手柄必须从第三档退回第二档,再扳回第三档。

(3) 中、低速级过载保护及其应急起锚。中低速级过载保护由热继电器

FR 实现。当热继电器 FR 过载动作时,因热继电器自动复位时间需 2 min 左右,在应急情况下,仍需要电动机低、中速级运行时,可按下主令控制器上的应急按钮 SB,使电动机继续强行工作。

(4) 起锚与抛锚电气互锁保护。起锚与抛锚电气互锁保护由正反转方向接触器 KM_F 和 KM_B 的常闭辅触头 $KM_F(15-17)$、$KM_B(11-13)$ 互相串在对方线圈回路中实现。

(5) 中、低速绕组换接互锁保护中、低速绕组是一套变极绕组,为防止同时接通电网造成电源短路,必须要求互锁,KM_1 和 KM_{2-2}、KM_{2-1} 接触器的常闭辅触头互相串在对方线圈回路中实现。

习 题 与 思 考

3-1　对电动起锚机电力拖动具体要求有哪些?

3-2　简述锚机起锚时的运行特点,在起锚各个阶段中,哪个阶段锚机上的负荷最大?

3-3　锚机绞缆机在运行过程中因过载而跳电,如何采取应急措施?

3-4　船舶起货机对电力拖动有哪些要求? 如何满足?

3-5　请回答图 3-24 的交流三速电动起锚机控制电路中如下几个问题。

　　(1) 过电流继电器 KA_3 起什么作用?

　　(2) 中间继电器 KA_2 起什么作用?

　　(3) 如何进行强行起锚?

　　(4) 电阻 R_3 和时间继电器 3KT 起什么作用?

　　(5) 电阻 R_4 和二极管 V 起什么作用?

第4章 船舶机舱辅机自动控制

船舶机舱辅机自动控制主要包括泵浦与空气压缩机以及燃油辅助锅炉、分油机、油水分离器的自动控制理论基础。

4.1 泵浦的自动控制

为主机服务的燃油泵、滑油泵、冷却水泵等主要电动辅机,为了控制方便和工作可靠,均设置两套机组。不仅能在机组旁控制,也能在集中控制室进行遥控;而且在运行中泵系统出现故障时能实现机组的自动切换,使备用机组立即起动投入工作,以保证主机处于正常工作状态。图4-1为某船水泵自动切换控制线路原理图。

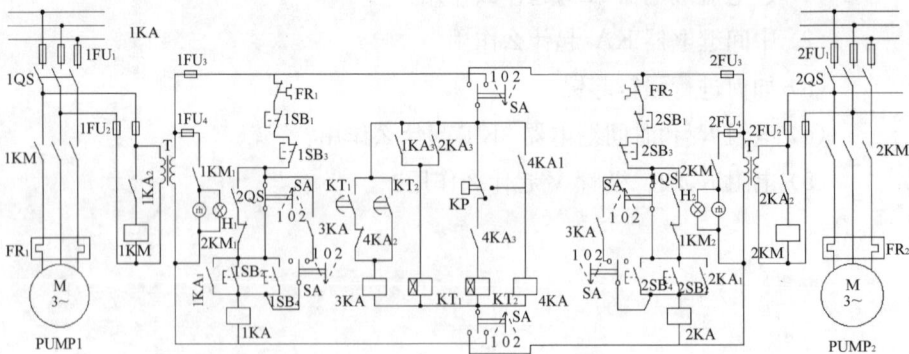

图4-1 某船水泵自动切换控制线路原理图

注:SA-手动、自动切换控制开关。打在"0"位置,为手动切换操作,不能自动切换;打在"1"位置,1号机组为运行机组,2号机组为备用机组:打在"2"位置,2号机组为运行机组,1号机组为备用机组。KT$_1$-时间继电器,用于延时压力监视投入。KT$_2$-时间继电器,用于压力波动延时自动切换,防止频繁误动作。KP-压力继电器。3KA-自动切换继电器。

1. 机组的手动操作

将控制开关 SA 置于"0"位置,如起动 1 号机组,按下 1SB₂ 使 1KA 得电,其常开触头 1KA₁ 闭合,成为自保,常开触头 1KA₂ 闭合,使 1KM 主接触器得电,主触头闭合,使 1 号机组电动机运行。主接触器的辅助触头 1KM₁ 闭合,计时器投入计时,同时运行指示灯 H₁ 亮。

2. 机组的自动切换操作

将控制开关 SA 置于"1"位置,即选择 1 号机组为运行机组,2 号机组为备用机组。当 1 号机组发生故障时,能自动切换到 2 号机组,2 号机组启动投入工作。按下 1SB₂ 使 1KA 得电,其常开触头 1KA₁ 闭合自保,常开触头 1KA₂ 闭合,使 1KM 主接触器得电,主触头闭合,1 号泵电动机运行。常开触头 1KA₃ 闭合,使得 KT₁ 时间继电器有电,开始起动延时。在延时时间内,机组运行正常,泵输出端建立压力,压力继电器 KP 动作,4KA 中间继电器有电动作,常开触头 4KA₁ 闭合自保,在 3KA 回路中的常闭触头 4KA₂ 打开,防止起动延时引起误切换。当起动延时时间到时,KT₁ 的常开触头闭合,此时 4KA 常闭触头 4KA₂ 已打开,不会使 3KA 得电。如果在起动延时时间内没有建立起压力,压力继电器 KP 不动作,无法使中间继电器 4KA 得电,它的常闭触头 4KA₂ 保持闭合状态。只有起动延时时间到了,KT₁ 常开触头闭合(说明 1 号机组启动过程中有故障),就会使 3KA 有电,自动切换到 2 号机组,即 3KA 有电,它的常开触头闭合,使得 2KA 有电,接通 2KM 主接触器,其主触头闭合,使 2 号机组投入运行。同时,2KM 的常闭辅触头 2KM₁ 打开,使得 1KA 失电,1KA 的常开触头 1KA₂ 打开,使得 1KM 失电,1KM 的常闭辅触头 1KM₂ 闭合,提供 2KA 的自保回路。

如果是 1 号机组起动正常,运行一段时间后,发生故障,压力变低了,压力继电器回到初始状态,使 KT₂ 时间继电器得电。在此延时时间内,如果压力恢复了,压力继电器就动作,使 KT₂ 不再有电,不能动作。如果在延时时间内,压力不能恢复,延时时间一到,KT₂ 的常开触头闭合,使 KA₃ 有电,进行自动切换动作。如果把控制开关 SA 置于"2"位置,其自动切换同上,这里不再赘述。

4.2　空气压缩机自动控制

在大型船舶自动化迅速发展的今天,船舶空气压缩机系统是船舶辅机系统的重要组成部分。现代化船舶由于主机和发电机的功率越来越大,起动能源主要依靠采用压缩空气。同时在船舶其他系统也广泛应用,例如船舶空压机所产生的压缩空气主要用于船舶主机的控制空气、船舶杂用空气、船用汽笛以及消防压载自吸装置的气源等均靠船舶空气压缩机的压缩空气来提供。

船舶空压机的设置一般是两套主空压机,设计成互为备用的系统,同时还要安装一台应急空压机,以保证船舶主电源故障或者两台主空压机故障时的应急状态下,应急空压机能够起动工作,提供船舶应急使用的压缩空气。船舶应急空压机一般在船舶应急供电网络供电。还有采用小型柴油机作为原动力,柴油机采用蓄电池或者手摇方式起动。

主空压机系统通常安装两个储存压缩空气的高压空气瓶,两个高压空气瓶管路间采用桥阀连接,两个空气瓶之间的压缩空气可以连通同时使用。也可以关闭桥阀分别独立工作。在高压空气瓶上设有安全阀(在压缩空气仪表或其他故障,使空气瓶内的压力大于安全阀设定值时,此阀自动安全泄放,确保船舶的安全)。每个空气瓶上装有压缩空气压力表。一般还设有压力变送器,以供船舶集控台遥控监视。同时空气瓶各安装手动泄放阀一个。和相应的控制阀和管系组成压缩空气系统在船上船舶空压机一般都设有两套机组,并设计成为互为备用的系统,可同时使用,也可单独使用。

图 4-2 为某船主空压机控制系统电气原理图。现以此原理图为例,分析船舶空压机控制系统的工作过程。

1. 空压机"手动"起动

当船舶电源通过配电板的动力分电屏提供到空压机控制箱,将控制箱上的控制位置转换开关 S_2 置于"本地"位置,合上控制箱电源开关 QS,控制线路有电,这时电源指示灯 H_1 指示电源有电。此时通电延时继电器 KT_1 有电,经过 30 s 延时后,其在控制线路中的通电延时常开触头 KT_1 闭合,为后面的控制线路供电控制电路电源经空压机热继电器的常闭触头 FR、空压机的温度保护开关 F_{12} 的常闭触头、高温报警回路中的报警继电器 KA_4 的常闭触头、低油压报警回路继电器 KA_3 的常闭触头、转换开关 S_2"本地"位置的闭合触头到起动方式控制开关 S_1 的上端。将 S_1 控制开关打到"手动"位置,空压机接触器 KM 通电动作,其主触头闭合,空压机电动机启动运转,同时运转指示灯 H_2 亮。空压机上的泄放电磁阀 Y_3 开始卸载工作。和接触器 KM 并联的时间继电器 KT_2 同时通电动作。计时器 rh 通电开始计时。在时间继电器 KT_1 延时

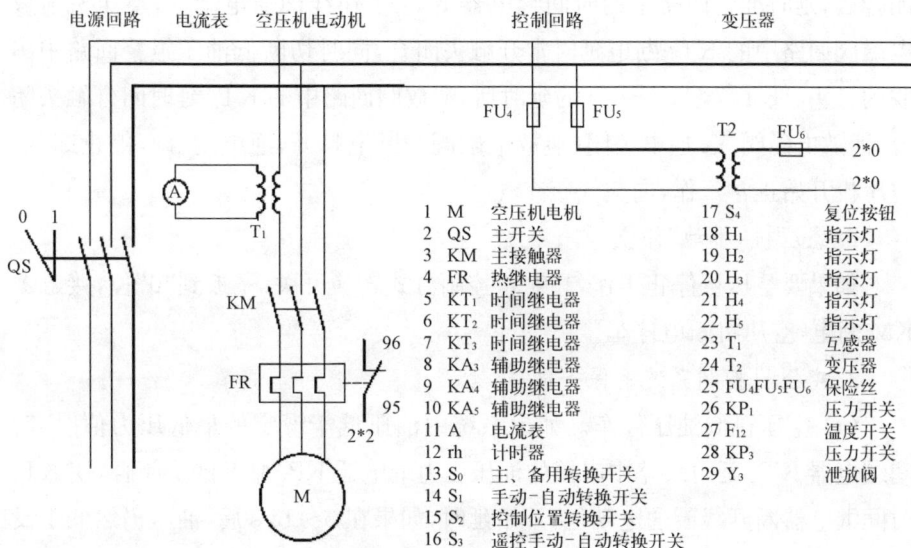

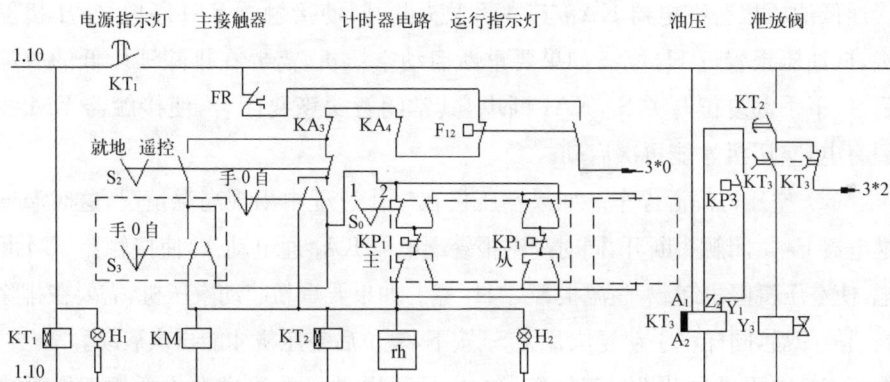

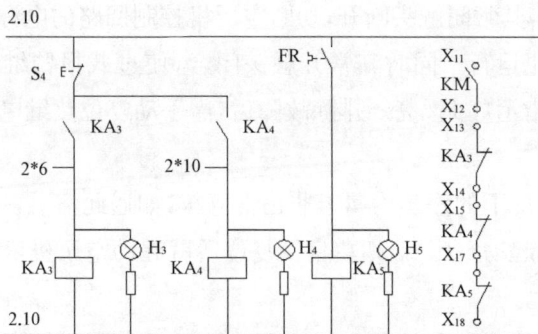

图 4-2 某船主空压机控制系统电气原理图

闭合后,延时准备回路中的时间继电器 KT_3 工作线圈通电动作,空压机泄放电磁阀回路中的 KT_3 断电延时常开触头闭合,同时切断低油压报警回路中串联的触头。KT_2 经过 $3\sim5\,s$ 的延时后,泄放阀回路中的 KT_2 延时闭合触头闭合,泄放电磁阀 Y_3 通电关闭(泄放电磁阀为断电打开,通电闭合),停止卸载。空压机开始正常工作,向空气瓶充气。

2. 空压机"手动"停止

如果要空压机停止工作,只需将控制方式转换开关 S_1 扳到"0"位,接触器 KM 断电,空压机断电停车。

3. 空压机控制系统的保护措施

(1)空压机低油压停车。如果系统中油压低于设定的最低压力值时,时间继电器 KT_3 延时线路中串接的油压压力继电器 KP_3 常开触头闭合,使 KT_3 时间继电器断开线圈通电动作,开始延时,如果在 $5\sim15\,s$ 后,油压仍然低于设定值,此时 KT_3 断电,延时断开,常开触头断开,泄放电磁阀断电卸载。同时接通低油压报警继电器 KA_4,其常闭触头断开,使接触器 KM 断电,空压机停机,低油压报警灯 H_4 亮。如果要重新启动空压机,需要在排除油压低的故障后,按下手动复位开关 S_4,KA_4 断电,其常闭触头恢复闭合,使接触器 KM 线圈有电,空压机才能再次启动。

(2)空压机高温停车。如果空压机在工作过程中出现高温情况,这时温度继电器 F_{12} 常闭触头断开,同时高温报警继电器 KA_3 通电动作,使接触器 KM 断电,使空压机停机卸载,高温报警灯 H_3 亮。如果要重新起动空压机,需要在排除高温故障后,同样将手动复位开关 S_4 按下,复位后空压机才能再次启动。

(3)空压机电动机过载停车。在空压机电动机电流过大或断相工作时热继电器 FR 动作,其常闭触头断开,切断空压机控制回路的电源,使接触器 KM 断电,空压机停止运行。同时其常开触头闭合,使过载报警继电器 KA_5 通电动作,过载报警指示灯 H_5 亮。排除故障后,需手动复位热继电器,才能重新起动空压机。

上述三种情况下的停车均属于非正常停车,如遇此情况,一定要查明原因排除故障后才能起动空压机,切莫盲目复位后就起动空压机,以致对空压机造成损坏。

4. 空压机的自动控制过程

在图 4-2(b)中的 KP_1 两个压力继电器分别为主用和备用。两台空压机的主用和备用是不固定的,可以根据实际工作状态进行相互转换。主、备用的转换是通过控制箱上的 S_0 转换开关实现的。主要空压机的自动控制压力位 2.5～3.0 MPa,备用空压机的自动控制压力值设定为 2.3～2.8 MPa。

现设定 1 号空压机为主用空压机,2 号空压机为备用空压机,来说明空压机起动和停止的控制过程。图 4-2 中只画出 1 号空压机的控制原理图,2 号空压机的控制原理图和 1 号空压机的是一样的。两个控制箱共用一组压力继电器,两者之间自动控制部分相连接。将 1 号空压机控制箱上的控制位置转换开关 S_2 置于"本地"位置,合上控制箱电源开关 QS,控制线路有电。同样操作 2 号控制箱上的开关。现假设此时压缩空气瓶内的压力位 2.4 MPa。首先将主、备用转换开关 S_0 扳到"1"位置,手动-自动转换开关 S_1 打到"自动"位置。这时控制电源经热继电器 FR 常闭触头、温度开关 F_{12} 的常闭触头、KA_4 常闭触头、KA_3 常闭触头、S_1 转换开关"自动"位置闭合的触头、压力继电器 KP_1 闭合触头使空压机主接触器 KM 通电动作,KM 主触头闭合,空压机启动运行。运行指示灯 H_2 亮,计时器 rh 开始计时。卸载结束后 1 号空压机开始向空气瓶内充气。

如果此时外界的用气量较大,空气瓶内的压力继续下降,当低于 2.3 MPa 时,2 号空压机同样自动起动运行。此时两台空压机同时向空气瓶内充气。高温报警、低油压以及电动机过载的保护功能同"手动"工况时的作用一样。

两台空压机运行一段时间后,空气瓶内的压力不断升高。当空气瓶内的压力达到备用压力开关的高限设定值 2.8 MPa 时,备用压力继电器 KP_1(从)的触头断开,使 2 号备用空压机停止运行。这时主用空压机继续运行,当空气瓶内的压力达到 3 MPa 时,主用压力继电器 KP_1(主)的触头断开,1 号主用空压机停止运行。

船舶在一般情况下,压缩空气的使用量不是很大,一台空压机完全可以满足供应。主用空压机在压力开关 KP_1(主)的控制下,根据空气瓶内的压力变化,自动起停循环工作。

5. 空压机的"遥控"控制过程

空压机的遥控位置一般设在机舱集控室的控制台上。在控制箱电源开关闭合,控制箱和系统具备起动条件后,将控制箱上的控制位置转换开关 S_2 打到"遥控"位置。遥控手动—自动转换开关 S_3 设在机舱集控室的控制台上,将转换开关 S_3 打到"手动"位置,可以手动起动空压机,其工作过程同"就地"手动控制过程一样。当需要自动操作时,可将转换开关 S_3 打到"自动"位置,遥控自动起动的工作过程同"就地"自动控制过程是相同的。

6. 调试方法与常见故障分析

在调试以前要首先根据空压机电气系统图进行核对,确保电气系统的完整性。根据图纸检查控制箱外设的安装接线情况。要在安装以及接线完整且交验后进行调试。

(1) 调试准备工作。

① 图纸资料的准备。空压机电气系统图、电气原理图、空压机系统随机资料、空压机系统交验程序。

② 环境的准备。要保证在调试前完成对空压机控制箱、电机以及其他相关电气设备的维护保养。空压机及控制箱周围要有施工空间和照明等条件。

③ 工具仪器仪表的准备。500 V兆欧表、万用表、手压泵、适当值的压力表、钳形电流表、纱布、酒精、电水壶、温度计以及调试常用工具(扳手、螺丝刀、剥线钳等)。

④ 按照系统接线图对整个系统的接线进行核对,确保接线的正确性。

(2) 外观检查。

① 控制箱、电机以及温度继电器、压力开关、电磁阀等是否破损。

② 上述设备的接线是否牢固无松动。

③ 控制箱内的熔断器熔芯无缺损,指示灯、按钮开关等无缺损。

④ 各元件的油漆是否完好。

以上外观检查结束,对缺损问题进行反馈或处理,同时做好记录。

(3) 绝缘检查。

① 电源绝缘的检查。在主配电板上断开电源开关,在控制箱电源开关的上端用500 V兆欧表进行绝缘测量。

② 外接电机、电磁阀、压力继电器等绝缘的检查。在控制箱接线端子处用500 V兆欧表进行以上元件的绝缘测量。

③ 控制线路的检查。在控制熔断器的下端进行控制回路绝缘的测量。

在上述绝缘检查后,要记录测量的绝缘值。

(4) 通电调试。

参数整定及电源的准备

① 根据电气原理图检查控制箱内的熔断器熔芯是否与具体标注值一致。

② 检查控制箱的热继电器的整定值与实际是否匹配,且在标志范围内。

③ 温度继电器报警温度的整定,用电热水壶或其他加热设备对温度开关的感温部分加热,.对温度继电器进行调整,使其在试验程序大纲要求的温度动作,同时做好标记。

④ 控制线路延时继电器延时时间的整定,根据试验大纲要求将 K_7、K_8、K_2、延时继电器的时间调整完。

⑤ 油压压力继电器值的设定,用手压泵打压调整压力继电器,当压力达到报警压力值时压力继电器动作,同时做好标记。

⑥ 自起、停压力继电器值的设定,首先确定主用压力继电器和备用压力继电器。用手压泵打压调整压力继电器,使备用压力继电器在高于 2.8 MPa 时触点断开,当压力低于 2.3 MPa 时触点闭合;调整主用压力开关值时,使主用压力继电器在高于 3 MPa 时触点断开,当压力低于 2.5 MPa 时触点闭合。

⑦ 将所有开关(配电网络电源开关、控制箱电源开关、控制线路电源开关等)处于分闸断开或停止位置。

⑧ 在主配电板上合上空压机控制箱电源开关,将电源送至控制箱开关上端,用万用表检测电源、电压达到额定值,三相电压平衡满足通电要求后,合上控制箱电源开关。

⑨ 观察电源指示灯工作,待电源、指示灯正常工作后,合上控制线路电源开关。

(5) 功能试验调试。

① 功能试验调试过程一般在系统全部具备运行条件后进行调试,根据系泊试验大纲及空压机试验程序进行。如果空压机系统还没有完全具备运行条件时,进行功能调试可以将空压机拖动电机的电源脱离进行。下面就介绍系统完整的情况下的功能调试。

② “手动”功能调试。将控制位置转换开关打到“就地”位置,准备用钳形电流表测量空压机的起动电流和运行电流值。在控制箱上把起动方式控制开关转换到“手动”,此时空压机主接触器 K_1 线圈得电工作,空压机起动运行,记录空压机的起动电流和运行电流。将转换开关转换到“0”位,空压机主接触器断电,空压机停止工作。遥控手动功能试验,在控制箱上将控制位置转换开关打到“遥控”位置。在集控台上操作起动方式开关,将起动方式控制开关转换到“手动”,空压机起动运行。将转换开关转换到“0”位,同样使空压机主接触器断电空压机停止工作。

③ 泄荷功能试验。泄荷电磁阀此时为常开阀,空压机起动处于泄荷状态,经 K2 延时继电器的延时后,泄荷电磁阀得电关闭,停止泄荷。空压机停止工作时,泄荷电磁阀失电变为常开,再次泄荷。

④ "自动"功能试验调试。在手动调试结束后,空压机的空气瓶压力低于 2.3 MPa 时进行"自动"功能试验。控制位置转换开关在"就地"位置,在就地控制箱上把起动方式控制开关转换到"自动",此时两台空压机开始自动运行工作。压力值升高到 2.8 MPa 时备用压力继电器触点断开,备用空压机停机。当压力值升高到 3 MPa 时主用压力继电器触点断开,主用空压机停机。缓慢泄放空气瓶内压力,当压力值降低到 2.5 MPa 时主用压力继电器动作。主用空压机重新起动。继续泄放空气瓶压力,当压力值降低到 2.3 MPa 时备用压力继电器动作。备用空压机也重新起动。此时关闭空气瓶泄放阀重复以上工作过程。

⑤ 滑油压力低报警功能调试。将取样管上的阀关闭,在压力继电器的取样管上连接手压泵的接头,用于压泵将压力提高到报警值以上,然后起动空压机运行,将手压泵的压力缓慢泄放,待压力值到报警值偏低时停止泄放。待 K_8 继电器延时后油压低报警回路得电工作。报警指示灯报警,同时空压机停止工作。手动复位后将压力提高再试验一次。

⑥ 系统高温报警功能调试。首先起动空压机运行,将温度继电器的感温部分拆下,放在加热水壶中加热,当温度达到报警温度值时。温度报警线路动作,报警指示灯亮,空压机停止工作。待手动复位后,将温度降低再试验一次。

⑦ 将"遥控"和"就地"转换开关转换到遥控重复两个起动、停止过程。停机后测量热态绝缘,做好记录。

⑧ 将所有调整准确的整定值做好标记,同时将位置锁紧螺母锁紧。

⑨ 清洁保养控制箱使设备系统处于正常工作状态。

(6) 故障分析与排除(见表 4-1)

表 4-1 故障现象、检查及排除方法

序号	故障现象	原　因	检查及排除方法
1	系统无电源	(1) 配电网络有问题 (2) 控制变压器故障 (3) 控制线路熔断器故障 (4) 控制箱电源开关故障 (5) 电源继电器故障	检查主配电板电源是否合闸 测量变压器原、副边电压 更换控制电路熔断器熔芯 检查电源开关是否合闸 检查电源继电器是否正常

（续　表）

序号	故障现象	原　　因	检查及排除方法
2	空压机高温报警	（1）温度继电器故障 （2）空压机机械故障 （3）空压机压缩空气出口阻塞	检查温度继电器的整定值 检查空压机盘车是否正常 清洁管路、检查系统阀门是否打开
3	滑油压力低报警	（1）压力继电器故障 （2）滑油压力取样管阻塞 （3）系统滑油低于标准值	检查压力继电器的整定值 检查取样管阀门，清洗取样管路 向系统加入润滑油
4	泄放电磁阀不泄荷	（1）泄放电磁阀卡死 （2）泄放控制回路故障	检修泄荷电磁阀 检查泄放电路及控制元件
5	空压机手动不能起动	（1）操作位置与开关位置不一致 （2）空压机热继电器过载 （3）高温、低油压报警未复位	检查电机是否过载或过载后未复位 热继电器整定值不对 电源、断相或绝缘低 将手动复位开关复位
6	空压机遥控不能控制	（1）选择开关位置不对 （2）空压机热继电器过载 （3）高温、低油压报警未复位	将选择开关打到"遥控"位置 检查热继电器 将报警消除并复位
7	空压机自起、停失控制	（1）控制选择没打到"自动"位置 （2）压力开关设定值有问题 （3）压力开关误动作 （4）压力继电器取样管路阻塞	将开关置到"自动"方式 重新按要求整定设定值 修复或更换压力继电器 检查清洗取样管路

4.3　燃油辅锅炉自动控制

　　船舶辅锅炉是船舶动力装置的重要组成部分。在柴油机提供推进动力的船舶上，辅锅炉产生的蒸汽主要用于加热燃油、滑油以及提供各种生活用气。为了提高机舱的自动化程度，辅锅炉的全自动控制是不可缺少的。对于小型辅锅炉，由于产生的蒸汽主要供主机暖缸、加热燃油以及日常生活用，故对蒸汽参数的稳定性要求不高，一般采用双位控制或比例调节，允许蒸汽压力在设定范围内波动，实现有差调节。而对于大容量的油船辅锅炉，因为加热货油、驱动货油泵、蒸汽辅机以及洗舱的需要，多采用比例-积分调节，是蒸汽压力基本稳定在设定值，实现无差调节。

4.3.1 燃油辅锅炉自动控制系统的基本环节

不管采用何种类型的锅炉,其自动控制环节是类似的。概括地讲,辅锅炉的自动控制环节主要包括:水位自动调节、蒸汽压力自动控制、燃烧程序控制以及警报和保护环节。图 4-3 为船舶辅锅炉电气自动控制系统框图。

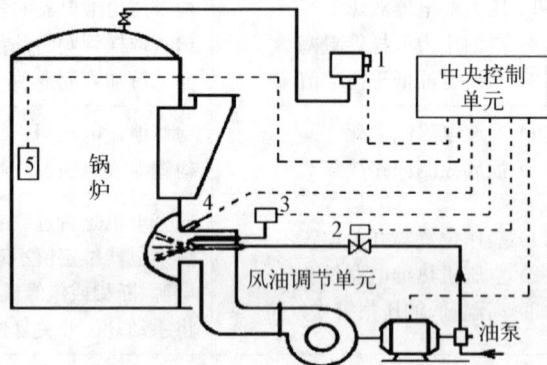

图 4-3　船舶辅锅炉电气自动控制系统框图
1-蒸汽压力传感器;2-供油电磁阀;3-点火变压器;
4-火焰传感器;5-锅炉水位传感器

1. 浮子式水位调节系统

图 4-4 显示的是磁性浮子式水位调节器。它利用漂浮在水面上的浮子 1 作为水位感受元件,浮子上下浮动时绕支点 2 摆动,摆动的最大幅度即为高、低工作水位差。浮子作上下摆动时,固定在一端的磁铁 3 也跟着作上下摆动,从而带动磁铁 6 使电触点开关 7 动作,以实现对水泵主接触器的控制,由此组成了锅炉水位双位调节自动控制系统。这种调节器存在机械传动,因此故障率相对较高。

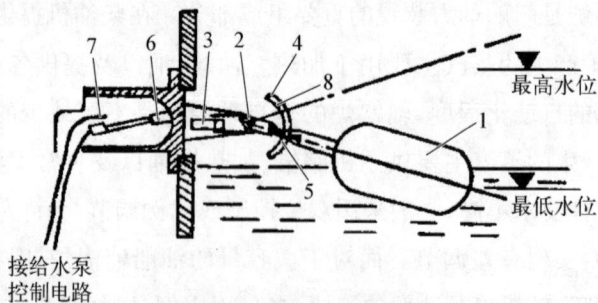

图 4-4　磁性浮子式水位调节器
1-浮子;2-支点;3-磁铁;4-调节板;5、8-定位钉;6-触磁铁;7-电触点

2. 蒸汽压力的自动控制

锅炉气压稳定的前提是必须保持蒸发量和送气量能量的平衡。燃烧过程自动调节的主要任务是使锅炉气压维持在规定值或是在规定的允许范围之内;同时为了保证燃烧良好,必须使供风量与供油量相适应。蒸汽压力的自动控制主要有双位控制和比例控制两种。

燃烧系统的双位控制,就是气压上升至设定值上限时,停止燃烧;而气压下降至设定值下限时,点火燃烧。采用双位控制系统,锅炉的点火和熄火比较频繁。如图 4-3 中的标注 1 所示,锅炉内的蒸汽压力作用于压力双位调节器,实际上它是一个压力继电器,如图 4-5 所示。当气压上升到设定值上限时,作用在波纹管上的力使电触头断开,使驱动油泵和风机的电动机断电停转,燃油电磁阀也关闭,锅炉熄火。炉内气压开始下降,当将至设定值下限时,压力继电器闭合将电路接通,风机和油泵起动,同时开启电磁阀,电点火器进行点火,锅炉重新燃烧,气压又开始上升,如此重复不已。上下限之间差值可以通过转动幅差弹簧上的调节螺钉加以调整。转动主弹簧 1 上的调节螺钉,可调整其设定气压值。双位调节系统的燃烧器只能在其额定供油量和停止之间进行切换。蒸汽压力不灵敏区(即上下限差值)的大小决定了切换的频繁程

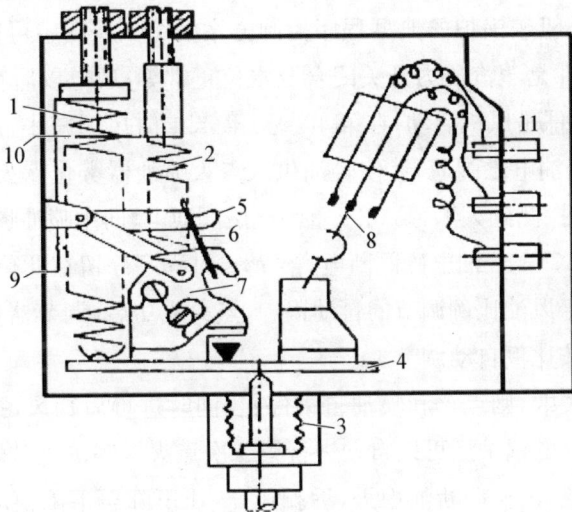

图 4-5　YD-651 型压力继电器

1-主弹簧;2-幅差弹簧;3-波纹管;4-杠杆;5-叉形臂;
6-拉片;7-定位片;8-电触头;9-控制压力指针;
10-差动值指针;11-接线柱

度。由于小型辅助锅炉对供汽压力的稳定性要求不高,不灵敏区可以适当增大,以减少起动的次数。但增大气压的不灵敏区也是有限度的,因而锅炉需要经常点火和熄火,使有关设备元件的起动和停止十分频繁,从而容易引起故障和使用寿命。在负荷不稳定而蒸发量较大的锅炉中,这种不利工况就更加明显。所以只有蒸发量小、负荷稳定的锅炉比较适宜采用双位自动控制系统。对于货船辅助锅炉,由于产生的蒸汽仅用于加热燃油、滑油以及日常生活用,它的蒸发量小(一般低于 $5t/h$)、蒸汽压力低(一般低于 $1\,MPa$),对蒸汽压力的波动要求不高,一般都采用双位控制系统。

此外,为了弥补双位自动控制系统只有最大和零两种输出的特点,可采用多位调节系统。其特点主要是除了设置一个具有相当于锅炉高负荷喷油量的主喷油器外,还配置了一个相当于锅炉低负荷喷油量的辅助喷油器(甚至还有主喷油器带两个可切换使用的喷油器),辅助喷油器一般兼作点火喷油器,各喷油器配合不同的风量运行时,可有不同的产汽量。采用多位调节系统可以使锅炉不需经常点火和熄火,提高了运行安全性。

3. 燃烧的程序控制

锅炉的程序控制是指对锅炉的起动和停止按预先设定好的时间顺序进行的自动控制,它属于时序程序控制系统。

图 4-6 是船舶锅炉的典型程序控制方案框图。从图中可以看出程序控制器通电的条件是蒸汽压力开关闭合及水位正常等;通电以后在 40 s 内预扫风,而扫风的条件是风机启动;在第 40 s 至第 45 s 时风门减小,点火器产生电火花,第 42 s 轻油电磁阀通电,使轻油供入点火喷油器雾化点火;如果点火成功,火焰探测器探测到火焰,第 52 s 重油电磁阀通电,向主喷油嘴供重油;若重油点火成功,第 70 s 轻油电磁阀断电;第 72 s 时程序停留在此位置,锅炉进入正常燃烧。对于风油比例调节的自动锅炉,点火成功后,调节器根据蒸汽压力的变化对风油按比例自动调节。

如果点火失败,则点火和喷油自动停止,同时进行后扫风,扫风结束后发出声光警报。有的锅炉还可以自动进行第二次点火。锅炉正常燃烧使蒸汽压力上升至上限值,则自动断油熄灭,后扫风;气压下降至下限值时自动点火燃烧。如果要正常停炉,可以认为发出指令,程序控制器再次通电,于第 74 s 至第 94 s 之间重油燃烧切换到轻油燃烧,第 100 s 时油泵停,在第 100 s 至第 120 s 之间后扫风,然后整个系统停止,下一次要启动则必须复位后启动。如

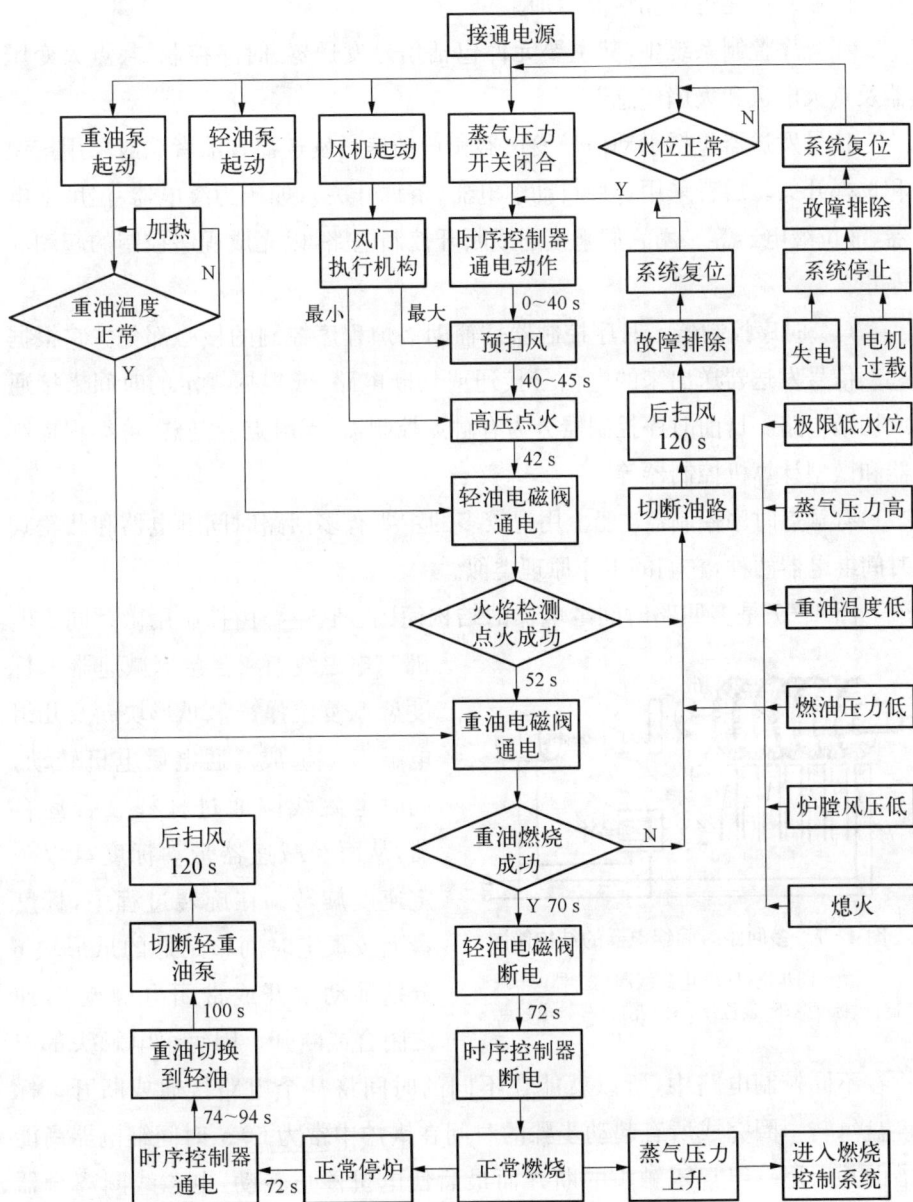

图 4-6　船舶锅炉的典型程序控制方案框图

果上述条件不满足要求,如水位太低,那么要水位调节系统工作使水位正常后才能使程序控制器通电;如果点火不成功,那就要切断油路,复位后重新执行程序。此外,图中还表示了极限低水位、蒸汽压力过高等8种报警保护系统,在实际系统中还可根据情况增加。

在程序控制系统中,其主要元件包括信号发送器、时序控制器、点火变压器及点火电极和火焰传感器。

信号发送器包括手动信号发送器和自动信号发送器。前者一般采用按钮和选择开关。后者采用各种自动继电器(俗称开关),如压力继电器、温度继电器、液位继电器等。用它们来接通或断开控制电路,以完成程序控制的起动和停止。

(1) 时序控制器。时序控制器是辅助锅炉程序控制的核心部分。它根据起动信号发送器送出来的电信号接通或切断电路,或根据规定的时间来接通或切断电路。目前时序控制器分为有触点控制器、无触点控制器、可编程控制器和微型计算机控制器等。

有触点时序控制器:船上用得较多的主要有多回路时间继电器和凸轮式时间继电器两种,它们的工作原理类似。

图 4-7 是多回路时间继电器的结构简图。它主要由控制用微型同步电机 1、电磁线圈离合器 2、减速器 3、标度盘 4、复位弹簧 5、爪形块 6 及几组电触点 7 组成。通电后电机转动,同时电磁线圈通过杠杆吸合离合器,从而经减速器带动标度盘以一定速度旋转。在旋转过程中,标度盘上按预定时间整定好的爪形块 6 分别推动常开或常闭电触点 7,使之闭合或断开。因每组电触头都安

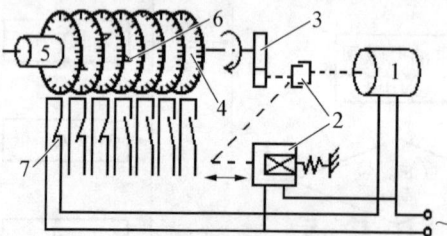

图 4-7 多回路时间继电器的结构简图
1-微型同步电机;2-电磁线圈离合器;3-减速器;4-标度盘;5-复位弹簧;6-爪形块;7-电触点

排在不同控制电路中,所以就能在不同的时间将某个电路接通或断开。标度盘每转一圈完成所有起动步骤的时间在锅炉中常为 60 s,时间继电器尚能借助其末尾一组常闭触头的断开而最后使电机停止转动,电磁线圈离合器则要在电源断开后才能脱开,这时标度盘依靠复位弹簧归复原位,以备下次起动之用。

无触点时序控制器:无触点时序控制器是利用晶体管的开关特性,使晶体管工作在饱和或截止状态,从而控制继电器通电或断开。延时作用是根据电容充放电原理组成的 RC 延时环节来实现的,其工作原理如图 4-8 所示。

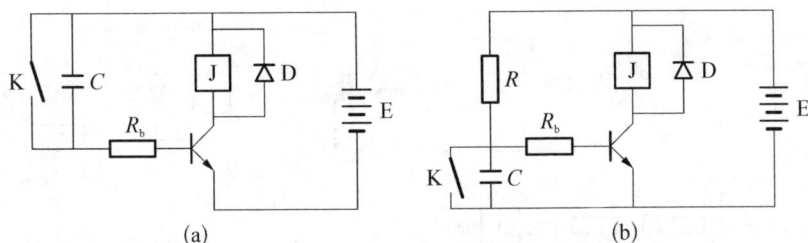

图 4-8　晶体管延时开关电路

(a) 单管延时释放电路　(b) 继电器延时通电电路

(2) 点火变压器及点火电极。船用的自动点火装置,大部分通过点火变压器,将 380 V 的交流电压升至 8 000 V 或 10 000 V,然后在点火极两端利用高压电尖端放电,产生火花点火。点火电极是两根 2 mm 的镍铬合金丝,它用耐高压电的瓷套管绝缘,固定在喷油器上,如图 4-9 所示。

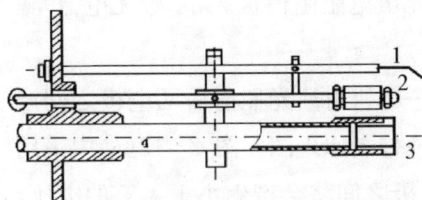

图 4-9　点火装置的结构示意图

1-点火电极;2-点火喷油嘴;3-主喷油嘴

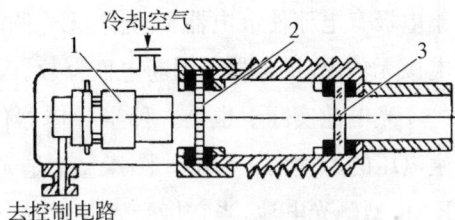

图 4-10　光敏电阻火焰传感器

1-光敏电阻;2-磨砂玻璃;3-耐热玻璃

(3) 火焰传感器。火焰传感器用于监测炉膛内有无火焰,以便在锅炉起动点不着火或正常燃烧突然熄火时的报警和执行停炉保护程序,它是保证锅炉可靠运行的关键。辅助锅炉中常用的火焰传感器主要有光敏电阻、光电池和紫外线检测管。

光敏电阻元件是由涂在透明底板上的光敏层和金属电极引出线构成。光敏电阻的主要特性是接受光照射时其电阻值很小,无光照时其电阻值很大。图 4-10 是用光敏电阻组成的火焰传感器。由于光敏电阻 1 接受高温炉壁所辐射的可见光和红外线会使光敏电阻误动作,所以,在安装时要避免高温炉壁的辐射线直接照射到光敏电阻上。此外光敏电阻不可承受高温,否则会影响使用寿命。在光敏电阻的前面装有磨砂玻璃 2 可以阻挡红外线的透入,同时利用耐热玻璃 3 和空气的冷却,可以保证光敏电阻的温度不会超过规定的

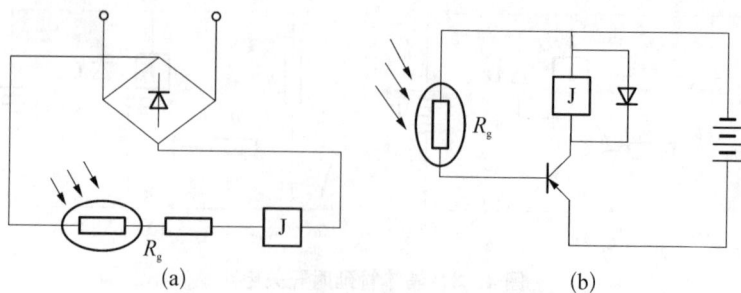

(a)　　　　　　　　　　　　　　　(b)

图 4-11　光敏电阻火焰监视电路原理图

范围。

光敏电阻监视火焰的电路原理如图 4-11 所示。在图 4-11(a)中，R_g 是光敏电阻。无光照时，继电器 J 不动作；当有光照时，R_g 阻值减小，电流增大，继电器 J 动作。在图 4-11(b)中，光敏电阻 R_g 被光照射时有基极电流，因此集电极有电流使继电器 J 动作；无光照时，光敏电阻阻值极大，基极无电流，集电极无输出，继电器 J 因断电而释放。

光电池实际上也是一种半导体器件，它是利用油光照射后两电极之间产生电压的原理而工作的。图 4-12 是光电池控制原理图。图 4-12(a)中采用 RAR 型硒光电池，当它接受光照射时，正负极之间将会产生小于 1 V 的电压，经过放大器 MV 后足以使继电器 FR 动作。图 4-12(b)采用 2CR11 型光电池，当它接受光照射时，光电池两极之间将会产生 0.5 V 的电压，经过晶体管放大后使继电器 J 动作。光电池使用寿命长，而且它的光谱敏感范围仅限于可见光，而不是红外线，这对火焰的监视是合适的，因此现在在船上用得越来越多。

(4) 警报及保护环节。在辅助锅炉运行过程中，为了达到安全、可靠、无人值班的目的，除了对锅炉水位与燃烧采用自动控制外，还必须对各种危险工况采取安全保护措施。当设置安全保护装置后，一旦在锅炉点火、升汽或运行中产生异常情况，相应的感受元件就能检测故障产生的原因，并发出声光警报，迫使锅炉熄火，后扫风，以免产生各种事故，导致锅炉及各种设备的损坏甚至伤及人身安全。概括地讲，对于不同类型的锅炉，主要有以下几种保护环节：

① 极限低水位：由液位控制器检测；

② 蒸汽压力过高：由压力调节器检测；

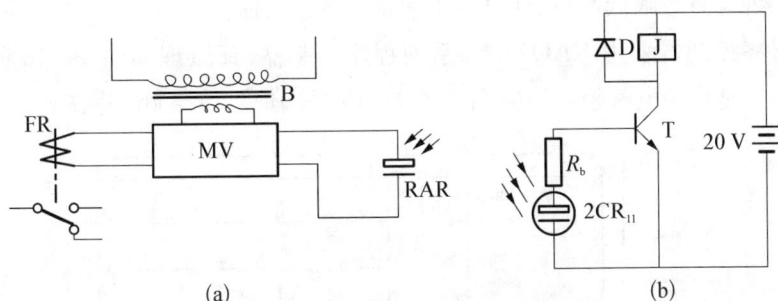

图 4-12　光电池控制电路原理图

③ 点火失败、异常熄火：由火焰传感器检测；

④ 燃油压力过低：由油压力继电器检测；

⑤ 燃油温度过高或过低：由温度调节器检测；

⑥ 电动机过载：由热继电器检测。

4.3.2　辅锅炉电气自动控制系统实例一

1. 系统特点

该系统的燃烧器具有两个喷油嘴，分别由两个不同的电磁阀控制。控制喷油嘴 1 的是通电关闭式回油电磁阀，控制喷油嘴 2 的是通电开启式供油电磁阀，整个系统具有如下特点：

有手动—自动切换开关及相应的手动控制线路。

适用于燃烧重油，设有燃油加热器及其控制线路和轻油—重油切换电路。燃油采用电加热。

采用两个压力开关实现锅炉蒸汽压力的双位自动控制。其中一个压力开关控制燃烧器的入或切除，另外一个压力开关可以根据锅炉的实际负荷，决定使用一个喷油嘴还是两个喷油嘴。喷油嘴 1 在气压的全范围内工作，它的喷油量比喷油嘴 2 大，约占总喷油量的 2/3。喷油嘴 2 只起一个附加的负荷调节作用，喷油量约占总喷油量的 1/3。

风量和油量的配比，由风门（空气挡板）的适当开度来保证。风门由一个伺服电机操纵，它可使风门处于和锅炉负荷相适应的"部分负荷"（开度小）或"全负荷"（开独大）两个极限位置，这两个极限位置是可以调整的。

火焰传感器采用硒光电池。

系统设有极限低水位、油温不正常及电机过载保护。

时序控制器采用 RAQ15.1d 系列程序控制器,其原理如图 4-13 所示。图 4-14 是锅炉电气控制线路图。图 4-15 是锅炉自动控制时序图。

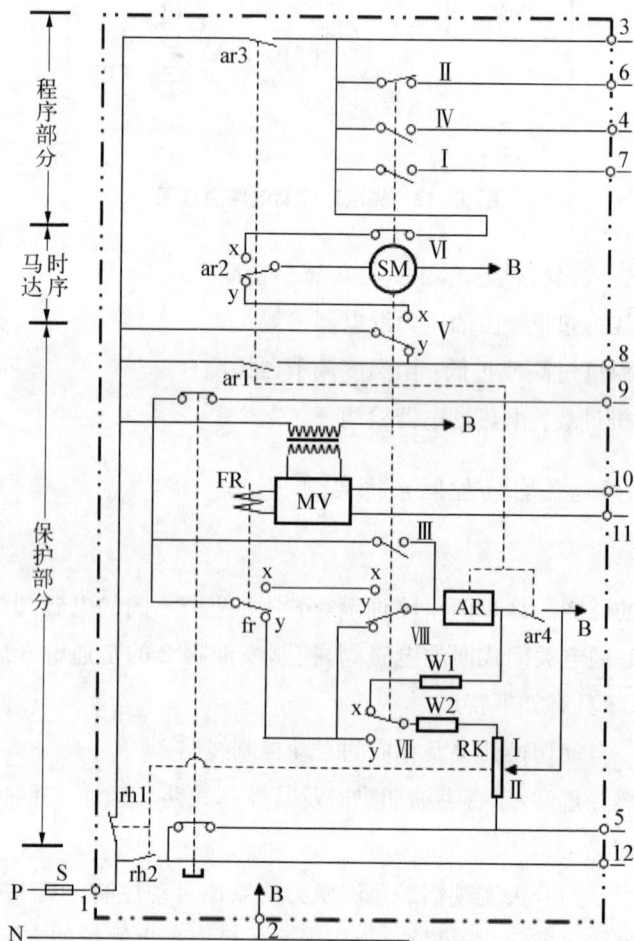

图 4-13 时序控制原理图

2. 工作原理

下面结合该系统电路图来分析其基本的工作原理。

(1) 系统手动控制工作原理。如图 4-14 所示,合上电源开关 H_1,操作方式开关 $1a_1$ 转到手动位置,按下起动按钮 $1b_{10}$,使电源继电器 $1d_3$ 有电并自锁,其常开触点闭合,使手动控制继电器 $1d_2$ 有电动作,切断时序控制器的电源及自动控制的相关线路,接通手动控制相关线路。

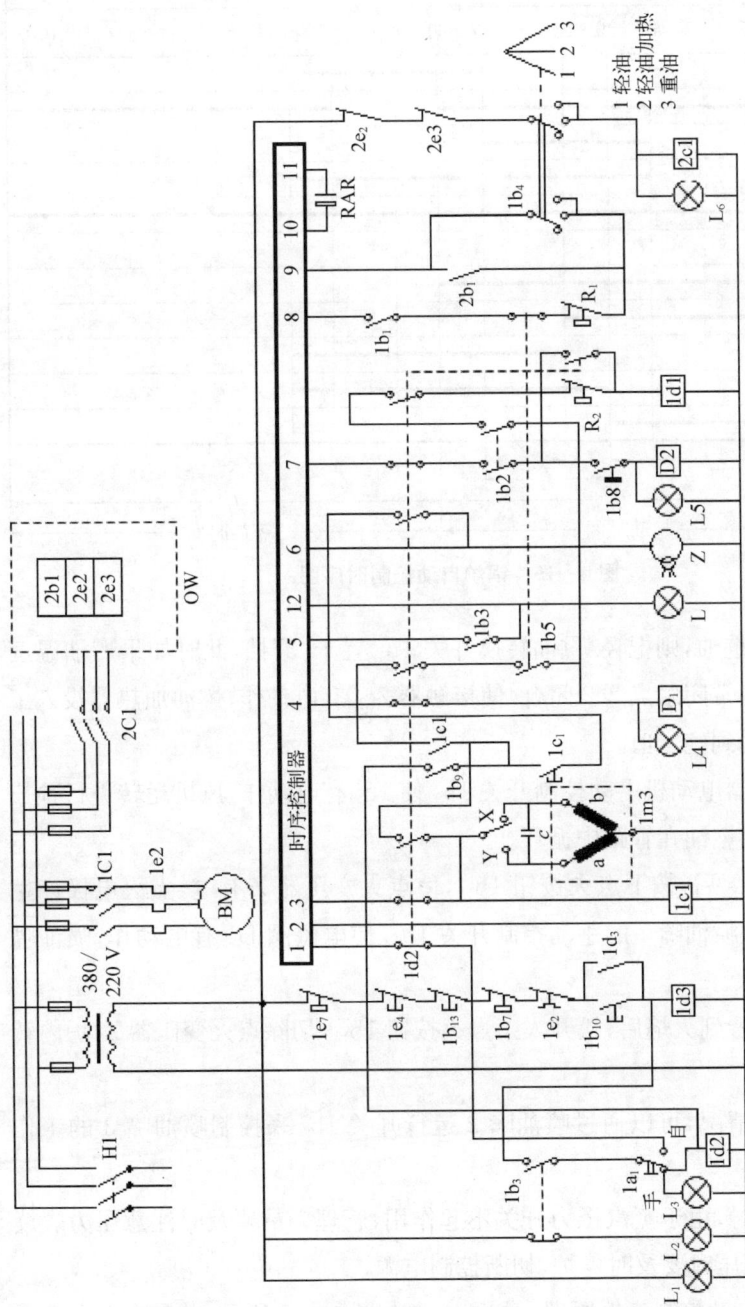

图 4－14　辅锅炉电气控制线路图

1a1 –手动/自动转换开关；1b1 –喷油嘴 1 运行开关；1b2 –喷油嘴 2 运行开关；1b3 –遥控复位开关；1b4 –轻重油转换开关；1b5 –喷油嘴 1 手动控制开关；1b7 –燃烧器法兰开关；1b8 –风门喷油嘴 2 联动开关；1b9 –燃烧器电机手动控制开关；1b10 –起动控钮；1b12 –人工点火点钮；1c1 –燃烧器电机接触器；1d1 –风门伺服器电器；1m3 –风门伺服继电器；1e2 –电机过载保护；1e7 –极限低水位保护；1e4 –停止点钮；1e7 –电机过载保护；D1 –喷油嘴 1 电磁阀（通电开启）；D2 –喷油嘴 2 电磁阀（通电开启）；2c1 –燃油加热继电器；2e3 –燃油高温保护继电器；BM –燃烧器电机；D1 –喷油嘴 1 电磁阀（通电开启）；D2 –喷油嘴 2 电磁阀（通电开启）；Z –点火变压器；RAR –光电池传感器；R1 R2 –压力继电器触点；L –电源指示灯；L1 ～ L6 –指示灯；OW –电加热器；H1 –电源开关；1c1 –燃油低温接放继电器；2e2 –油温调节继电器；2c1 –燃油加热接继电器；L –电源指示灯；L1 ～ L6 –指示灯；OW –电加热器；H1 –电源开关；

周期 时间 触点	T=100 s
	5　　17 20 25　　37 41 47　　55 60　　　　　100 s
I	
II	
III	
IV	
V$_X$	
V$_Y$	
VI	
VII$_X$	
VII$_Y$	
VIII$_X$	
VIII$_Y$	

t_1　　t_2　t_3　　　　t_4　　　　　　　　t_5

起动时间　　　　　　　　等待时间

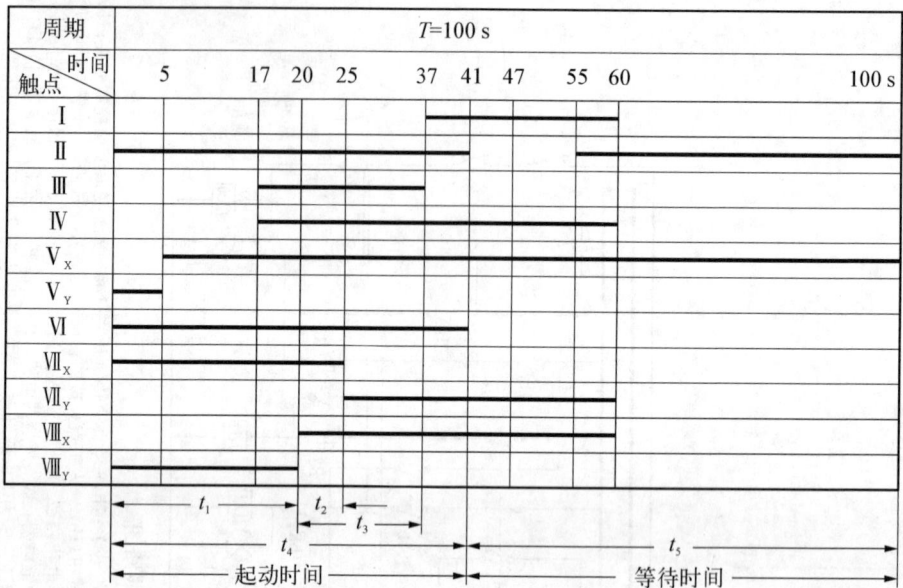

图 4-15　锅炉自动控制时序图

如果使用重油,则把轻/重油转换开关 $1b_4$ 置于"3"挡,此时如果燃油温度低于整定值,则常闭触点 $2e2$ 闭合,使接触器 $2c_1$ 有电动作,燃油加热器投入工作,直到温度达到整定值。

合上燃烧器电动机手动控制开关 $1b_9$ 使 $1c_1$ 有电动作,风机运转进行预扫风,油泵打油使燃油在管路中循环。

预扫风 40 s 后,按下点火按钮 $1b_{12}$,使点火变压器 Z 有电,点火电极产生火花,然后合上喷油嘴 1 的手动控制开关 $1b_5$,使电磁阀 D1 有电动作,喷油嘴 1 开始喷油点火。

从观察孔看到火焰后,松开人工点火按钮 $1b_{12}$,切除点火变压器 Z,炉内转入正常燃烧。

根据负荷情况,可以通过喷油嘴 2 运行开关 $1b_2$ 来控制喷油嘴 3 的工作状况。

手动控制时,由于蒸汽压力开关不起作用,管理人员要及时注意压力表读数,炉内达到满压时要及时停炉,切断控制电源。

(2)系统自动控制工作原理。如图 4-14、图 4-15 所示,首先合上电源开关 H1,电源指示灯 L1 亮,说明控制电路有电。

将手动/自动转换开关 $1a_1$ 置于"自动"位置,若使用重油,其加热器的工作与前面所述相同。

把喷油嘴 1 和 2 的开关 $1b_1$ 和 $1b_2$ 都合上,然后按下起动按钮 $1b_{10}$,电源继电器 $1d_3$ 有电动作且自锁,其常开触点闭合接通时序控制器电源(1、2),其常闭触点断开使红灯 L2 灭。

当燃油温度达到设定值时,燃油低温释放继电器 $2b_1$ 的触点由开启转为闭合,而锅炉蒸汽压力继电器 R1 的常闭触点因炉内低压是闭合的,从而使时序控制器的 8、9 被接通,使得 AR 继电器有电动作,但由于该回路中有两个电阻 W_1、W_2,使连锁继电器 RK 不能动作,ar4 闭合后,短接了电阻 W1、W2 及继电器 RK 的线圈 I。

ar1 闭合为以后的动作做准备;ar3 闭合后燃烧器电动机接触器 1C1 有电,风机及油泵开始运行,对炉内进行预扫风,燃油在管路中循环,同时由于时间触点 II 是闭合的,因此点火变压器有电,在预扫风的同时,进行预点火;ar2X 闭合使得时序控制器伺服电机开始运转,各微动触点动作时序按图 4-15 的闭合表进行。当凸轮转到第 5 s 时,相应凸轮使触点 VY 断开,VX 闭合,但由于 ar1 已经闭合,不会使 AR 失电。

当凸轮转到第 17 s 时触点 III 闭合;当凸轮转到 20 s 时,触点 IV 闭合,使电磁阀 D1 有电,切断燃油循环回路,喷油嘴 1 开始向炉内喷油。由于点火电极早有点火火花等着,开始点火,此时预扫风结束。

若点火成功,由光电池 RAR 检测到并产生直流电压信号,经放大器 MV 放大后使熄火保持继电器 FR 动作,frY 断开,frX 闭合。

当凸轮转到第 37 s 时(也即第一个喷油嘴喷油 17 s 后),触点 I 闭合,使风门伺服器继电器 1d1 有电,其触点 1d1x 断开,1d1y 闭合,使风门伺服电动机正转,风门打到最大位置自动停止;同时触动风门喷油嘴 2 联动开关 1b8 闭合,使电磁阀 D2 有电,第二个喷油嘴电磁阀打开,喷油嘴 2 开始喷油燃烧;

当到了第 41 s 时,触点 II 打开,点火变压器失电,同时,触点 VI 也打开,时序控制器伺服电机失电停转,起动结束,转入正常燃烧。

当锅炉内蒸汽压力上升到压力继电器 R2 的设定值时,触点 R2 打开,使继电器 1d1 失电,1d1y 断开,1d1x 闭合,风门伺服电动机反转,使风门关小到极限位置(可调)自动停止。同时风门喷油嘴 2 联动开关 1b8 断开,燃油电磁阀 D2 失电,喷油嘴 2 停止喷油,只有喷油嘴 1 工作。

若蒸汽压力继续上升,达到压力继电器 R1 的设定值时,触点 R1 打开,使时序控制器的 8、9 端点断开。继电器 AR 失电,触点 ar1 - ar4 复位,这个自动控制系统停止工作,风机、油泵停止,电磁阀 D1 失电,燃油在管路中循环。

由于ⅥX闭合,使时序控制电机 SM 在第 41 s 位置开始继续转动,转到ⅥY闭合,ⅥX断开,SM 失电停止转动。

当锅炉内蒸汽压力降低到下限值时,压力继电器 R1 和 R2 又闭合,锅炉自动起动。

若点火失败,也即时序从第 20 s 转到第 25 s 时,光电池没有电压信号输出,此时熄火保护继电器 FR 不会动作,使得连锁继电器 RK 的 Ⅰ 部分线圈只串联电阻 W_2 而有电动作,使 rk1 断开 rk2 闭合,从而切断了控制电源,这个控制系统停止工作,同时故障指示灯 L 亮。

在故障排除后按下复位按钮 D,使继电器 RK 的 Ⅱ 部分线圈有电动作,RK 的触点又一次反转使得 rk1 闭合、rk2 断开,时序控制器重新接通电源,时序控制电机 SM 有电而从上次停止的位置开始转动,直到恢复零位后重新自动起动锅炉。

随着传播技术的发展,船舶自动化的程度越来越高。而 PLC 因其可靠性高、运用灵活,在自动控制领域已获得广泛的应用。目前在船舶中应用较多的丹麦 AALBORG 公司、日本 SUNROD 公司、VOLCANO 公司的锅炉自动控制系统,几乎都采用可编程序控制器来实现控制目的。

4.3.3　辅锅炉电气自动控制系统实例二

船用辅锅炉尽管类型很多,但实现燃烧自动控制的基本原理和控制电路则大同小异。下面以国产辅锅炉燃烧自动控制系统为例介绍燃烧时序控制的基本原理。图 4 - 16 为该锅炉燃烧自动控制电路原理图。

由图 4 - 16 可见,锅炉水位是采用电极式双位控制;锅炉汽压在低负荷时采用双位控制,正常负荷采用压力比例调节器-电动比例操作器的比例控制;点火时序控制采用多回路时间继电器;火焰监视器采用光敏电阻作为光敏元件;有危险低水位、低风压、超压等安全保护装置;自动控制系统失灵时可转为手动操作。

锅炉的自动控制过程如下:

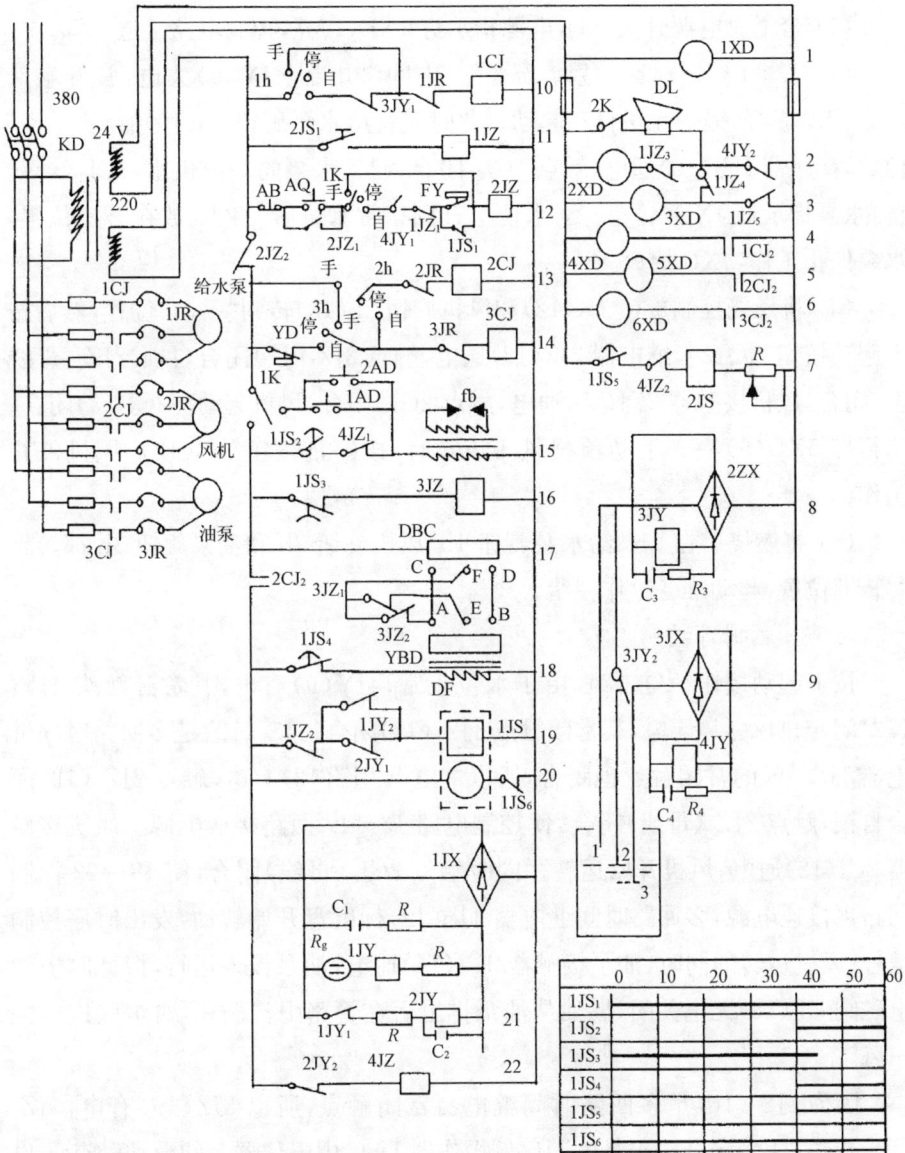

图 4-16　辅锅炉燃烧自动控制电路原理图

　　KD-总开关;LK-燃烧旋钮;2K-消音开关;1h-给水泵转换旋钮;2h-风机转换旋钮;3h-油泵转换旋钮;AQ-启动按钮;AB-停炉按钮;AD-手动点火按钮;Fb-点火变压器;FY-风压保护继电器;DF-燃油电磁阀;DBC-电动比例操作器;YBD-压力比例调节器;R_g-光敏电阻;1JS-时序控制继电器;2JS-熄灯保护继电器;CJ-接触器;5XD、6XD-给水泵、风机、油泵运行指示灯;DL-蜂鸣器;ZX-二极管整流器;YD-超压保护继电器

1. 起动前的准备

(1) 合上总电源开关 KD,电源指示灯 1XD(1)亮,控制电路接通电源。

(2) 若炉内水位低于危险低水位,中间继电器 4JY(9)失电,常开触头 4JY1(12)断开,锅炉无法自动起动。此时应将给水泵旋钮 1h(10)放在"手动"位置,接触器 1CJ(10)通电,触点 1CJ$_2$ 闭合,起动水泵向炉内供水,1CJ$_2$(4)闭合,水泵指示灯 4XD(4)亮。当水位上升到正常水位后,将 1h 放在"停"位置,水泵停止工作,4XD 熄灭。

(3) 将燃烧控制旋钮 1K(12)和风机旋钮 2h(13)转到"手动"位置,然后按下起动按钮 AQ12),继电器 2JZ(12)通电,触点 2JZ$_1$(12)闭合自锁,2JZ$_2$(母线上)闭合,风机接触器 2CJ(13)通电,触点 2CJ$_1$ 闭合,风机起动。2CJ$_2$(5)闭合,运行灯 5XD(5)亮。手动预扫风 1 min 后,按停止按钮 AB(12),风机停止工作;

(4) 将燃烧旋钮 1K、给水泵旋钮 1h、风机旋钮 2h 和油泵旋钮 3h 都转到"自动"位置,起动准备工作就绪。

2. 点火的时序控制

按下起动按钮 AQ(12),由于水位正常,4JY(9)有电,其常开触头 4JY$_1$(12)闭合;1JZ(11)无电,其常闭触点 1JZ$_1$(12)闭合;1JS$_1$(12)是多回路时间继电器 1JS(19)的常闭触点也闭合,所以继电器 2JZ(12)有电,触点 2JZ$_1$(12)闭合自锁,触点 2JZ$_2$(母线)闭合,使控制电路 13~17 回路接通电源。风机接触器 2CJ(13)通电,风机开始运转。同时触点 2CJ$_2$(母线)闭合,使 18~22 控制回路也接通电源,多回路时间继电器 1JS(19)标度盘开始转动,发出时序控制信号;风机运转的同时,油泵接触器 3CJ(14)通电,油泵投入运行,但此时燃油电磁阀 DF(18)无电关闭,燃油从油泵排出后在管路中打循环,对炉膛进行预扫风。

因为 1JS$_3$(16)是多回路时间继电器常闭触点,所以 3JZ(16)有电,3JZ$_1$(17)断开,3JZ$_2$ 闭合。于是电动比例操作器 DBC 中电位器上的滑动触点 F 也向 C 跟踪,以维持电桥的平衡。在这个过程中逐渐关小风门,回油阀开大,为点火做好准备。

因为在 40 s 之前尚未点火,所以光敏电阻感觉不到火焰的光照,中间继电器 1JY(21)和 2JY(21)均无电,其常闭触头 2JY$_2$(22)闭合,故 4JZ(22)有电,触点 4JZ$_1$(15)和 4JZ$_2$(7)闭合,为点火变压器间工作和熄火保护做好准备。预扫风 40 s 后,时间继电器 1JS 转动,使触点 $1JS_4$(18)闭合,燃油电磁阀 DF(18)有电打开供油,因回油阀已开大,故只有少量燃油经喷油器喷入炉膛。与此同时,触点 $1JS_2$(15)和 $1JS_5$(7)闭合,$1JS_2$ 闭合点火变压器 Fb 通电,使点火电极之间产生电火花进行点火;$1JS_5$(7)闭合,熄火保护延时继电器 2JS(7)通电,7 s 之后使触点 $2JS_1$ 产生电火花进行点火;$1JS_5$ 闭合,熄火保护延时继电器 2JS(7)通电,7 s 之后使触点 $2JS_1$(11)闭合。

如果 7 s 之内点火成功,炉内有火焰,光敏电阻 Rg(21)受到光照,电阻值减小,回路的电流增大,使继电器 1JY(21)有电,触点 $1YJ_2$(19)闭合,维持时间继电器 1JS 继续转动;触点 $1JY_1$(21)闭合,继电器 2JY(21)通电,触点 $2JY_1$(19)断开。因 $1JY_2$ 已提前闭合,则 1JS 继续有电转动;触点 $2JY_2$(22)断开,$4JZ_1$(22)断电,触点 $4JZ_1$(15)断开,点火变压器 Fb 断电,停止点火;$4JZ_2$(7)断开,使熄火保护延时继电器 2JS(7)断电,其触点 $2JS_1$(11)因未达到闭合时间继续断开,维持继电器 1JZ(11)仍为断电状态,$1JZ_2$(19)始终闭合,1JS 标度盘继续转动。当 1JS(19)转到 47 s 时,触点 $1JS_1$(12)断开,风压保护继电器 FY(12)投入工作。直到 60 s 时,触点 $1JS_6$(20)断开,多回路时间继电器的同步电机断电,标度盘停止转动,正常点火时序控制结束。

如果点火时序控制从 40 s 开始点火,延时时间超过 7 s 后,光敏电阻 R_g 仍未感到炉膛火焰的照射,则中间继电器 1JY(21)和 2JY(21)一直断电,触头 $2JY_2$(22)一直闭合;继电器 4JZ(22)一直有电,其触头 $4JZ_2$(7)一直闭合;延时继电器 2JS(7)有电,其触头 $2JS_1$(11)7 s 后闭合;1JZ(11)有电,其触头 $1JZ_1$(12)断开;主继电器 2JZ(12)断电,其触头 $2JZ_2$(母线上)断开,将高压控制回路电源切断,使风机、油泵停转,电磁阀 DF 关闭,时间继电器 1JS(19)断电,标度盘自动回零。与此同时低压控制回路的 $1JZ_3$(2)断开,$1JZ_4$(3)和 $1JZ_5$(3)闭合,故障熄火指示灯 3XD 亮,蜂鸣器响,发出报警信号。

若再次起动,必须在检查排除故障后进行。在重新起动前,首先进行人工复位,即将延时继电器 2JS(7)手动复位,使其触头 $2JS_1$(11)重新断开,继电器 1JZ(11)断电,其触点 $1JZ_1$(12)恢复闭合,才能重新起动。

3. 汽压的自动控制

在点火时序控制过程中,时间继电器 1JS 转到 45 s 后,触头 $1JS_3$(16)断开,继电器 3JZ(16)断电,触点 $3JZ_1$(17)闭合,$3JZ_2$(17)断开,使压力比例调节器 YBD 的滑动触点 E 和电动比例操作器 DBC 的滑动触点 F 投入工作。此时因为锅炉是低压起动,所以 YBD 滑动触点 E 移到低压端 B,电动比例操作器 DBC 的滑动点 F 也向低压端 D 跟踪,使风门开大,回油阀关小(喷油量增大),锅炉进入正常比例燃烧自动控制。当汽压上升到控制汽压的下限值时,汽压再升高 YBD 滑动点 E 开始以 B 点向左移动,同时 DBC 的滑动点 F 也跟踪向左移动,相应地关小风门和减少喷油量,维持正常负荷的汽压比例控制。当锅炉的负荷低于 30%,风油量已调到最小程度,汽压达到控制汽压的上限值时,比例控制失去作用,汽压转入双位控制,即达到超压保护继电器 YD(14)的整定上限值 YD 断开,接触器 2CJ 和 3CJ 失电,风机和油泵停止工作,同时 $2CJ_2$ (母线上)断开,燃油电磁阀 DF(18)关闭,时间继电器 1JS(19)断电回零。此时为正常熄炉,不发出报警信号。当锅炉的汽压又降低到控制汽压的下限值时,YD 又重新闭合,2CJ 和 3CJ 通电,风机和油泵重新起动。同时 $2CJ_2$ 闭合,使 18~22 路有电,开始自动点火时序控制,使锅炉重新燃烧。因此,锅炉在低负荷运行时,汽压的比例控制作用不大,燃烧接近双位控制。

4. 燃烧的安全保护

该系统的安全保护环节,有中途熄火自动点火一次保护、危险低水位自动熄炉保护及风压过低自动熄炉保护。

(1) 在燃烧过程中如果炉膛中途熄火,光敏电阻失去火焰光照,继电器 1JY(2l)断电,其触点 $1JY_1$(21)断开;继电器 2JY(21)断电,其常闭触点 2JY(22)闭合;继电器 4JZ(22)有电,触点 $4JZ_1$(15)闭合,而 $1JS_2$ 在点火时序控制结束时处于闭合状态,所以点火变压器 fb(15)通电,重新进行点火。同时,$4JZ_2$(7)也闭合。由于 1JS5(7)已闭合,故熄火保护延时继电器 2JS(7)通电,对点火时间进行监视,若在 7 s 内点火成功,即转入正常燃烧;若仍未点燃,则同点火失败情况一样,7 s 后触点 $2JS_1$(11)闭合,1JZ 有电,1JZ(12)断开,主继电器 2JZ(12)断电,使锅炉停止燃烧,并发出熄火声光报警信号。

(2) 锅炉在运行中,当水位下降到危险低水位时,最低的一根电极棒脱离水面,继电器 4JY(9)断电,触点 $4JY_1$(12)断开;主继电器 2JZ(12)断电,$2JZ_2$ (母线上)断开,切断整个控制电路,锅炉自动熄火停炉。同时,$4JY_2$(2)闭合,危险低水位指示灯 2XD 亮,蜂鸣器响,发出报警信号。

(3) 当风压过低时,风压保护继电器 FY(12)触点断开,主继电器 2JZ 断电,锅炉熄火,停止工作。

当锅炉某些自动控制设备出现故障,难以立即修复时(如多回路时间继电器故障、压力比例调节器或电动比例操作器失灵等），可改为手动控制。在手动控制之前，应做好以下准备工作：检查锅炉水、油、电的供给情况是否正常；自动控制箱上的各转换开关处于点火前的准备位置；锅炉水位应稍高于最低水位；将燃油电磁阀置于常开状态，而手动速关阀处于关闭状态；将燃烧转换开关 1K 置于"手动"位置，风机和油泵转换开关 2h 和 3h 放在"停止"位置；将风油配比机构与电动比例操作器 DBC 脱开，把风门和油门调到小火燃烧位置；合上总电源开关 KD。

具体手动操作步骤如下。

（1）按下起动按钮 AQ(12)，接通控制电路。

（2）将风机转换旋转 2h(13)扳到手动位置，风机投入运行，进行预扫风。

（3）预扫风后（如 60 s），把油泵转换旋钮 3h(14)扳到手动位置，油泵起动，建立起油压。

（4）按下点火按钮 1AD(15)，点火变压器通电，点火电极产生电火花，打开燃油管路上的速关阀，向炉内喷油，进行点火。

（5）当从观火孔看到火焰时，放开按钮 1AD，中止点火变压器工作。

（6）点火成功后，调整风油配比机构，使炉内燃烧和锅炉负荷相适应。

（7）如果手动点火失败，应立即关闭速关间，停止向炉内喷油，并进行后扫风，查明原因排除故障后，再重新点火。

4.4　分油机的自动控制

4.4.1　概述

船用分油机普遍应用自动排渣分油机。现在船舶主副机所用的燃油被越来越多地使用劣质燃油，而劣质燃油由于其含水含渣量较大，传统配置的比重环式分油机已难以达到预想的净化效果，因此，现在船舶上较多配置的分油机是 FOPX 型分油机。图 4-17 所示为 FOPX 型分油机自动控制系统原理图。它的分油自动控制系统由不带比重环的 FOPX 型分油机与 EPC-400 型控制单元、WT200 型水分传感器（MT_4）和排水阀等组成了 ALCAP（alfa laval clarifier and purifier）系统。该分油机有两种排放方式：一种是通过转筒周围的排渣孔排出；另一种是通过转筒上部的流量控制盘、排水向心轮和排水阀将水排出。分油机工作时能进行部分排渣，其特点是待分油连续进分油机，在排

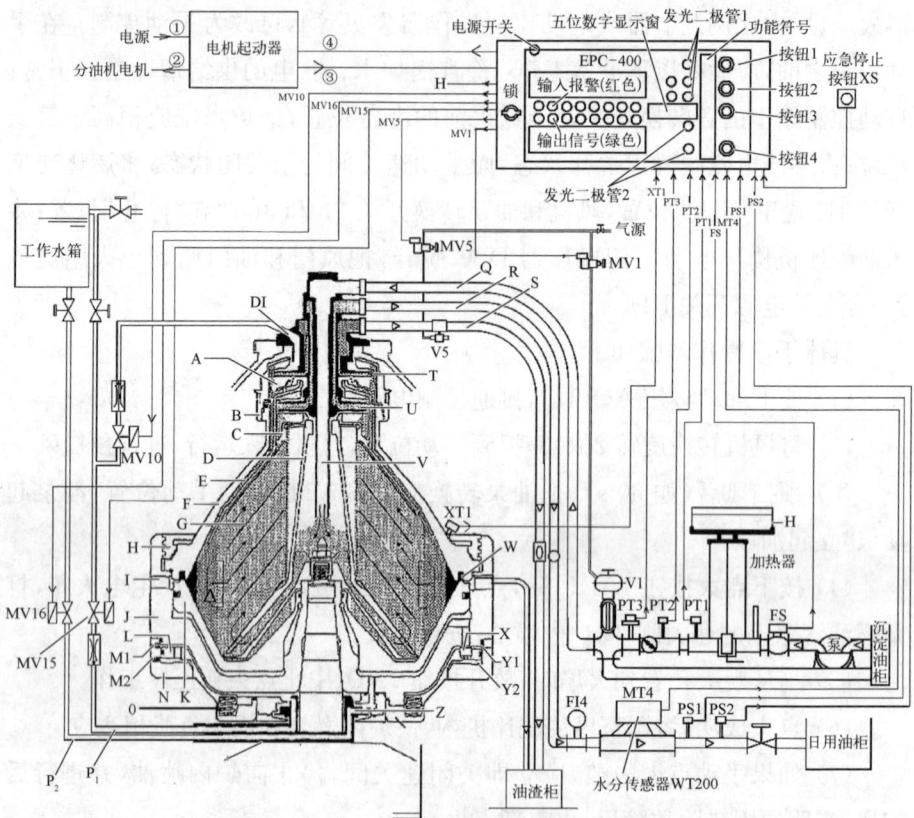

图 4-17　FOPX 型分油机自动控制系统组成原理图

A-流量控制盘；B-小锁紧圈（带水腔盖）；C-液位环；D-配油器；E-顶盖；F-分离筒盖；G-分离盘组；H-大锁紧圈；I-排渣口；J-分离筒本体；K-滑动底盘；L-滑动圈；M1、M2-喷嘴；N-定量环；O-弹簧；P1-开启工作水进口；P2-密封和补偿水进口；Q-进油口；R-净油出口；S-水出口；T-向心水泵；U-向心油泵；V-进油口；W-分离筒盖密封环；X-泄放阀；Y₁、Y₂-开启/密封水腔；Z-配水盘；DI-置换/调节水进口；MV1、5、10、15、16-电磁阀；PS-压力开关；PT1、2-温度开关；PT3-温度传感器；FS-流量开关；XT1-(液体)温度传感器；V1-三通活塞阀；F14-流量表；MT4-WT200 型水分传感器

渣期间也不切断进油，每次排渣其排渣口仅打开 0.1 s。排出量是分离片外边缘与壳体之间容积的 70%。该分油机可净化在 15℃时密度为 1 010 kg/m³ 的重质燃油。而净化不同密度的燃油时，不受低密度的限制，这给使用和操作者带来较大的方便。其 EPC-400 型控制单元 (electronic programable controller) 是以单片机为核心的控制和监视系统。

4.4.2　FOPX 型分油机的基本工作原理

FOPX 型分油机的控制系统有不同的功能，可以部分排渣，也可以全部排渣,其结构原理如图 4-17 中的分油机部分所示。

待分油经油泵、加热器和三通活塞阀(V_1)从 Q 口连续进分油机,并经分离盘上的垂直孔进入每片分离片,水分和渣质被离心力甩向分离盘的外侧,净油被推向分离盘的内侧。在分油机中设有两个固定的向心泵 U 和 T,它们分别把分离出来的净油和水从 R 口和 S 口排出。向心泵实际上就是扩压盘,把高速运动的液流速度能转变为压力能。在排水口管路 S 上装有一个排水阀(V_5);在净油出口管 R 上装有一台 WT200 型水分传感器(MT_4),它能精确地检测净油中的含水量。当分离出来的水很少时,其油水界面在分离盘外侧较远,如在图 4-17 中的"△"位。这时排水阀关闭,封住排水口 S 不向外排水。净油经向心泵 U 扩压连续由出油口 R 排出。其净油中基本不含水分或含水量极少。随着分离过程的进行,油水分界面不断向里移动,水分传感器感受到净油中含水量的增加。当油水分界面移动到接近分离盘外侧表面时,净油中含水量会产生一个触发信号。EPC-400 型控制单元根据这个触发值,决定或者是打开排水阀,经向心泵 T 扩压由 S 管口向外排水,或者是打开一次排渣口 I,排出分离盘外侧容积的 70%。不论是打开排水电磁阀排水,还是进行一次排渣,油水分界面会迅速外移,这时水分传感器所检测到的净油中含水量会迅速下降。向心泵 T 下面有 4 个小孔,当排水阀关闭时,向心泵 T 排出的液体从这些小孔流出,形成一个循环以防止此处温度过高。

待分油中含水量极少情况下,分油机已计时达到最大排渣时间,而油水分界面离分离盘外侧较远,此时尽管净油中基本不含水分。但 EPC-400 型控制装置要进行一次排渣操作。为了减少排渣时油的损失,在排渣前要从连接置换水水管的 DI 口进置换水,使油水分界面向里移动,当该界面接近分离盘外侧表面时,再打开排渣口进行排渣。

FOPX 型分油机在正常分油期间,滑动底盘 K 由它下面高速旋转的工作水所产生的动压头托起,将排渣口 I 密封。为了补偿工作水由于蒸发和泄漏的损失,经电磁阀 MV_{16} 由 P_2 管断续供水,其工作水面维持在 Z 孔附近,这时 R 管断水。当需要排渣时,电磁阀 MV_{15} 控制的 P_1 管和电磁阀 MV_{16} 控制的 P_2 管同时进水,水面向里移,开启室 Y_1 充满水。该水的动压头足以克服弹簧 O 的张力,使滑动圈 L 下落,打开泄水阀 X,滑动底盘 K 下面的工作水经泄水孔进入开启室 Y_1。开启室 Y_1 中水经数个垂直孔大量进入腔室 Y_2,少量水从泄水小孔 M_1 和 M_2 泄放。由于滑动底盘 K 下面的工作水泄放出去,水的动压头消失,滑动底盘 K 下落,打开排渣口 I 排渣,当滑动圈 L 和定量环 N 之间的密封腔室 Y_2 充满水时,腔室 Y_1 和 Y_2,即滑动圈 L 上下空间压力相等。在弹簧 O 的作用下,滑动圈 L 上移复位,密封泄水阀 X,大量的水经垂直孔进入滑动底盘 K 的下部空间,其工作水面迅速达到 Z 孔附近,再次把滑动底盘 K 托起封住排渣口 I。排渣口密封后,电磁阀 MV_{15} 断电,P_1 管停止进水,滑动圈 L 上下腔室 Y_1 和 Y_2 中的水经泄水小孔 M_1 和 M_2 泄放,P_2 管连续进水一段时间后恢复间断进水(一直连续进水亦可,滑动底盘下面的工作水只能维持在 Z 孔附近,不会再向里移动。否则,会经 P_2 管倒流回高置水箱)。

在整个排渣过程中,P_1 管进操作水的时间为 3 s,而滑动底盘下落,即排渣口 I 打开的时间仅为 0.1 s,这个时间足以使分油机分离盘外侧的 70% 容量从排渣口排出。排渣口 I 打开的时间与排渣口排出的容量与定量环 N 表面凹槽的大小有关。凹槽越大,容水量越多,使水充满密封腔室 Y_2 所需时间越长,则排渣口打开的时间也就越长,即从排渣口排出的容量要多于 70%。不过定量环表面凹槽的大小是不能调的。实际所用的定量环凹槽大小就是保证在一次排渣中,排渣口仅打开 0.1 s 左右。由于排渣口打开时间很短,每次排渣排出的容量仅是分油机里容量的一部分,故叫做部分排渣分油机,且在排渣时不必切断进油。

4.4.3 FOPX 型分油机自控系统的组成

如图 4-17 所示,组成 FOPX 型分油机控制系统的重要设备是 EPC-400型自动控制和监视装置,它实现对 FOPX 型分油机的全部控制和监视功能。该装置接收装在分油机进油管路上和净油出口管路上的各个传感器信号。对这些信号进行分析并加以处理,由输出端输出各种信息,对分油机进行控制,同时分油机的运行状态通过在 EPC-400 型装置上的发光二极管的亮灭以及数码显示器的数字进行指示。

1. 输入信号

对 EPC-400 型装置来说,控制燃油温度的有装在燃油加热器出口,即待分油进分油机管路上的温度传感器和温度开关 PT_1、PT_2 和 PT_3 的信号,其中 PT_1 是具有高油温报警的温度传感器。在正常运行时,PT_1 检测燃油温度实际值,当达到上限值时,其报警开关闭合,发出燃油高温报警,并切断加热器电源。温度传感器 PT_3 也是检测待分油实际温度,这个信号有两个用途:其一是送到加热器温度控制系统的 P_1 调节器,对燃油温度进行比例积分控制,把油温控制在给定值上;其二是送至 EPC－400 型装置中,当发生油温上下限报警时,可由数码显示器显示油温的实际值。PT_2 是低油温的报警开关,当油温降至下限值时,PT_2 开关闭合,发出低油温报警。可见,分油机在正常运行期间,温度开关 PT_1 和 PT_2 都是断开的,燃油加热系统在 PI 调节器的控制下,可保持分油机最佳分离效果所要求的燃油温度值。FS 是低流量开关,它监视供油系统进油量。一旦供油系统的进油量降至下限值时,FS 闭合,EPC－400 型装置接收到该信号,发出低流量报警。在净油出口管路上装有流量表 F_{14},随时指示分油机净化出燃油的数量。

净油出口管路上高压开关 PS_1 用于监视净油出口压力。净油出口压力正常时该开关断开,当分油机发生跑油等故障现象时该开关闭合,EPC－400 型装置发出分油机故障报警并停止分油机工作。低压开关 PS_2,提供排渣口是否打开的反馈信号。在排渣时,滑动底盘 K 下落打开排渣口,分离盘外侧空间的水和渣质立即从排渣口排出,净油出口压力会迅速下降,低压开关 PS_2 闭合,它告诉 EPC－400 型装置排渣口已经打开,排渣程序在执行。如果 EPC－400 型装置发出排渣信号后没有收到排渣口打开(PS_2 闭合)信号,说明分油机不能排渣。这时装置撤消排渣信号,数秒后第二次发出排渣信号,如果仍收不到排渣口打开信号,则最终确定该分油机不能排渣,发出不能排渣的报警并停止分油机工作。EPC－400 型装置发两次排渣信号的作用是防止误动作和误报警。

XT1 是装在排渣口的液体温度传感器。它需要由空气冷却。在正常分油期间,排渣口没有液体流出,XT1 检测到的应是低温值。如果在此期间检测到温度值升高,说明排渣口密封不严,有液体流出,则 EPC－400 型装置面板上相应的红色发光二极管闪光报警。在排渣期间,XT1 应检测到高温信号,若无高温信号,说明排渣口没有打开。

净油出口管路上的 WT200 型水分传感器(MT_4)能精确地检测净油中的含水量,其结构如图 4－18 所

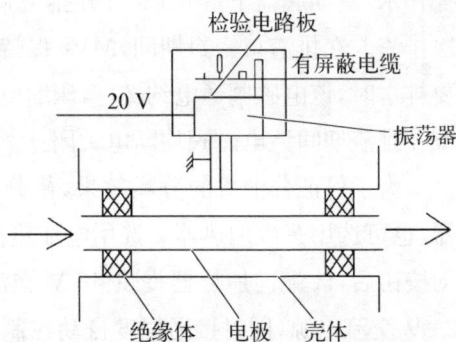

图 4－18　WT200 型水分传感器结构原理图

示,两根彼此绝缘的同心圆管组成一个圆筒形电容器,净油全部经圆筒形电容器流过。水分传感器内部振荡器产生的频率较高的交流电经电容器极板送出一个大小与净油中含水量成正比的交流电流信号,并经有屏蔽的电缆线送回到 EPC-400 型装置。当振荡器产生的交流信号频率固定后,流过电容器电流的大小完全取决于电容的介电常数。纯矿物油的介电常数只有 2~4,而水的介电常数高达 80。因此只要净油中含水量有微量的增加,介电常数的增加,流过电容器的电流也会增大。水分传感器能以 0.05% 精度检测含水量。水分传感器中的检验电路板监视振荡器工作是否正常,EPC-400 型装置每 6 s 检测一次这个信号,如果振荡器工作不正常,EPC-400 型装置要发出报警并停止当前所执行的程序。

EPC-400 型装置面板的右面 4 个按钮的功能是:第一个按钮控制加热器启动按钮;第二个按钮起动/停止分油程序;第三个按钮手动排渣,按一次,执行一次排渣程序。第四个按钮报警复位,一旦系统因故障停止运行,待故障排除后,须按此复位按钮才能消除故障信号,并使程序恢复到起动前的状态。XS 是应急停止按钮。

2. 输出信号

EPC-400 型装置的输出的信号有:电磁阀驱动、运行工况的指示灯和 5 位数码显示。

电磁阀 MV_{16} 控制补偿水和密封水,正常分油期间,该阀断续通电打开,工作水箱的水经 P_2 管断续向滑动底盘 K 下面的工作空间进补偿水。保证滑动底盘托起,牢牢关闭排渣口,并使滑动底盘下面的工作水维持在 Z 孔附近。电磁阀 MV_{15} 控制操作水,当需要排渣时,MV_{15} 通电打开 3 s,由管 P_1 向分油机进操作水,滑动底盘下落 0.1 s 打开排渣口,然后再自动托起密封排渣口实现一次排渣。在排渣口密封期间,MV_{15} 保持断电。电磁阀 MV_5 是排水电磁阀,需要排水时,该电磁阀通电约 20 s,压缩空气把 V_5 阀打开排水,在正常分油期间或在排渣期间该电磁阀均断电关闭。

为了保证分油机的分离效果,待分油必须被加热。加热器可选用电加热器,也可选用蒸汽加热器。选用电加热器时,按 EPC-400 型装置上加热器起动按钮后,H 端向加热器提供 48 V 交流电源;选用蒸汽加热器时,H 端输出 24 V 交流电源,同时接通温度自动控制系统工作。当待分油温度在正常范围内且系统工作正常,EPC-400 型装置使电磁阀 MV_1 通电,压缩空气把三通活

塞阀 V_1 打开,被加热的燃油不断进入分油机。在停止分油机工作或系统发生故障时,电磁阀 MV_1 断电,压缩空气把三通活塞阀 V_1 关闭,燃油经加热器在分油机外面打循环。

EPC - 400 型装置的面板上几组发光二极管指示分油机及控制系统的工作状态。第 1 组中的三个发光二极管分别指示:加热器工作(绿色)、程序运行(绿色)、程序停止(黄色)。第 2 组中上面的发光二极管是不排渣报警指示(红色),下面的是总报警指示(红色)。面板左面两排发光二极管,上排是各种输入信号的报警指示(红色),下面是正常输出信号指示(绿色)。数码显示器有 5 位数码显示器,在运行期间,左边两位显示净油中含水量的触发范围值,以百分数表示,如果触发范围达到或超过 100%,则显示"- -"。右边三位显示距下次排渣的最长时间。

3. 工作电源

EPC - 400 型装置中的工作电源是 48 V 交流电,来自分油机电机起动器,起动器接 220 V 交流主电源①作为控制起动分油机的电源(见图 4 - 17)。按起动器上的起动按钮后,一方面起动分油机电机②,另一方面使起动器中的继电器 K_5 通电,经变压器输出 48 V 交流电,向 EPC - 400 型装置供电③。经 EPC - 400 型内部变压器输出 24 V 交流电源,再经整流、滤波和稳压,得到 +20 V、±12 V 和 +5 V 直流电源。+20 V 直流电压作为 WT200 型水分传感器的工作电源。+12 V 和 5 V 电源电压作为 EPC - 400 型装置内两块印刷电路板的工作电源,如果分油机系统出现故障需要停止分油机工作时,EPC - 400 型装置经接线④输出一个停止信号,使起动器中继电器 K_3 通电,切断分油机电源。合上 EPC - 400 型装置面板上的电源开关就接通了该装置的 48 V 交流电源。

4.4.4　FOPX 型分油机的基本控制过程

当分油机刚开始分油时,油水分界面远离分离盘外侧,净油中含水量极低,仅是在油中的乳化水。EPC - 400 型装置把这个含水量存在读写存贮器 RAM 中,作为净油含水量的参考值。随着分油过程的进行,油水分界面不断向里移动,净油中含水量会逐渐增加。当净油中含水量达到 350 单位(相当于净油中含水量占 0.2%)时,即达到了净油中含水量的触发值。根据上一次排渣后的时间间隔决定是打开排水阀 V_5 进行排水,还是打开排渣口进行一次排渣。

在 EPC - 400 型装置中设定了一个 10 min 最短排渣间隔时间,一个 63 min(可调)最长排渣间隔时间,以多长间隔时间打开一次排渣口,取决于待分油中含水量的多少。如果待分油中含水量极少,从上次排渣算起在 63 min 内油水分界面仍在分离盘外侧一段距离,净油中含水量仍没有达到触发值,这时 EPC - 400 型装置就决定排一次渣。

排渣前,先输出一个控制信号使电磁阀 MV_{10} 通电打开,向分油机内注入置换水。油水分界面逐渐向里移动,大约 20 s 左右净油中含水量会达到触发值,EPC - 400 型装置将输出控制信号使电磁阀 MV_{15} 和 MV_{16} 同时通电打开,进行一次排渣程序,该过程如图 4 - 19 中的曲线 1 所示。如果待分油中含有一定量的水,距上次排渣时间超过 10 min,但不到 63 min,净油中含水量就达到触发值,即油水分界面已经内移到接近分离盘外侧的边缘。这时 EPC - 400 型装置会发出排渣信号进行一次排渣。由于分离盘外侧有足够的水量,所以排渣前不用置换水。该过程如图 4 - 19 中的曲线 2 所示。如果待分油中水量较多,在上次排渣后的 10 min 之内,净油中的含水量就达到触发值,此时EPC - 400 型装置发出一个控制信号使排水电磁阀 MV_5 通电,V_5 阀打开向外排水,油水分界面不断外移,净油中的含水量迅速下降,一般排水阀打开 20 s 后关闭,该过程如图 4 - 19 中的曲线 3 所示。若排一次水后,在 10 min 内净油中含水量又达到触发值,则 EPC - 400 型装置关闭排水阀进行一次排渣。如果待分油中含有大量的水,较短的时间内净油中含水量就达到触发值,且排水阀打开 120 s 后净油中含水量仍未

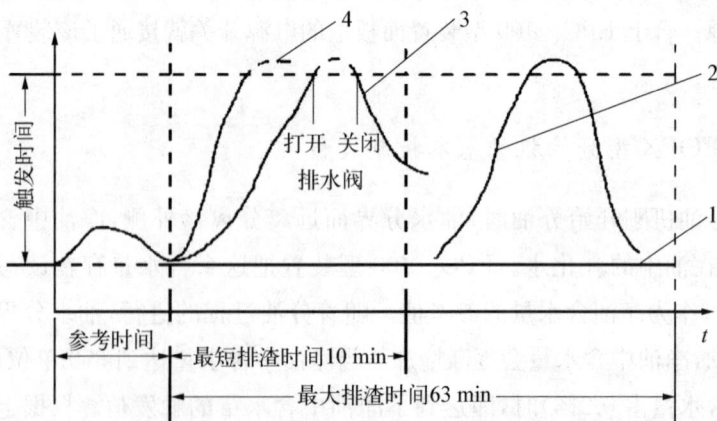

图 4 - 19　待分油中含水量不同的排水和排渣情况

能低于触发值,排水阀被关闭进行一次排渣。排渣后净油中的含水量又较快地增至触发值,且打开排水阀 120 s 后,净油中含水量还不能降到触发值以下,EPC－400 型装置再一次关闭排水阀进行一次排渣后,停止待分油进入分油机,停止分油机工作发出声光报警。该过程如图 4－19 中曲线 4 所示。

　　要使分油机投入工作,首先按起动器上的起动按钮,起动分油机的电机,接通 EPC－400 型装置面板上的电源开关,起动燃油加热器。待分油机电机稳定运行一段时间后,按控制箱面板上的起动/停止程序按钮,如果燃油温度达到正常值,EPC－400 型装置将对分油机进行正常分油、排水和排渣等程序操作。表 4－2 列出了 FOPX 型分油机在 EPC－400 装置控制下起动、运行、排渣、停止程序的时刻表。

4.4.5　FOPX 型分油机的运行状态监视和参数调整

　　FOPX 型分油机全部控制和监视功能是由 EPC－400 型装置实现的。该装置由两块印刷电路板组成,每块印刷电路板的核心部件均采用 8031 单片机。一块是主控电路板,接收来自分油机系统各种传感器的输出信号(水分传感器信号除外),处理正常分油、排水和排渣程序,显示有关参数,发出各种报警信号等;另一块是水分传感器信号处理电路板,检测和处理来自水分传感器的信号。整个分油机系统是在 EPC－400 型装置中预先编制好的程序和已设定的参数下运行,5 位数码显示器指示分油机的运行状态,控制箱面板上的 4 个按钮和数码显示器可用来测试和调整有关运行参数。

　　1. 故障显示

　　FOPX 型分油机在运行期间如果发生故障报警,则在数码显示器将显示出报警的具体项目。其中左面两位显示 AX(X＝1, 2 … 9)表示故障的类别,右边的数字指具体故障的内容。

　　A1 是通讯故障报警,当 EPC－400 型装置与主计算机联网或几台 EPC－400 型装置联网使用时,它们之间通讯不正常将在显示器上显示 A1。如果该 EPC－400 型装置单机运行,一般不会发生 A1 类型的故障报警。

　　A2 是单片机处理器故障报警,其中:A2－1　8031 内部 RAM 故障;A2－2　外部 RAM 故障;A2－3　EEPROM 故障;A2－4　EPROM 故障;A2－5　RLP 转换开关位置错误;A2－6　A/D 转换器故障;A2－7　温度和水分传感器标定错误。

表 4-2 程序时刻表

FOPX ALCAP	STOP	RUN											STOP
作用功能/设置时间	准备	起动时间			分油时间		排渣时间				停止程序		准备
电磁阀继电器	（出厂值）	P50	P52	P53	P60	P61	P70	P72	P76	P78	P84	P86	
		15 s	120 s	60 s	10 min	20 min	120 s	3 s	30 s	25 s	70 s	180 s	
MV1 待分油进分油机													
MV5 排水													
MV10 置换/调节/水封水													
MV15 开盘水													
MV16 补偿水和密封水													
K5 起动器													
Heater 加热器													

注：表中参数意义：P50—进密封水（关盘水）时间；P52—水封水设定时间；P53—给油参考时间；P60—启动后第一次排渣时间；P61—排渣间隔设定时间；P70—置换水设定时间；P72—排渣水设定时间；P76—调节水设定时间；P78—参考时间；P84—置换水，停供油时间；P86—分油机马达停止时间。

A3 是程序编制方式时间太长，它是指两块刷电路板中 8031 与存贮器及各种接口之间传递信息时间太长，这会影响程序的正常运行，将发出显示 A3 代码的报警。

A4 是电源故障报警：A4－1　停电；A4－2　电源频率太高（＋5％）。

A5 是分油机起动时间超过最长起动时间故障报警。

A6 是控制温度传感器和高温报警传感器所检测到的燃油温度值之差超过 30℃报警。

A7 是分油机系统故障报警：A7－1　水分传感器输出值＞400；A7－2　水分传感器输出值＜100；A7－4　排水阀开度不够；A7－5　记忆单元故障；A7－6　液体传感器温度报警；A7－7　水分传感器工作不正常；A7－8　两次发出打开排渣口指令，排渣口仍未打开；A7－10　置换水系统工作不正常。

如果分油机在运行期间发生故障报警，则相应的红色发光二极管的总报警发光二极管闪烁，同时数码显示器中显示报警内容的数字也在闪烁。故障排除后必须按报警复位按钮才能使分油机控制系统从初始化程序重新开始运行，或者撤消被中断的程序使程序继续运行。如果在同一时间同时发生几个报警状态，数码显示器按报警先后次序显示第一个报警状态内容。按一次报警复位按钮，复位第一个报警，数码显示器显示第二个报警状态内容，这样轮机人员就会清楚有几个故障需要负责。

2. 参数测试

在 FOPX 型分油机没有报警的正常运行状态下，通过按报警复位按钮，即控制箱面板上的 4 号按钮（见图 4－17），数码显示器可显示 4 项实际运行的参数值。第一次按报警复位按钮，数码显示器左边两位显示参数代码"1C"，表示是待分油进口管路上温度控制传感器输出的温度值，右边 3 位显示实际温度值。如"1C 98"表示控制温度传感器所检测到的燃油实际温度 98℃。第二次按报警复位按钮，显示器左边两位显示"2C"，它是高温报警传感器所检测到的燃油温度实际值。如"2C 95"，表示该传感器检测燃油温度实际值是 95℃。如果这两个温度传感器检测到的实际油温度相差超过 30℃，则 EPC－400 型装置会发出声光报警，并切断待分油进分油机的通路，中断程序的运行。第三次按报警复位按钮，数码显示器左边两位显示"3h"，表示分油机运行的总时间，右面 3 位所显示的数字要乘 10。如显示"3h 72"，说明分油机已运行了 720h。最大只能显示 9 990 h。第四次按报警复位按钮，数码显示器左面两位显示

"4",右边三位显示净油中含水量的单位数而不是百分数,如"4 280",表示现在净油中含水量是280个单位。第五次按复位按钮,数码显示器左边两位显示"5",右面3位所显示"——一",表示这是不用的功能。再按一次复位按钮,数码显示器恢复显示。

4.5 油水分离器自动控制系统

船舶舱底水中混有各种油类、淤泥、杂质和其他沉积物。这种污水,特别是含油类较多的污水如果不加处理直接排放至船外,会造成航行水域和停泊水域的严重污染。国际海事组织(IMO)MARPOL73/78防污公约规定:凡10 000总吨及以上的任何船舶,应装有滤油设备和当排出物的含油量超过15 ppm时能发出报警并自动停止含油物排放的装置。

目前,安装在船舶上的油水分离器,主要是利用物理处理方法,将污水中的油分分离出来。它的自动控制任务包括水中含油浓度的监测、浓度超标报警、分离后满足标准的污水排出舷外以及被分离出来的污油自动排放到污油柜中等。

4.5.1 油水分离系统的组成

图4-20所示为典型的船舶油水分离系统组成原理图。整个油水分离系统主要由污水柜、污水泵、油水分离器、污油柜、油分浓度监测报警器、三通电磁阀和气动三通球阀组成。

在油水分离器正常工作期间,污水泵(BILGE PUMP)将待分离污水从污水柜(BILGE TANK)抽至油水分离器。经过油水分离器分离处理的污水从分离筒的底部排出,由油分浓度检测报警器(BILGE ALARM)测定其中的含油浓度。当水中含油浓度低于15 ppm标准时,三通电磁阀获电,气动三通阀去舷外的通路被打开,将经过分离处理的污水排至舷外。一旦水中含油浓度超过15 ppm标准时,监测报警器发出报警信号,同时三通电磁阀失电,气动三通阀关闭去舷外的通路,停止向舷外排水,经分离处理的污水回至污水柜。

4.5.2 油水分离原理

目前船舶上采用的油水分离方法主要有如下几种。

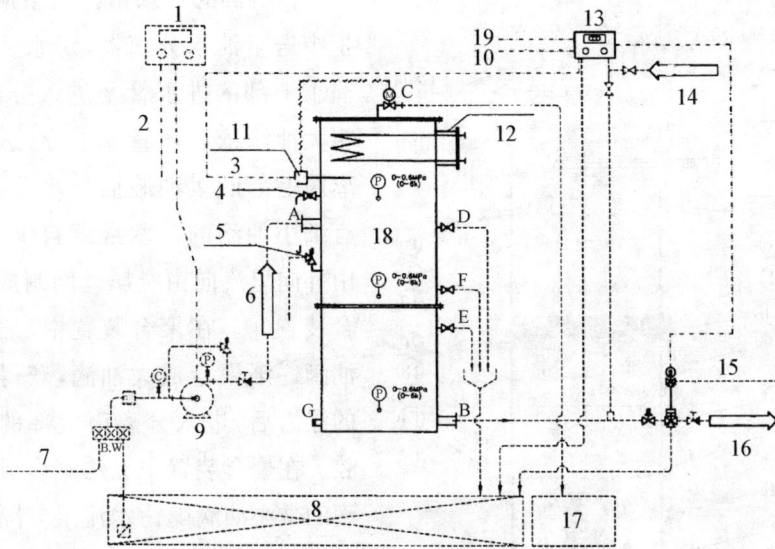

图 4-20 油水分离系统

1-控制箱;2-电源;3-传感器电源;4-测试阀;5-安全阀;6-污水进口;7-海水;8-污水柜;9-污水泵;10-电源;11-油位传感器;12-蒸汽加热器;13-报警单元;14-淡水进口;15-气源;16-污水出口;17-污油柜;18-分离筒;19-报警信号

1. 流道分离法

将污水流过多层平行板、波纹板以及锥形板等结构,从而形成螺旋流动、曲折流动,增加碰撞和聚合的机会,形成较大的油滴上浮分离。

2. 过滤分离法

将污水通过多孔介质时,油滴中心与多孔介质表面的距离小于或等于其自身半径时,油滴被截流筛分。

3. 聚合分离法

油滴在拦截、扩散等多种机理作用下迁移到多孔介质表面,并在其上铺展、聚合,当油滴聚合到一定大小时,在水动力、浮力及毛细管力的作用下被推动向前,最终剥离并以大油滴的形式脱离多孔介质表面,上浮与水分离。

4. 吸附分离法

吸附分离法是,利用大表面积多孔性的固体吸附材料直接吸附含油污水中的油滴而达到分离的目的。

图 4-21 所示是一种油水分离器内部结构示意图,它以重力分离作为粗分离,聚合和过滤吸附作为细分离。

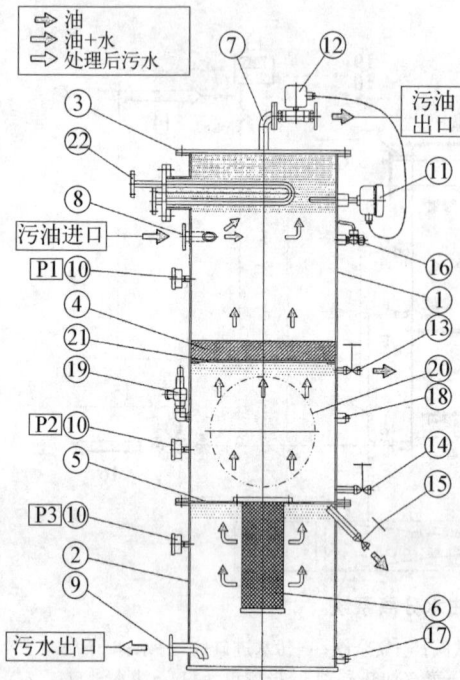

图 4-21　油水分离器内部结构示意图

①-上部筒体；②-下部筒体；③-顶盖；④-聚合装置；⑤-分隔板；⑥-分离膜柱；⑦-污油排放管；⑧-进水管；⑨-出水管；⑩-压力表；⑪-电极；⑫-电动阀；⑬⑭⑮-阀；⑯-测试阀；⑰⑱-泄放口；⑲-安全阀；⑳-检修口；㉑-多孔板；㉒-蒸汽加热器

待分离的污水由污水泵从污水柜中送至油水分离器，污水从分离筒①上部的进水管⑧进入分离筒。粗大油滴依靠比重差上浮，进入分离筒上部的集油腔而与水分离，含有细小油滴的污水继续自上而下、由外向里流向由金属丝网制成的聚合装置④。在聚合装置中，细小的油滴逐渐聚合成大油滴，获得足够的浮力后，进入分离筒上部的集油腔。在聚合装置中无法聚合成大油滴的微小油滴随污水流至分隔板⑤下侧的由聚乙烯材料制成的油水分离膜柱⑥，微小油滴不断聚合成足够大的油滴，浮出油水分离膜柱最后进入集油腔。这样，污水柜中的污水经过重力、聚合装置和油水分离膜柱的处理，可基本上除去油分，从出水管⑨排出。

在油水分离器工作期间，上部集油腔内被分离出来的污油会逐渐增多，油水分界面会随之下移，油水分界面由单电极式检测控制器⑪监测。当油水分界面下移至电极棒以下时，检测控制器将自动使电动阀⑫获电打开，把集油腔内的污油排至污油柜中。污油柜中的污油或送至焚烧炉烧掉或加热浓缩。

4.5.3　自动排油控制

船舶油水分离器的自动排油控制系统主要有以下几种形式。

1. 双电极式

两个电极 S1 和 S2 分别置于油水分界面控制范围的上限和下限位置上，分离筒本体接地。根据油和水导电性质不同来监测油水分界面的高低，以控制排油电磁阀的开关动作。

2. 单电极式

单电极的检测原理与双电极基本相同,利用油和水的不同介电常数确定油水分界面的位置。

3. 浮子针阀式

浮子针阀置于分离筒中,其容量比大于油的密度而小于水的密度。当油水分界面下降至下限时,浮子针阀重力大于浮力与所受压力之和,针阀自动开启排油;当油水分界面上升至上限时,浮子针阀浮力大于重力,针阀自动关闭。

图 4-22 所示为单电极式自动排油控制系统原理功能框图。检测和控制电路直接安装在其接线盒内,与电极棒组合为一个整体,控制位于油水分离器顶部的电动阀的打开和关闭。电极棒安装在油水分离器的上部处,它的位置决定了集油腔中油水分界面变化范围的下限高度。

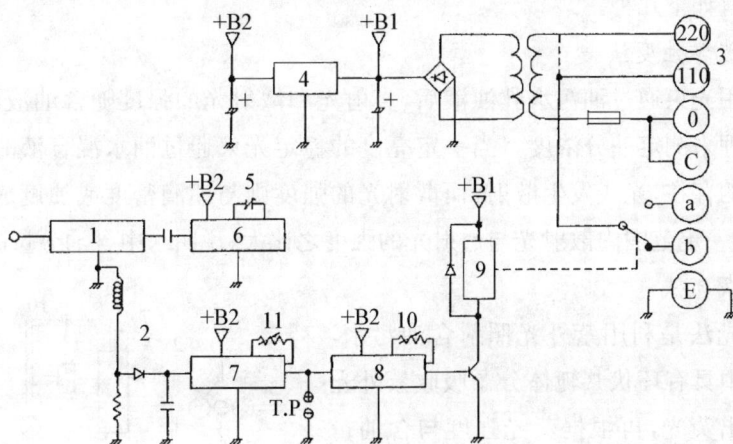

图 4-22　单电极式排油控制系统功能框图

1-检测电路;2-输入电路;3-交流电源;4-稳压电路;5-调谐电路;6-振荡电路;
7-放大电路;8-比较电路;9-继电器;10-延时调节;11-灵敏度调节

电极棒作为电容器的一个电极,而油水分离器的壁作为另一个电极,两者构成一个完整的电容器。当电极棒处在污油或空气中时,由于污油的电介常数很大,导电性能很差,相当于在电容上并联了一个很大的电阻,因而电容值较大;当电极棒处在污水中时,由于污水的电介常数较小,导电性能较好,相当于在电容上并联了一个较小的电阻,因而电容值较小。可见,油水分界面在电极棒附近的上下波动将使电容值发生变化。整个油水分界面检测和控制电路由电源电路(POWER SOURCE)、振荡电路(OSCILLATION CIRCUIT)、检测电路（DETECTION CIRCUIT）、放大电路（AMPLIFIER CIRCUIT）、比较电路（COMPARISON CIRCUIT）和输出继电器（RELAY）组成。当电极棒位于油污中时，检测电路处于谐振状态，放大电路的输出最小，经过比较电路和输出继电器打开污油出口，将污油排至污油柜中；当检测电极位于油水中时，检测电路远离谐振状态，放大电路的输出较大，经过比较电路和输出继电器关闭污油出口，避免将污水排至污油柜中。

4.5.4 油分浓度检测装置

在油水分离器的自动控制系统中，油分浓度检测装置是最重要的设备。它随时检测分离后污水中含有浓度是否超过国际海事组织规定的 15 ppm 标准，一旦超过，它会立即发出声光报警并停止向舷外排放污水。常见的油分浓度方法有如下几种。

1. 光学浊度法

利用光束通过油污水乳浊液后，直射光和散射光的强度随含油液浓度变化的原理来测定油分浓度。当一定亮度的稳定光束通过油水混合液时，因微小油滴的存在，光线发生散射，而散射光的强度则与油滴密度或浊度成正比。所以，在一定范围内散射光与透射光的强度之比大，说明水中含油分量高。

2. 荧光法

荧光法是利用紫外光照射含油污水，使石油中具有环状共轭体分子吸收紫外光而激发出荧光，再根据荧光强度与含油量有关的原理测定油分浓度。图 4-23 和图 4-24 分别为一个光学浊度法油分浓度检测装置的结构原理框图和电路原理框图。

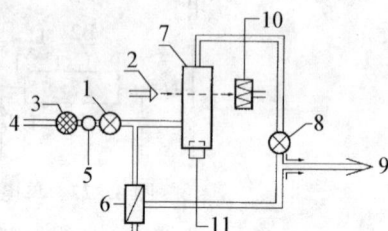

图 4-23 油分浓度检测报警器结构框图

1、8-电磁阀；2-光源；3-滤器；4-进口；5-压力开关；6-压力调节器；7-检测体；9-出口；10-感光元件；11-超声波振荡器

油分浓度检测装置依据水中油分影响混浊程度（透光程度）的基本原理来检测水中油分，它是由检测体（detection cell）、光源（light throwing）、感光元件（light receiving）、超声波振荡器（ultrasonic wave vibrator）、压力调节器（pressure regulator）、压力开关（pressure switch）和电磁阀（solenoid valve）组成。当被检测污水的压力大于 0.02 MPa 时，污水经滤器（filter）和电磁阀进入检测体，在检测体内由超声波振荡器将其乳化。

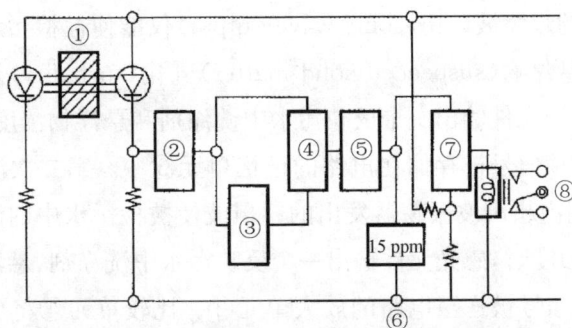

图 4 - 24　油分浓度检测报警器电路框图

①-转换器；②-放大器；③⑤-记忆单元；④⑦-比较器；⑥-浓度显示；⑧-报警输出

在恒定光源的照射下，感光元件的输出与被乳化的污水的混浊程度（透光程度）有关，因此感光元件的输出直接反映了污水中的含油浓度。当浓度超过规定的上限值 15 ppm 时，油分浓度检测报警器发出声光报警。为了在超声波振荡器工作期间，尽可能地减少检测体中污水产生的气泡，对检测精度影响，该装置配备了恒压阀，以确保在检测期间污水的压力保持恒定。

为了克服被测污水中洗涤剂和悬浮物对混浊度检测精度的影响，采用两次测量的方法，如图 4 - 25 所示。第一次测量的时间是 T2，在这段时间内超声

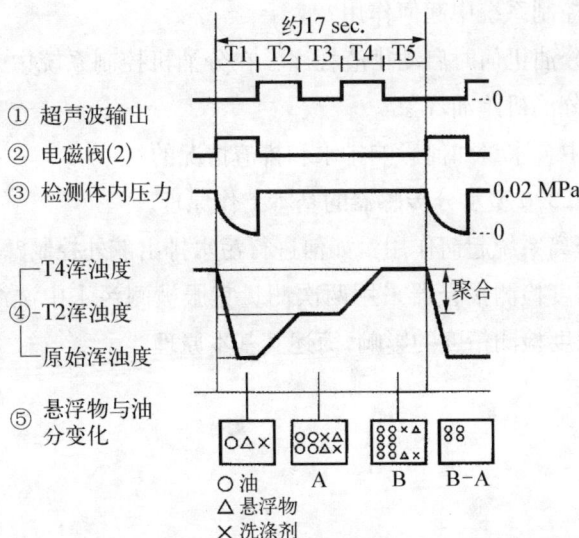

图 4 - 25　检测周期

波振荡器发出的超声波(ultrasonic wave output)仅能使被检污水中的洗涤剂(detergent)和悬浮物(suspended solid matter)乳化(turbidity)。当达到稳定的混浊度时,感光元件输出一个反映污水中洗涤剂和悬浮物浓度的电信号,经放大单元②后,该信号被存储在电路的记忆单元③中。第二次测量的时间是T4,在这段时间内超声波振荡器发出的超声波使被检污水中的油分乳化。当达到稳定的混浊度时,感光元件输出一个反映污水中洗涤剂、悬浮物和油分浓度的电信号,该信号被送至电路的放大单元②。比较单元④将放大单元中的信号和先前存储在记忆单元中的信号相比较,求出两者的差值,此差值即反映了水中油分浓度。

习题与思考

4-1 哪些情况将导致备用泵自动起动?

4-2 空压机控制系统具有哪些保护措施?

4-3 画出船用燃油锅炉自动点火控制流程图,并加以说明。

4-4 什么是船用燃油锅炉燃烧比例控制?

4-5 船用燃油锅炉自动控制系统有哪些保护环节?

4-6 FOPX 分油机安装在进油管路上的温度开关 PT_1、PT_2 和温度传感器 PT_3 在控制系统中起何作用?

4-7 FOPX 分油机何时启动排渣程序? 在分油机控制系统中采取了哪些措施监视分油机跑油现象?

4-8 待分油中含水量如何影响排水和排渣情况的?

4-9 简述 WT200 型水分传感器的基本工作原理。

4-10 油水分离系统起何作用? 如何进行污水排出舷外控制?。

4-11 油分浓度检测报警器采用两次测量克服被测污水中洗涤剂和悬浮物对混浊度检测精度的影响,简述其基本原理。

第 5 章　机舱辅机自动调节系统

机舱辅机自动调节系统主要包括船舶中各种冷藏装置和室内温度调节器等辅助机械设备的自动控制系统。

5.1　船舶冷藏装置自动控制

5.1.1　船舶制冷系统的基础知识

制冷,就是从被冷对象中移出热量并建立一个相对的低温环境,用于船舶可以在较长时间内维持船上各类食品保鲜或者货物的冷藏贮运。

按工作原则不同,制冷装置可分类为:压缩式、吸收式、真空式及半导体式,船上用得最多的是压缩式。

压缩式制冷装置的主要组成部件是:制冷压缩机,它又可分为活塞式、螺杆式和离心式,实用中以活塞式为多见。

1. 制冷基本原理

从物理学知道,任何液态物质的蒸发汽化时,都要吸收大量的热量,称为汽化潜热,利用这一规律,选择汽化温度很低的液体,如在一个标准大气压（10^5 Pa）下,把汽化温度为 -29.8℃的氟利昂 12（F12）作为制冷剂,让它在一定的条件下蒸发汽化,并将从其周围吸取大量的热量,使周围温度迅速降低,从而达到制冷的目的。

由热力学知道,气体的饱和温度（即气体开始冷凝成液体的温度）,是和一定的饱和压力相对应的。因此,用压缩机吸入制冷剂蒸汽,并压缩到较高的压力,则气态冷剂的饱和温度也相应提高造成对外放热,实现冷凝的条件。

如将 F12 气态冷凝压缩到 74×10^4 Pa（7.58 kg·f/cm²）的压力时,它的饱和温度升高到 30℃,再在冷凝器中用温度较低的舷外海水对冷剂进行冷却,从而实现气态冷剂的液化,并达到放出热量的目的。

2. 压缩式制冷装置基本组成及工作程序

图 5-1 中的制冷剂 F12 在节流阀的控制下,进入冷库蒸发器的蛇形管中,由于节流阀降压的结果,冷剂就会在较低的压力下膨胀,蒸发汽化,吸收冷库中大量的热量,降低库温,实现制冷。

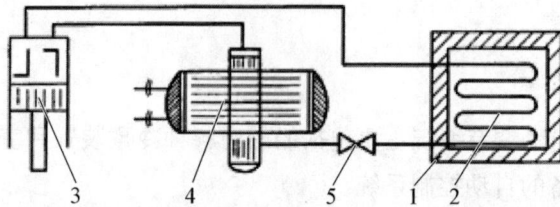

图 5-1　压缩式制冷装置组成示意图

1-冷库;2-蒸发器;3-压缩机;4-冷凝器;5-节流阀

工作程序如图 5-2 所示。为了不使蛇形管的压力因冷剂不断流入,使发生汽化而升高;采用压缩机将其及时抽出并压缩,在冷凝器中被冷却放热,重新凝结成液态,并经节流阀再次进入蛇形管蒸发汽化,从而形成一个封闭的制冷循环。

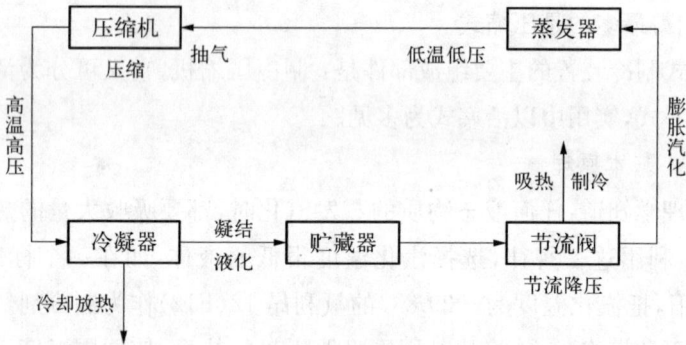

图 5-2　压缩式制冷装置图工作程序

3. 冷藏装置自动控制原理

现代船舶制冷装置要求实现自动化,目的在于根据外界条件的变化,自动调整装置的工作,随时保持所需温度,简化管理,提高经济性,保证安全运行。

实现制冷装置自动化可以解决以下几个问题:

(1) 利用温度继电器与电磁阀,实现对冷库温度及其温度波动的控制。

温度继电器的感温管置于冷库之中,当库温达到额定值的下限时,感温管使继电器触头断开,切断电磁阀电路而使阀关闭,制冷装置停止工作。当库温升至额定值的上限时,温度继电器将使电磁阀重新开启,制冷装置工作,于是库温又逐渐下降,实现了对库温的双位控制。

(2) 通过低压继电器的双位拉制,自动起停压缩机,起调节和保护的作用。当各冷库的温度都达到整定值下限时,各电磁阀均应关闭,此时如不将压缩机停车,则压缩机的吸入压力会越来越低,甚至出现真空,有可能使外界空气漏入系统。因此,利用低压继电器使压缩机停车,随着冷库温度的升高,温度继电器的触头重新闭合,电磁阀通电开启,冷剂进入蒸发器,压缩机吸入,侧压力逐渐升高,当达到整定值上限时,低压继电器触头闭合,重新起动压缩机,实现压缩机起停的双位控制。

(3) 通过高压继电器实现高压保护。高压继电器以压缩机的排出压力为信号,控制压缩机的控制电路,不论何种原因使排出压力超过高压继电器整定值时,压缩机将自动停车。直至故障排除后方能恢复工作。

5.1.2　交流冷藏装置的电力拖动控制

船上冷藏装置的压缩机、水泵、高低温库冷风机等 4 台异步电动机。由一只电控箱控制,电控箱上设有"自动"、"手动"转换开关,如图 5 - 3 和图 5 - 4 所示。

(1) "自动"工作过程。1SA1 开关接通"自动"档,电路 a - b,e - f 点接通,电源开关 Q 接通,电源指示灯 1HR 亮。中间继电器 1KM 接通。当一个(或两个)冷库温度上升到限值时,温度控制器 1K 或 2K 自动接通。中间继电器 3KM 或 4KM 得电,装置开始起动,先起动水泵,M2 工作,稍延迟压缩机 M1 起动运行,电磁阀 1YV,2YV,3YV 开启使高、低温库冷风机 M4、M3 投入运行,电控箱上水泵、压缩机、高低温库风机指示灯(1 - 4HG)亮。当冷库温度降低达到要求温度时.温度制器 1K 或 2K 自动断开 3KM、4KM 电源,关闭一台冷风机。压缩机和水泵继续工作。当两台冷风机关闭后,压缩机、水泵及整个系统。

(2) "手动"工作过程。1SA1 开关接通"手动"档,电路 c - d,g - h 点接通,电源开关 Q 接通,电源指示灯(1HR)亮。中间继电器 1KM 接通。按下水泵起动按钮 SB2,接通水泵工作,灯 1HG 亮。按下压缩机起动按钮 SB1,接通压缩

序号	名　称	符　号
1	电源开关	Q
2	线路接触器	K1 - K5
3	热继电器	K6 - K9
4	中间继电器	1KM - 3KM
5	时间继电器	1KT - 3KT
6	熔断器	1FU - 3FU
7	温度控制器	1K - 3K
8	融霜电加热器	2 - 7EH
9	压缩机油电加热器	1EH
10	泄水管电加热器	8EH
11	电磁阀	1YV - 2YV
12	压力控制器	1SP - 2SP
13	油压控制器	2SB
14	转换开关	1SA - SA
15	电铃	HE
16	变压器	T
17	起动按钮	SB_1、SB_3
18	停止按钮	SB_2、SB_4、SB_6
19	红色信号灯	1HR、2HR
20	绿色信号灯	1HG - 5HG
21	压缩机电动机	M1
22	水泵电动机	M2
23	高温库冷风机电动机	M3
24	低温库冷风机电动机	M4

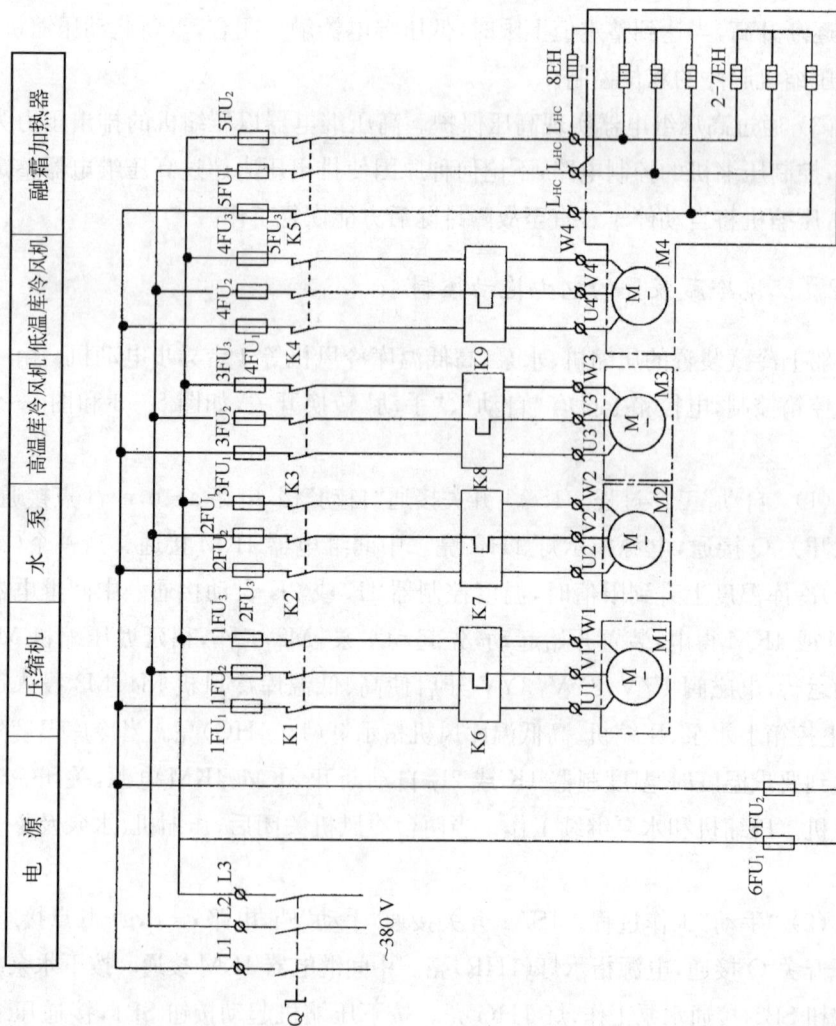

图 5 - 3　冷藏装置电路图

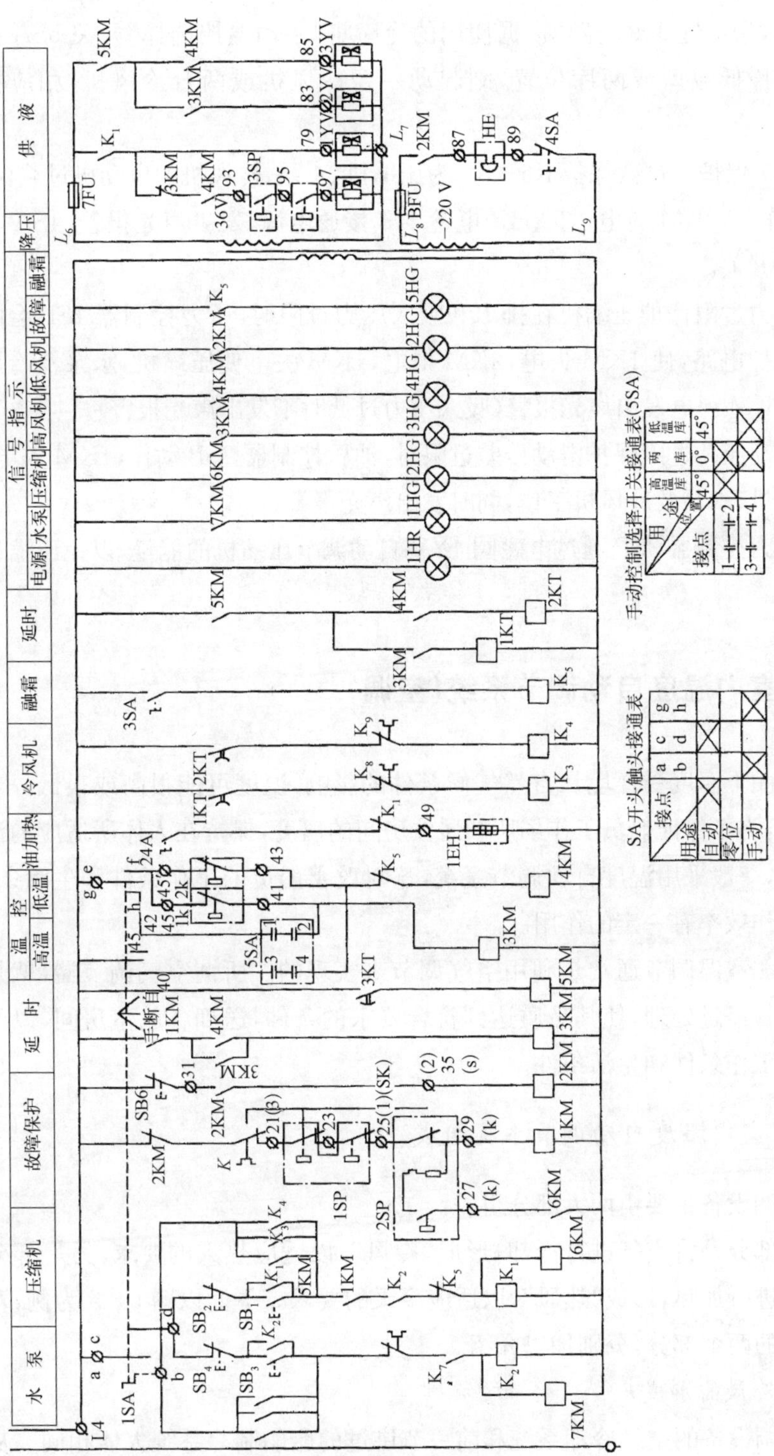

图 5 - 4　冷藏装置控制电路图

机工作,指示灯 2HG 亮。根据使用的冷库将"手动温控选择"开关 5SA 接通于高温库低温库或两库位置,则起动一台冷风机或两台冷风机,相应指示灯亮。

(3) 保护。过载保护 K6 - K9 为压缩机、水泵、冷风机的电动机过载保护。K9 动作时,2KM 通电,灯 2HR 电铃 HF 接通电源,发生声光报警,4SA 为电铃断开开关。

压力过限保护压缩机在排出和吸入压力过限时,压力控制器 1SP 会断开故障保护电路,使 1KM 失电,2KM 得电,1KM 失电使压缩机、水泵及冷风机停车,2KM 得电发出声光报警(吸入压力过低时不发出声光报警)。

滑动压差过限保护滑动压差过限时,油压控制器 2SP 动作,1KM 失电,停止压缩机、水泵及冷风机工作,同时发出声光报警。

压力控制器 3SP 通过电磁阀 4YV 自动调节压缩机的能量,以免压缩机频繁起动。

5.2　室内温度自动调节系统(空调)

船舶上温度受环境和自然气候条件的影响,温度可能很高或很低。现代船舶上,为了保证船员工作场所和居住房间的温度,保持在人体所适应的温度范围内,一般采用温度自动调节系统,这对改善船员的工作条件和生活条件,提高工作效率有一定的作用。

船舶室温调节通常是利用空气调节来实现的。所谓空气调节器,就是把天然空气经过处理,使其品质达到符合要求的条件,送到各舱室房间,以改善船员的工作条件和生活条件。

5.2.1　室内温度自动调节系统组成

空调设备主要由两大部分组成:

一部分是将空气进行冷却,形成"冷风",以适应热天的要求;另一部分是将空气进行加热,形成"热风",以适应冷天的要求。下面以图 5 - 5 为例,对空调设备的两个部分,分别加以介绍。

1. 冷风的形成

空调设备的空气冷却系统和前一节讲过的船舶制冷系统大体相同。从图

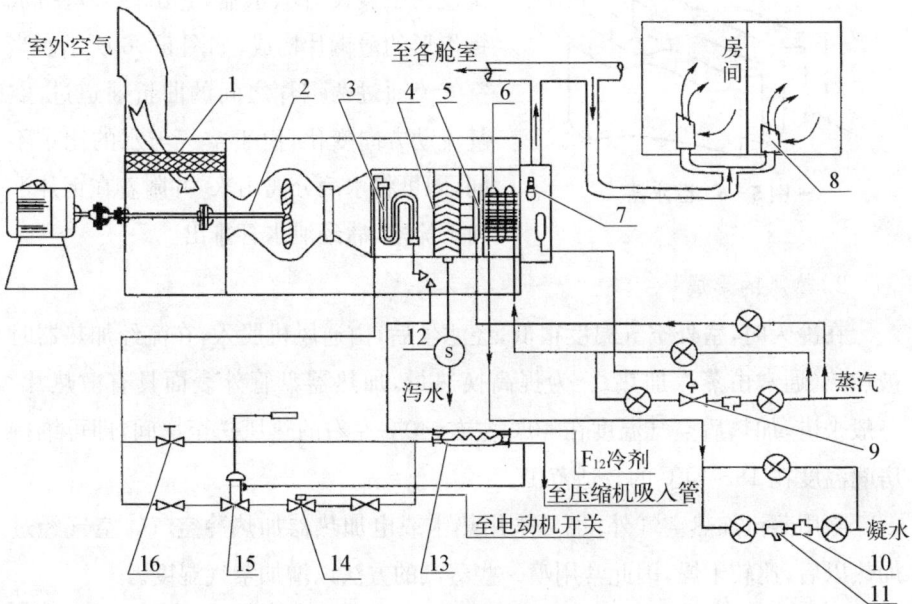

图 5-5　空调系统图

1-滤尘器；2-通风机；3-冷却器；4-除水器；5-喷湿器；6-加热器；7-温度计；8-诱导器；9-温度调节器；10-阻汽器；11-凝水滤器；12-视流器；13-过冷器；14-电磁阀；15-热力膨胀阀；16-手动膨胀阀

5-5 可以看出，高压冷剂由积储器出来先进入过冷器，在过冷器中进一步受到冷却，以提高制冷效率。然后经电磁阀进入热力膨胀阀节流降压，进入冷却器的盘管中，在管内蒸发吸热后再进入过冷器冷却，然后送至压缩机。

电磁阀线圈和空压机电动机的磁力起动器的常开辅助触点串联。当空压机电动机工作时，电磁阀通电开启；空压机停止运行时，电磁阀关闭。这样可以在空压机停止工作时，避免大量液态冷剂进入蒸发器，从而使空压机起动时不会产生冲缸现象。

室外空气经风管进入风箱，先经空气滤尘器清除空气中的尘埃。滤尘可使用纱布、粗孔泡沫塑料或金属网等，再经通风机将空气送入冷却器。冷却器是由多组外面包有散热片的盘管所组成，管内有冷剂流过，冷剂 F_{12} 的蒸发温度约为 $5 \sim 70\,^{\circ}\mathrm{C}$，冷剂从管内流过时可将管外流过的空气冷却到 $16\,^{\circ}\mathrm{C}$ 左右，经管路通道送至房间，从而维持空调捧回风口温度在 $27 \sim 29\,^{\circ}\mathrm{C}$ 合适范围内。

当室外空气被冷却后，空气中的水分可能凝结析出，必须除去，因此在空

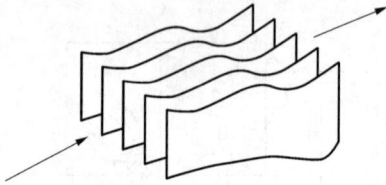

图 5-6 除水器

调设备中装设有除水器,它由许多弯折成锯齿形的薄钢片构成,如图 5-6 所示。当空气流通过两钢片之间的曲折通道进,空气流动方向变化,由于空气与水的比重不同,即可将水滴分离出来,并附着在钢片上向下流落,后经泄水管排出。

2. 热风的形成

在冷天时,室外空气温度很低,经滤尘后,由通风机股入,在流经加热器时被加热(通常由蒸汽加热)。为提高换热量,加热器盘管外表面具有散热片。一般来讲,加热后空气温度在 40℃左右,40℃左右的热风送至房间,即可维持房间温度在 18~21℃的合适范围。

除用蒸汽加热空气外,也可采用热水或电加热器加热冷空气。空气经过加热以后,比较干燥,因此常用喷一些蒸汽的方法以增加空气湿度。

5.2.2 室内温度自动调节系统工作原理

实现空气温度自动调节系统的方案是多样的,这里仅介绍我国自选设计制造的现代船舶上使用的空调线路,如图 5-7 所示。它的工作原理与冷藏机的工作原理大体相同。空调设备是间接作用式的,夏天由氟利昂冷却淡水,再由被冷却的淡水冷却空气,然后用风机将冷却空气送到各舱室;冬天由蒸汽加热淡水,再由被加热了的淡水加空气,同样由风机将加热空气送至各舱室。

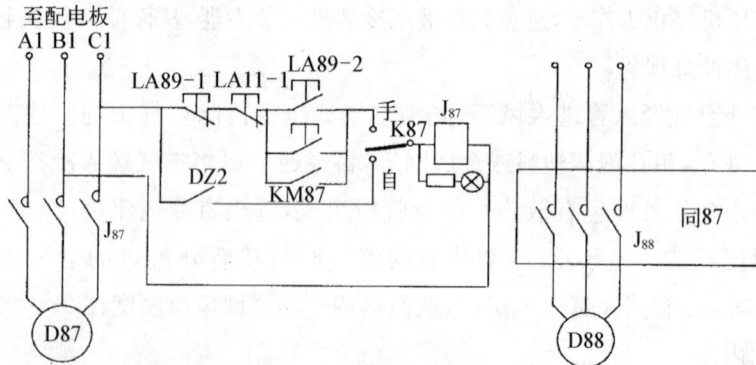

(a)

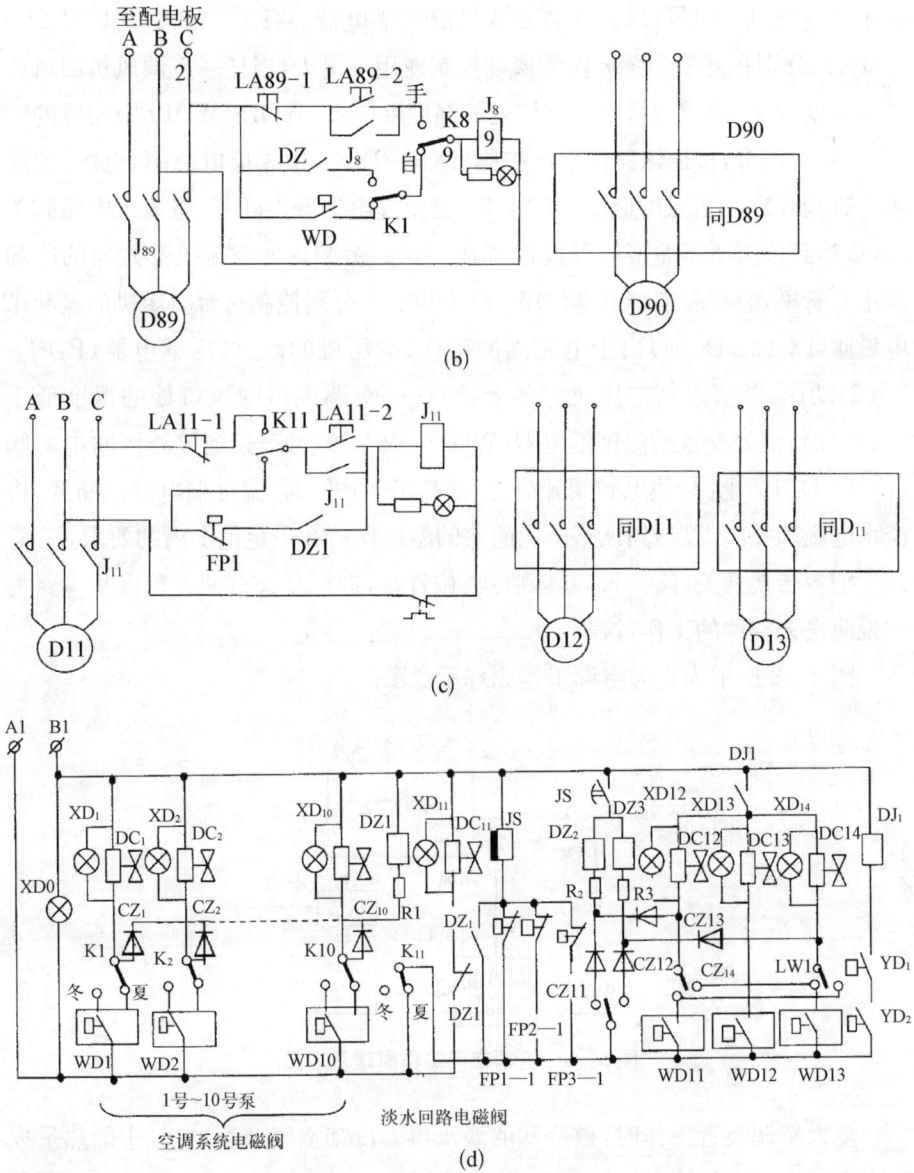

(b)

(c)

(d)

图 5-7　空调系统控制线路图

　　图 5-7 为某轮空调系统控制线路图。它属于间接作用式空调系统,这种系统在客货船上用的较多,而货船因其舱室较少,基本上均采用直接作用式空调系统,即空气不经淡水冷却这一环节,直接被制冷系统冷却。

　　如图 5-7 所示,全船装有十台风机,也就是全船分成十个空调工作区域。

在十台空调风机回风口处,各装有两只温度继电器(WD1 - WD10 和 WD21 - WD30),分别在夏天和冬天作为温度控制使用。夏天,当任一空调风机回风口处的温度大于+30℃时,安装在该处的温度继电器(WD1 - WD10 中相应的继电器)触点闭合,接通该路泼水电磁阀(DC1 - DC10 中相应电磁阀)电源,使淡水电磁阀开启。当温度低于+27℃时,温度继电器触点断开,将淡水电磁阀关闭,以达到该路所属舱室的温度保持在一定的范围内。空压机蒸发器的冷却淡水总管里,装有温度继电器(DW11 - DW13),分别控制每台空压机的氟利昂电磁阀(DC12 - DC14)由于电磁阀的动作,空压机的高、低压继电器(F1P1 - F3P3)动作,自动控制空压机。冬天,当任一空调风机网风口处的温度低于+13℃时,该处安置的温度继电器(WD21 - WD30)触声接通该路淡水电磁阀(DC1 - DC10)电源,使电磁阀开启,温度高于+19℃时,温度继电触点断开,将淡水电磁阀关闭,以达到该路所属舱室的温度保持在一定范围内的要求。

把各转换开关($K_1 - K_{13}$)转到夏天位置时,进行夏天空调。现以某一路为例说明夏天空调的工作过程。

图 5 - 8 所示为夏天空调工作原理示意图。

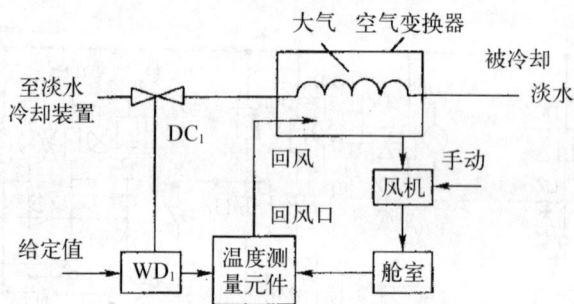

图 5 - 8 夏季空调工作原理示意图

夏天空调装置工作时,被冷却的淡水再去冷却空气,吸收空气中的热量成为含有一定温度的淡水,进入冷却装置再次被冷却。其工作原理如图 5 - 9 所示。而夏天空调整个工作流程如图 5 - 10 所示。

夏季空调装置,实际上是两个温度调节系统和一个压力自动控制系统,通过工作介质和连锁关系把三个系统联系起来。

当测量一路所属舱室的温度(回风口处的平均温度)超过温度继电器 WD_1 的给定值时,温度继电器 WD_1 触点动作,打开泼水电磁阀 DC_1,用冷却后的淡

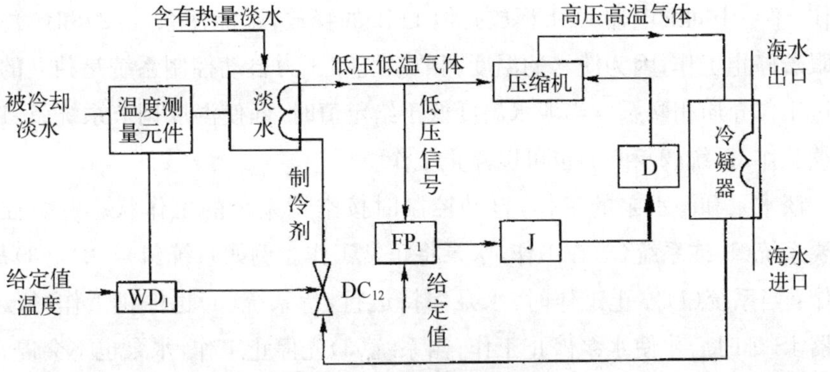

图 5-9　淡水冷却装置示意图

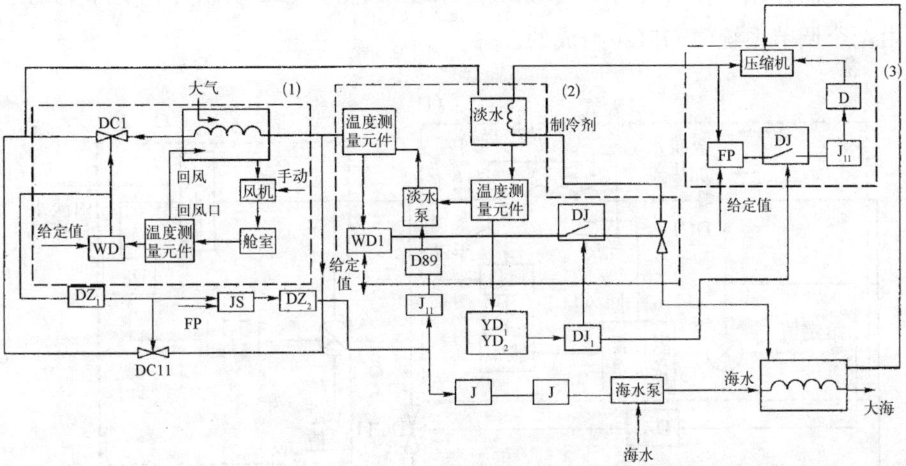

图 5-10　夏季空调流程图

水冷却空气,再将冷空气输送至各舱室。在 WD_1 触头闭合的同时,接通继电器 DZ_1。DZ_1 动作后,关闭环流电磁阀 DC11;同时接通时间继电器 JS,中间继电器 DZ_2 或 DZ_3 动作,于是海水泵、淡水泵自动起动运转。压力继电器 YD_1,YD_2 触点闭合,使中间继电器 DJ_1 动作,其触点闭合仅是控制温度调节系统 (2)和压力控制系统(3)工作的条件之一。一旦工作介质(淡水)的温度高于给定值时,温度继电器 WD_{11} 的触点闭合,接通电磁阀 DC_{12},随冷剂的蒸发将使低压继电器 F_1P_1 触点闭合,空压机 D_{11} 自动启动,由于(2)和(3)实际上就是制冷系统,而制冷系统工作原理在前面已介绍过,故这里不再详细介绍。

当一路所属各个舱室总的平均温度达到给定值时,温度调节系统(1)停止工作,于是中间继电器 DZ1 释放。但 DZ1 的释放,不能使系统(2)和(3)立即也跟着停止工作,因为淡水的温度调节系统和压力自动控制系统是独立的,仅通过工作介质相联系。当淡水温度低于给定值时,即使温度调节系统(1)还在继续工作,系统(2)和(3)也可以停止工作。

淡水泵和海水泵的工作,自动控制时按空调系统的工作状态进行控制。只要系统(1)或系统(3)在工作,水泵将正常工作。例如系统(1),(2),(3)都在工作:当系统(1)停止工作时,水泵保持运行,待系统(3)也停止工作时,经继电器 JS 延时后才使水泵停止工作;当系统(3)先停止工作,水泵也不会停止工作,待系统(1)也停止工作日才,经 JS 延时后,水泵才停止工作。

下面介绍一下冬季空调系统工作原理,如图 5 - 11 所示。它实际上也是由两个调节系统(1)和(2)组成的。

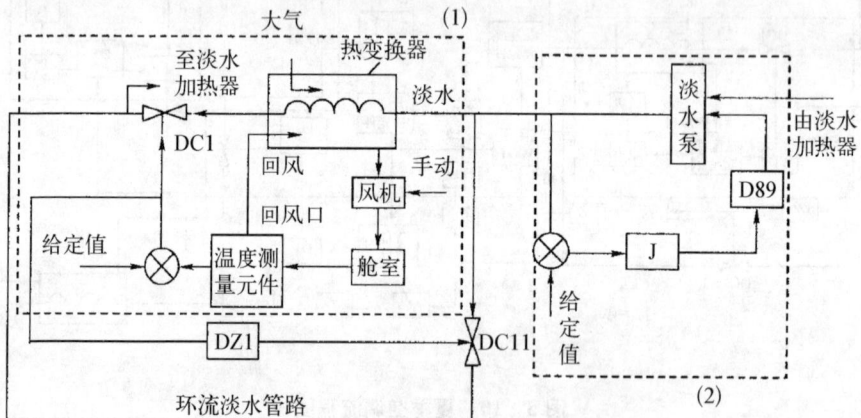

图 5 - 11　冬季空调系统工作原理示意图

当一路所属各个舱室的总平均温度低于给定值时,温度继电器 WD_{21} 触点闭合,接通淡水电磁阀 DC_1 电源,而使中间继电器 DZ_1 动作,关闭环流电磁阀 DC_{11},淡水停止循环。由蒸汽加热的淡水就流过热交换器,被加热的空气送入各舱室,舱室的温度升高。当舱室的温度升高到给定值时,温度调节器 WD_{21} 触点断开,关闭淡水电磁阀 DC_1。

在空气调节系统(1)工作后,另一调节系统(2)就立即工作。因为在系统(1)工作时,电磁阀 DC_{11} 关闭,淡水电磁阀 DC_1 打开。由于淡水管内装有温度继电器 WD_{14} 的测量元件,这时淡水温度低于给定值,温度继电器 WD_{14} 的触点闭合,起动淡水泵。在系统(1)停止工作后,泼水电磁阀 DC_1 关闭,而淡水泵通过环流管路仍有通路。如这时温度继电器 WD_{14} 的测量元件测得的淡水温度高于给定值,淡水泵就停止工作。该线路的温度调节只能调节一路所属各舱室外温度的平均值,而这一路中所属各舱室的温度可能不一样,这时还需手动调节各自的温度。至于其他空调系统的线路,不管形式但其基本环节还是相同的。

习 题 与 思 考

5-1 压缩式制冷装置由哪几部分组成,其工作程序是怎样的?

5-2 图 5-3 组合开关中 2HH4 在"1"位时的作用?

5-3 图 5-3 可实现哪些保护? 是如何实现的?

5-4 简述图 5-5 空调系统图中淡水冷却的作用。

5-5 简述图 5-5 空调系统图中喷湿器、除水器的作用。

第6章　船舶冷藏集装箱设备的自动控制

船舶冷藏集装箱设备的自动控制主要包括船舶制冷技术基础；船舶中的制冷装置与系统；详细叙述了制冷装置电气控制系统的工作原理和控制功能及其运行过程中的管理等内容。

6.1　概述

冷藏集装箱是为载运过程中要求保持一定温度的货物（如新鲜水果、蔬菜、鱼、肉等食品）而专门设计的，简称冷藏箱。应用冷藏箱进行冷藏货运已成为一种主要形式。

冷藏箱适应运输和移动，结构紧凑坚固，耐振动，制冷装置设置在箱体一端，蒸发器与压缩机距离很近，多为单蒸发器，制冷量相对较小。一般冷藏箱只有风冷冷凝器，只能放在露天甲板上，而有的具有水冷冷凝器，适宜安置在大舱内工作。冷藏箱所运货物的品种随机性很大，箱内温度的调节也因货物而异，如水产品（海鲜等）要求$-20\sim-18℃$，新鲜水果要求$+3℃$。因此，冷藏箱的温控范围，一般设定在$-30\sim+25℃$。对于不同档的温度，冷藏箱一般设有冷藏、冷冻和加热三种温控方式。为了提高调温精度（如$\pm0.2℃$），采取了能量调节措施，如压缩机间隙工作、制冷剂热气旁通、制冷流量调节、电加热、卸缸调载、蒸发器和冷凝器风机变速及其风机运行台数控制等。

冷藏箱的控制技术发展迅速，目前基本上使用以微处理器为核心具有一定通讯功能的温度控制系统。图6-1所示为日本三菱冷藏箱产品（CPE14-3BAⅢCS型）的制冷系统示意图。

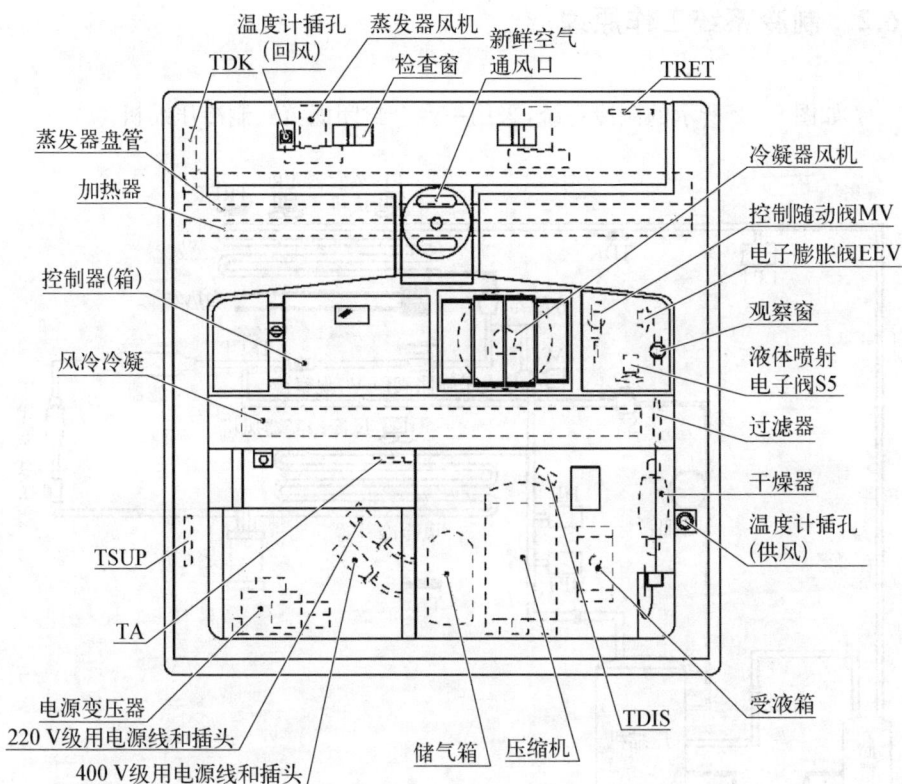

图 6‑1　三菱冷藏箱制冷系统示意图(CPE14‑3BA Ⅲ CS)

图 6‑1 中,上部主要有密封在箱内的蒸发器和蒸发器风机,以及新鲜空气通风口。中部主要有冷凝器、冷凝器风机、控制箱以及控制随动阀、电子膨胀阀和液体喷射电磁阀等。下部主要有制冷压缩机、储气箱、制冷系统外部管路以及电源变压器、电源。压缩机功率 5.5 kW,制冷剂为 R22,润滑油牌号为 BARREL FREEZE 32SAM。控制系统采用微机控制器 MMCC Ⅲ A,温度设定范围为 $-30\sim+25$℃(0.1℃/档),冷藏方式的温度控制精度(CHILL)为 ±0.2℃,冷冻方式(FROZEN)则为 ±0.5℃。

控制器具有这类冷藏箱所要求的各种功能:① 温度和除霜控制;② 自动诊断和安全保护功能;③ 试验功能;④ 显示控制功能;⑤ 运行和运输数据记录功能;⑥ 数据通信功能。

6.2 制冷系统工作原理

如图 6-2 所示的制冷系统,采用一台全封闭涡流式制冷压缩机。

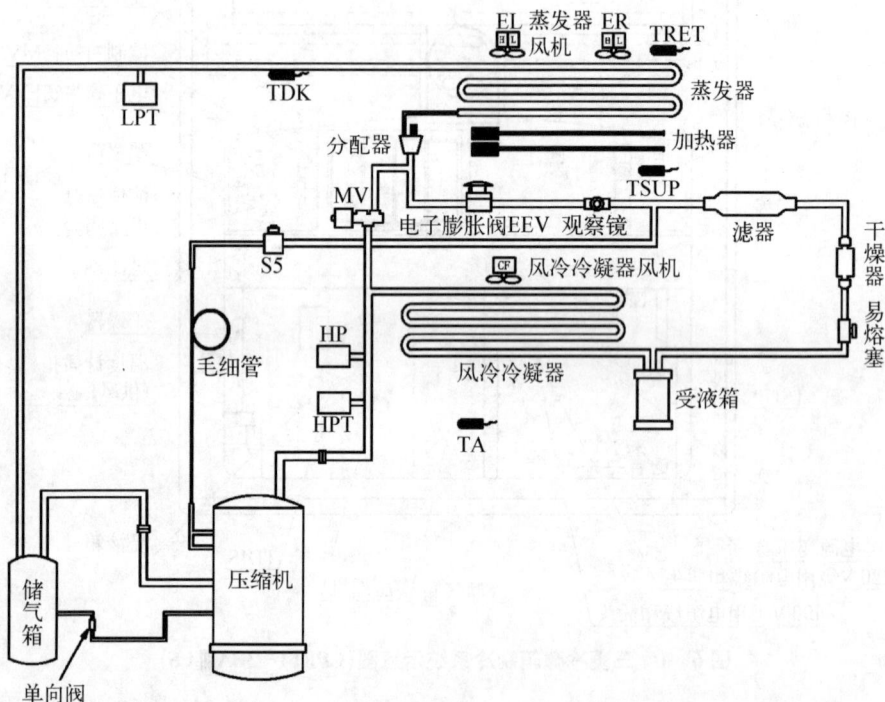

图 6-2 三菱冷藏箱制冷系统 CPE14-3BAⅢCS

压缩机排出的高温、高压冷剂气体进入风冷冷凝器,(在冷藏方式中,当制冷运转档转为容量控制或容量控制+低热时,控制随动阀 MV 被打开,部分高温冷剂气体经此阀进入蒸发器,实现无级能量调节,从而实现箱温的精确控制)。在冷凝器中,冷剂气体与外界空气进行热交换而被冷却和液化。液化冷剂经过贮液箱进入干燥器和过滤器分离水分及滤去杂质后,大部分进入电子膨胀阀 EEV,小部分经过液体喷射电磁阀 S5、毛细管喷射入压缩机的吸气腔,避免压缩机过热。冷剂经过 EEV 突然膨胀,压力降到蒸发压力,经过液体分配器进入蒸发器。冷剂流过蒸发器盘形管时吸收箱内的热量而不断气化,使箱内温度下降。最后冷剂离开蒸发器经储气箱进入压缩机吸气腔。安装在蒸发器出口管路上的温度传感器(TDK)和压力(LPT)传感器实时反映出口冷剂的过热程度。控制器 MMCCⅢA 根据过热程度控制电子膨胀阀 EEV 开度，以维持最适量的冷剂流入蒸发器。

6.3　电气控制系统的工作原理

整个制冷系统的各种运行工况都是在控制器 MMCCⅢA 的控制下实现的。MMCCⅢA 接受系统中温度、压力、电压、电流等各种信号进行分析、处理后，经输出通道控制压缩机、风机或加热器，实现冷藏箱的温度控制。

制冷电气控制系统的电气原理图如图 6-3 所示。以 MMCCⅢA 为核心，大致分为输入区（C、D 区）、信息处理与输出区（A、B 区）、执行区（F 区）和电源供给区（E、G 区）。

由图 6-3 可见，C、D 区接收的输入信号有：温度传感器 TSUP 检测的蒸发器供风温度；温度传感器 TRET 反映的回风温度（即冷藏箱温度）；温度传感器 TDK 检测蒸发器出口端冷剂温度；温度传感器 TA 检测的冷藏箱环境温度；温度传感器 TDIS 检测的压缩机出口温度，用于压缩机过热保护；低压传感器 LPT 和高压传感器 HPT 分别检测压缩机进出口压力；电流互感器 CTM 和 CT1 分别测量压缩机电机工作电流和主电路的工作电流；PT1 为电压互感器。

A 区中 HK2 是温度开关，在加热或除霜过程中，一旦加热器过热，HK2 自动断开，切除加热器 HR1 和 HR2 电源。HP 是高压开关，用于检测压缩机出口冷剂异常，如果压缩机出口出现异常高压，HP 断开，停止控制压缩机工作。

MMCCⅢA 的输出控制分为开关量（A 区）和模拟量（B 区）两种。

A 区域通过 MMCCⅢA 内部继电器的控制触点（MGC_1m、RVm、MC_1m、CFR_1m、EFR_1m、EFR_2m、HR_1m、HR_2m）分别控制接触器 MGC_1、MGC_3、MC、继电器 CFR、FRL、FRH、HR_1、HR_2，进而控制 F 区的主电路供电与相序、压缩机、风机和加热器。其中受 MC 控制的电液喷射电磁阀 S_5 装在冷剂管路上，用于进行液体喷射控制，防止压缩机过热。对应的控制关系是：$MGC_1m \rightarrow RVm \rightarrow$ 相序接触器 MGC_1 或 MGC_3；$MC_1m \rightarrow$ 接触器 MC $\rightarrow$ 压缩机 CM；$CFR_1m \rightarrow$ 继电器 CFR $\rightarrow$ 冷凝器风机 CF；$EFR_1m \rightarrow EFR_2m \rightarrow$ 继电器 FRL 或 FRH $\rightarrow$ 蒸发器风机（低速 EL 或高速 ER）；$HR_1m \rightarrow$ 继电器 $HR_1 \rightarrow$ 加热器（H_3、H_4、H_5、H_6）；$HR_2m \rightarrow$ 继电器 $HR_2 \rightarrow$ 加热器（H_1、H_2）。

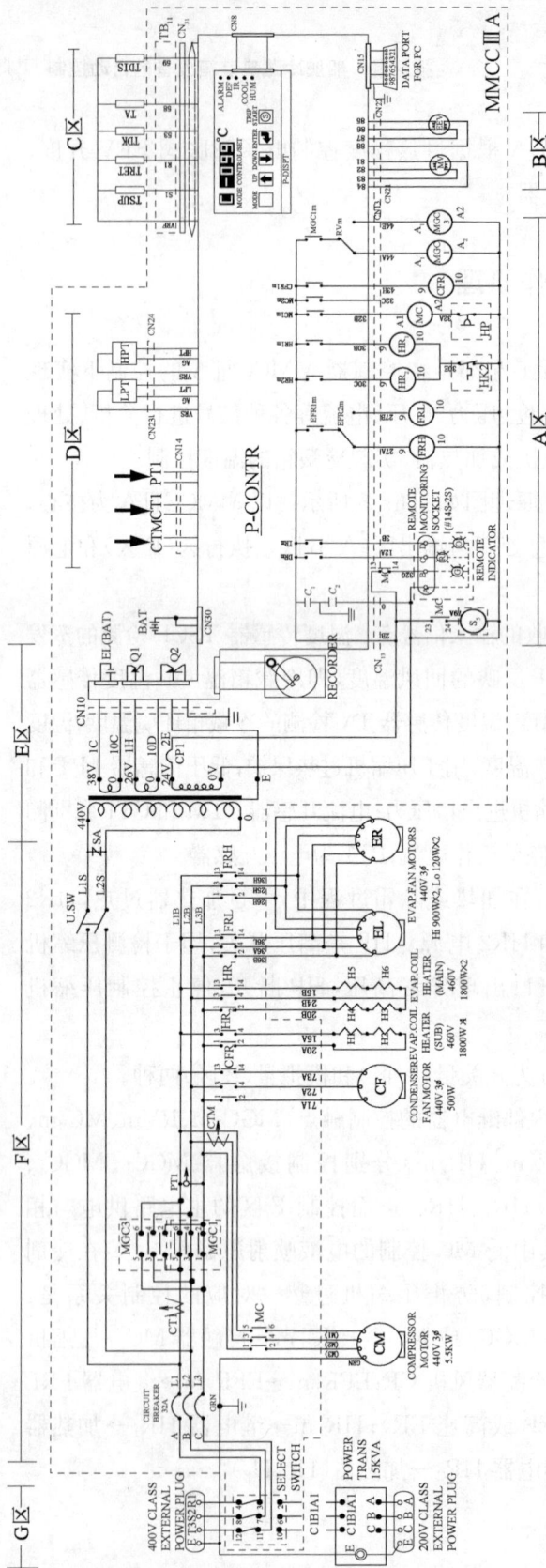

图 6-3 三菱冷藏箱电气控制原理图

MC - MAIN CONTACTOR 压缩机主接触器；OL - ORANGE LAMP(INRANGE)范围内指示灯(橙)；TA - AMBIENT TEMP. SENSOR 周围环境温度传感器；MGC1,3 - PHASE CONTACTOR 相序接触器；HP - HIGH PRESSURE SWITCH 高压开关；TDIS - COMPRESSOR DISCHARGE TEMP. SENSOR 压缩机出口温度传感器；HR1 - HEATER RELAY (MAIN)加热器继电器(主)；RL - RED LAMP(DEFROST) 融霜指示灯(红)；HK2 - THERMOSTAT(OVERHEAT PROTECTOR)防过热箱温；HR2 - HEATER RELAY(SUB)加热器继电器(副)；GL - GREEN LAMP (COOL)制冷指示灯(绿)；S5 - LIQUID INJECTION SOLENOID VALVE 液体喷射电磁阀；FRH - FAN RELAY.HIGH SPEED 风机高速继电器；HPT - HIGH PRESSURE TRANSDUCER 高压传感器；M - STEPPING MOTOR (RECORDER)记录器电机；FRL - FAN RELAY.LOW SPEED 风机低速继电器；LPT - LOW PRESSURE TRANSDUCER 低压传感器；PT1 - VOLTAGE SENSOR 电压互感器；CFR - CONDENSER FAN RELAY 冷凝器风机继电器；CT1 - CURRENT SENSOR 电流互感器；Q1 - Q2 - POWER TRANSISTOR 电源变压器；CP1 - CIRCUIT PROTECTOR 电路保护器；CTM - CURRENT SENSOR FOR COMP 电流互感器；P-CONTR - CONTROL PRINTED CIRCUIT BOARD 控制电路板；EEV - ELECTRONIC EXPANSION VALVE 电子膨胀阀；TRET - RETURN AIR TEMP. SENSOR 回风温度传感器；P - DISPT - DISPLAY PRINTED CIRCUIT BOARD 显示电路板；MV - HOT GAS MODULATING VALVE 控制阀随动阀；TSUP - SUPPLY AIR TEMP. SENSOR 供风温度传感器；BAT - BATTERY 电池；U.SW - U-NIT SWITCH 机组开关；TDK - EVAPORATOR OUTLET SENSOR 蒸发器盘管出口温度传感器；EL - LITHIUM BATTERY 锂电池温度传感器；SA - SURGE ABSORBER

B 区域,MMCCⅢA 对电子膨胀阀 EEV 和控制随动阀 MV 进行连续的电压调节控制,其过程调节可采用 PID 调节,使系统处于最佳运行状态。EEV 有多种用途,通过对它的调节控制能实现制冷能力控制、电力消耗控制、高压控制和制冷回路切断控制等。控制随动阀 MV 被安装在压缩机的排出管路上,它在 MMCCⅢA 的控制下,进行制冷的容量控制,并实现高温制冷气体旁通流量的无级调节。在 MMCCⅢA 上设置了对 EEV 和 MV 进行手动测试检查的功能。

冷藏箱配备 AC 440 V 和 AC 220 V 两种电源电压,适应不同地区或场所。内部所用的多种低压电源,有设备内置的变压器提供(E 区),还有后备电池用于维持各种运行数据的保存。在断电期间,MMCCⅢA 依靠内置电池继续工作,64 K 字节的内存记录各种运行和运输资料。

MMCCⅢA 面板上有操作键,数字显示窗和指示灯,并有串行端口和上位机进行数据通信(包括日历、集装箱号码和 ID 资料),还能显示和检索各种运行数据。温度记录器记录冷箱运行过程中温度变化的情况。在面板(P - CONTR)背后的微动开关用于选择操作类型。在冷藏箱下部有监控插座,用于对冷箱运行状况的远距监控,通过它与驾驶室内冷藏箱监控系统相联系。

6.4　电气控制系统的控制功能

6.4.1　启动

根据使用的电源电压等级,将电源选择开关(SELECT SWTCH)打到对应的位置,合上断路器(CIRCUIT BREAKER)(G 区),接通控制电源开关(U.SW)和电路保护器(CPI)。MMCCⅢA 进入系统自检、电源和其他输入信号的检测程序,如果一切正常,则起动制冷系统进入温度控制。MMCCⅢA 具有电源相序自动检测和翻转功能,在正序状态,输出触点 MGC_1m 闭合,相序继电器 RVm 与 44A 接通,正序接触器 MGC_1 通电吸合,其触点 MGC_1 闭合,向主电路供电;在负序状态,输出触点 MGC_1m 依然闭合,但相序继电器 RVm 与 44E 接通,负序接触器 MGC_3 通电吸合,其触点 MGC_3 闭合,向主电路供电。

6.4.2　温度控制

MMCCⅢA 根据实际温度与设定的温度之差遵循预设顺序进行"运转档"

转换来实现温度控制。所谓预设顺序就是系统的控制程序预先设定了机组根据实际温度变化过程运行在不同运转档的顺序,相应的换档顺序见表6-1、表6-2。

表6-1　冷藏(CHILL)方式

运转档	温度 范围内										各继电器和阀　○—ON								
	°F -5.4 -3.6 -1.8　SET　+1.8 +3.6 +5.4 +7.2 +9.0 +10.8　°C -3 -2 -1　SET　+1 +2 +3 +4 +5 +6										MC	CFR	FRH	FRL	HR1	HR2	EEV	MV	S₅
- 初始设定	低热　全致冷																		
0 全致冷											○	○	○				○		
1 容量控制											○	○	○				○	○	○
2 容量控制+低热											○	○	○				○	○	
3 低热														○					
4 高热														○	○	○			

表6-2　冷冻(FROZEN)方式

运转档	温度 范围内										各继电器和阀　○—ON								
	°F -10.8 -9.0 -7.2 -5.4 -3.6 -1.8　SET　+1.8 +3.6 +5.4　°C -6 -5 -4 -3 -2 -1　SET　+1 +2 +3										MC	CFR	FRH	FRL	HR1	HR2	EEV	MV	S₅
- 初始设定	小循环　全致冷																		
0 全致冷											○	○	○	○					
1 低循环														○					
2 低热																	○		

注:表中"SET"点表示设定温度;"范围内"显示预设的温度偏差允许范围;"○"表示相应的电器处于获电工作状态。

1. 冷藏(CHILL)方式——设定温度-5℃以上

由表6-1a所见,冷藏(CHILL)方式有五个运转档:① 全致冷运行(0);② 使用高温气体控制随动阀MV的容量控制运行(1);③ 容量控制＋低热运行(2);④ 低热运行(3);⑤ 高热运行(4)。运行开始时,控制器根据供风温度高于还是低于设定温度将机组的初始运转档设置在"全致冷"或"低热"运行状态。

机组在"全致冷"运转档,MMCCⅢA的输出触点MC₁m、CFR₁m、EFR₁m、MGC₁m闭合。MC₁m闭合,使接触器MC通电吸合,起动压缩机;MC的辅触点MC(23、24)闭合使喷液电磁阀S5通电打开,部分液体冷剂经过毛细管喷射入压缩机的吸气腔,MC(13、14)闭合点亮制冷指示灯。触点CFR₁m闭合,使冷凝风机继电器CFR通电吸合,起动冷凝风机。触点EFR₁m闭合使蒸发器风机高速继电器FRH(此时EFR₂m中27A触点闭合)通电吸合,其主触点FRH闭合,两台蒸发器风机高速运行。而MMCCⅢA根据蒸发器出口冷剂的温度和压力推算出其过热程度,调节电子膨胀阀 EEV 的开度,保持最适量的冷剂流入蒸发器,使制冷能力与最少能耗下的热负荷相一致,保持机组连续运行。如果机组在“全致冷”运转档下,供风温度降至设定温度,机组将转到下一档的“容量控制”。此时,压缩机和风机运行状态保持不变,MMCCⅢA 根据蒸发器出口冷剂过热度和供风温度调节随动阀 MV 的开度,部分高温冷剂气体直接进入蒸发器,实现能量无级调节,使箱温精确地保持在所设定的范围内。输出触点 IRm 闭合,橙黄色指示灯 OL 指示箱温处于设定范围内。机组根据控制随动阀的开度、设定过热度和温度偏差状况也可能会从容量控制转换到容量控制＋低热的运转档运行或者两档之间运转转换。

机组在“低热”运转档,MMCCⅢA 的输出触点 MGC$_1$m、HR$_2$m、EFR$_1$m 闭合。继电器 HR$_2$ 通电吸合,一个加热器通电,EFR$_1$m 使 FRH 通电吸合,两台蒸发器风机高速运转,系统处于低加热状态。当供风温度高于设定温度 1.5℃ 时,机组会进入上一档的“容量控制＋低热”运转档运行。

如果机组从“低热”运转档投入工作,而此时供风温度低于设定温度 2℃ 时,机组会进入下一档的“高热”运转档,此时,两台蒸发器风机高速运转,三个加热器全部通电。当供风温度回升到高于设定温度 1℃ 时,机组重回到“低热”运转档工作。

从表 6-1 所示,如果控制温度超出为各运转档所设定的温度范围,机组就转换一档进行运行。还应注意,在“冷藏”运行方式下,除了除霜时段外蒸发器风机始终处于高速运转。

2. 冷冻(FROZEN)方式——设定温度:低于−5℃

由表 6-1b 所见,在冷冻方式下,机组根据回风和供风两者中的较高温度,利用“全致冷”“低循环(风扇工作)”和“低热”三个运转档,实现温度控制。当回风或供风温度高于设定点温度时,MMCCⅢA 使初始运转档保持在“全致冷”运转档,而制冷的开始阶段与冷藏方式相同(压缩机运行、冷凝器风机运行、两台蒸发器风机高速运行、喷液电磁阀 S$_5$ 打开、MMCCⅢA 对电子膨胀阀 EEV 开度进行不断调节)。当箱内温度下降到−5℃ 时,输出继电器触点 EFR$_2$m 与 27B 接通,蒸发器风机高速继电器 FRH 断电,低速继电器 FRL 通电吸合,其主触点 FRL 闭合,触点 FRH 断开(F 区),两台蒸发器风机由高速转为低速运行。当控制温度升高到时,蒸发器风机从低速转为高速运行。

当温度低于设定点温度时，制冷系统进入"低循环"运转档：压缩机和冷凝器风机停转；触点 MC(23、24)断开，关闭 S_5；电子膨胀阀 EEV 被关断；控制随动阀 MV 被关断；仅仅两台蒸发器风机处于低速运行状态。当温度回升到设定温度上限时，压缩机重新起动，机组进入"全致冷"运转档，将温度保持在所设定的范围内。

当控制温度低于设定点温度且超出 2℃时(见表 6-2)，输出继电器触点 HR_2m 闭合，继电器 HR_2 通电吸合，其触点接通副加热器(H_1、H_2)通电加热，输出继电器触点 EFR1m 闭合，EFR2m 与 27A 接通(实际是 EFR2m 失电断开 27B 点)，蒸发器风机高速继电器 FRH 通电吸合，两台蒸发器风机恢复到高速运行，压缩机、冷凝器风机均处于停转，EEV 和 MV 关断，系统处于"低热"运转档。当温度上升到设定点温度，系统进入"低循环"运转档，如果温度继续回升，高于设定点温度，系统进入冷冻方式下的"全致冷"运转档。

3. 除霜

只有当蒸发器出口冷剂的温度低于 10℃时，才有可能进行自动或手动除霜操作。

(1)自动除霜操作由除霜定时器控制，本例机组的除霜定时器的除霜时间间隔档有 A(自动)。3-6-9-12 小时，可用于自动或固定(3-6-9-12 小时)方式进行除霜，在预设时可任选其中一个除霜时间进行自动除霜。如果选择自动方式，则系统就把最后一次的除霜时间跟当前的一次进行比较并自动地对除霜定时器设定最佳的除霜时间间隔(程序会自动地在3-6-9-12 小时档中改变除霜时间)，当除霜时间到时机组自动开始除霜。

也可通过手动预设方法(可调间隔为 3-6-9 小时或 12 小时)对除霜定时器进行固定的除霜时间间隔的设定，同样，当除霜时间到达时，机组自动开始除霜。但是，不管除霜间隔设为多少，第一次除霜总是在系统运行 3 小时后进行的。

除霜时，压缩机、蒸发风机都停止运行，输出继电器触点 HR_1m、HR_2m、DRm、MGC_1m 闭合。HR_1m 闭合使主加热器继电器 HR_1 通电吸合，其触点闭合使主加热器 H_3~H_6 通电加热；HR_2m 闭合使副加热器继电器 HR_2 通电吸合，其触点闭合使副加热器 H_1、H_2 通电加热；此时，主、副两个加热器同时加热，很快将蒸发器上的霜层融化掉。DRm 闭合使除霜指示灯亮。

当 TDK 感受到的温度高于 15℃或除霜持续 60 分钟时，除霜被终止。

（2）手动除霜,按下"手动除霜"的操作键,可随时开始进行除霜。其他动作顺序与上述自动除霜完全相同。

6.4.3　安全保护功能

1. 压缩机出口高压保护

如果压缩机出口压力异常升高,高压传感器 HPT 将把检测到的信号传给 MMCCⅢA,MMCCⅢA 直接停止压缩机;3 分钟后,当高压降到正常值时系统自动地重新起动压缩机。此功能仅执行 3 次。如果此项功能没有起作用,则高压开关 HP 断开,接触器 MC 断电,其触点断开使压缩机停机,喷液电磁阀 S_5 断电关闭,制冷指示灯熄灭;易熔塞也可能破裂释放出冷剂。

2. 压缩机进口低压保护

如果压缩机进口压力异常低,MMCCⅢA 将接受低压传感器 LPT 检测到的信号,直接停止压缩机和冷凝器风扇。3 分钟后,当低压上升到正常范围内时压缩机和冷凝器风扇自动地重新开始运行,此功能仅执行 3 次。

3. 压缩机过热保护

如果压缩机排温异常升高,MMCCⅢA 将接受压缩机排温传感器 TDIS 检测到的信号,直接切断压缩和冷凝器风扇电源。

4. 压缩机电机过电流保护

如果压缩机电机电流持续数秒超出正常范围,则 MMCCⅢA 根据电流传感器 CTM 的信号,直接切断压缩机和冷凝器风扇电源。

5. 除霜终止保护

当 TDK 传感器上的温度升高到 15℃ 或除霜持续 60 分钟时,MMCCⅢA 将依据 TDK 反映的信号,终止除霜。如果此项功能没有起作用,则过热保护恒温器（HK_2）断开,继电器 HR_1、HR_2 断电,其触点断开使主、副加热器断电,停止加热。

6. 环境高温保护

环境温度传感器（TA）将温度信号输送给 MMCCⅢA,低于 50℃,全部设备保持正常运行,高于 50℃,MMCCⅢA 发出信号控制机组停止运行。

7. 电流、电压异常保护

当 MMCCⅢA 获得电流传感器 CT1、电压传感器 PT1 的异常信号,将使主电路上的动力设备停止工作;如果 24 V 控制电路上电流过大,电路保护器

CP1 断开起保护作用。

8. 系统异常现象

MMCCⅢA 在系统运行过程中不断地检查系统运行状态,发现任何异常现象,警报 ALARM 灯亮,并显示警报代码。如果系统中传感器本身出故障,MMCCⅢA 显示相应警报代码,同时,系统自动转换到"失效-保护温度控制"的运行方式,采用该功能目的是使控制系统不会因传感器故障而使整个制冷系统停止工作。

6.5 运行过程中的管理

冷藏箱在船舶运输过程中是由船舶管理人员负责进行管理,要求及时排除故障,维持冷箱的正常运行、确保货物完好无损。管理人员应认真做好定时的巡回检查,及时发现问题并加以处理。常规的巡检主要有:设备运行中有无异常噪声和震动;显示的实际温度是否在规定范围内,有无报警指示;查看和分析温度记录曲线,判断系统工况是否处于正常状态;检查设定值(如温度)是否偏移或丢失;观察冷剂管路上的水分指示器颜色,其中绿色表示冷剂中无水分,属正常,若显示黄色则表示冷剂中有水分,需处理;应用手动测试方式(MODE 键)检查该方式下所提供的一些工况参数、报警信息、运行状况与调整。

除了对运行中的冷藏箱进行外部察看之外,还应运用手动测试方式(MODE 键)检查,该方式提供如表 6-3 的用途(三菱)。

表 6-3 MODE(方式)键操作和功能

方式	用　　途	说　　明
5	设定和显示温度	变更或输入设定温度
C	显示控制温度	LED 显示出控制温度
0	设定或显示除霜定时器	设定或输入用于除霜定时器的手动自动开关
1	自动 PTI 运行	选择和操作 MIN.PTI 或 MAX.PTI 功能
2	手动试验运行	进行手动操作运行,最多可显示部件的 13 个 I/O 状态
3	湿度控制开始/停止及湿度设定和开始	输入湿度控制开始/停止,改变或输入设定的湿度

（续　表）

方式	用　　途	说　　明
4	MER 0℃校正	0℃校正，改变或输入温度
6	显示运行数据	最多可显示 22 项(本机组)运行数据，例如温度、压力、电流、电压等
E	显示当前的警报讯息	最多可显示 10 个当前的警报代码

　　例如：使用 MODE2 - 9、10 功能检查 EEV、MV 是否能正常开启；使用MODE6 - 7、13、14 功能检查蒸发器盘管出口温度传感器(TDK)、高压传感器(HPT)、低压传感器(LPT)的读数是否正常，可与压力表实测值进行比较；使用 MODE E-查询警报记录。

　　查看和分析冷藏箱温度记录曲线，是判断系统工况非常重要的手段。为了更好地了解冷藏箱温度记录盘温度曲线，首先介绍一下冷藏箱的几个基本工作状态。

　　(1) 制冷状态(COOLING STATE)。当冷藏箱内温度高于设定温度时，冷藏箱进入制冷工作状态。

　　(2) 加热状态(HEATING STATE)。当冷藏箱内温度低于设定温度时，冷藏箱进入加热工作状态。

　　(3) 除霜状态(DEFROST STATE)。当冷藏箱蒸发器盘管(EVAPORATOR COIL)结霜过多，影响箱内冷气流动时，冷藏箱进入除霜状态。

　　(4) 范围内状态(IN - RANGE STATE)。当箱内温度与设定温度接近时，冷藏箱进入范围内状态。其范围是设定温度的±0.5～±2.0℃，设定温度可根据用户需要设置。

　　正常的温度曲线轨迹如图 6-4 冷藏箱温控曲线典型图例见图 6-4。

　　A 段轨迹：是冷藏箱内温度的下降过程，一般情况下，货物装箱后，其温度比设定温度高，此时冷藏箱进入制冷状态，箱内温度随时间不断下降，直至进入范围内状态。这段时间的长短取决于货物本身温度、装箱时的外部条件，以及货物是否预冷(PRE -

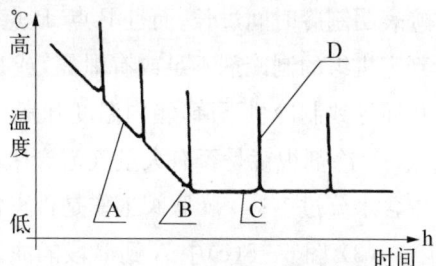

图 6-4　冷箱温控曲线典型

COOLING)。当然,在这个时间段内可能存在除霜状态。

B段轨迹:此时箱内温度达到了设定温度的上限温度,即进入范围内状态。

C段轨迹:此时箱内温度已达到设定温度,从B过渡至C通常只需几分钟的时间。在此期间,冷藏箱根据货温间断运行,以维持所需温度,直至进入除霜状态。

D段轨迹:此时冷藏箱进入除霜状态。在运行轨迹上表现为温度在很短时间内(20多min)迅速上升,值得注意的是,此时温度记录盘所显示的只是蒸发器盘管上方的记录器感温棒的温度,蒸发器风机并未得电,故冷藏箱内温度并未因除霜而上升。

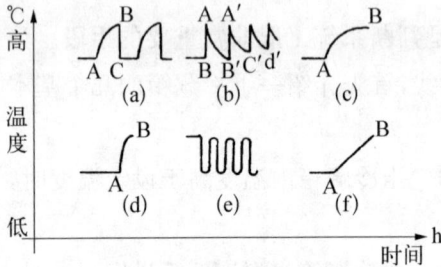

图6-5 冷箱故障引起的温度曲线

图6-5是冷藏箱故障引起的6种温度变化曲线轨迹,在排除故障时,根据不同曲线采取相应措施。

(1)图6-5(a)中A到B段的轨迹为冷藏箱的除霜过程。加热器通电,蒸发器盘管温度迅速上升,使霜层融化。B到C段为制冷机组在除霜后的制冷工作状态,由A→B→C大约只需40多min,故AB段曲线轨迹应和BC段非常接近,但如出现图6-5(a)曲线时,可初步判定是加热功能不正常。通常是因为加热管损坏或失效,除霜时间过长造成的。机组在一段时间内维持除霜状态,在超过时限后(一般设置为60 min),强制终止除霜,此时应着重检测加热元件的性能、状态。

(2)图6-5(b)中B到A段(以及B′到A′段)的轨迹为冷藏箱的除霜过程。A到B′段(以及A′到C′段)的轨迹为冷藏箱的制冷过程。显然这样的轨迹表明制冷时间过长,而且B点、B′点、C′点和d′点温度逐步升高,依此大致可判定机组的制冷剂不足或有泄露,或是膨胀阀局部阻塞,造成冷剂供应不足,从而导致制冷量下降,箱内温度升高。此时应着重检查① 制冷管路是否有漏点;② 冷剂视镜是否有大量气泡产生;③ 视镜的湿度指示是否显示制冷系统中含水分过多;④ 膨胀阀工作是否正常。

(3)图6-5(c)中A到B段的曲线轨迹表明机组压缩机已停止工作,不再制冷。这种情况大多是由于压缩机保护器件动作而造成的,可通过检测压缩机排气温度,压缩机电流,油压开关,冷凝压力等几个方面查找故障根源。

(4) 图6-5(d)中A到B段轨迹表明机组除霜终止传感器失效,使除霜加热管不能在限定的温度下(一般设置为15℃)停止工作,而使蒸发器盘管持续升温。通常加热管会在过热保护开关作用下停止工作。但除霜时间过长,蒸发器盘管温度过高,会给货物带来不良影响,所以应及时更换失效的除霜终止传感器。

(5) 图6-5(e)所示,机组除霜动作频繁。其故障根源是箱内冷气运行不畅,使蒸发器盘管结霜迅速造成的。除霜后机组运行时间不长,又迅速结霜,如此循环,使货温不能维持在设定温度范围内。此时应着重检查蒸发器风机运行状态,及其控制电路是否正常。当然,不正确的货物堆放,阻碍了冷气流动通道,也是出现此种故障的重要原因之一。

(6) 图6-5(f)这段轨迹表明蒸发器盘管已严重结霜,使蒸发器与箱内冷气无法实现热交换,造成货温升高,它是由于机组未实施除霜引起的,应着手检查除霜传感器及加热管是否失效。

冷藏箱在运营中,有时水路船舶运输、有时陆路汽车运输,有时又置放堆场,冷藏箱所接的电源电压可能会遇到较大的偏差,甚至会遇高压冲击,导致控制板等元件损坏。

低压传感器(LPT)的输出数值不正常地偏高,微机控制器调节EEV开度变小,或者EEV本身问题,使进入蒸发器的制冷剂流量减少;这将导致压缩机处在空载运行,由此引起压缩机马达也在较大电流下运转,如果这样状态的运行时间太长,极可能会烧坏电机或继电器。而有些故障发生过程中不一定有报警提示。

习 题 与 思 考

6-1　在三菱冷藏箱电气控制系统中,如何保证压缩电动机能始终获得正确的三相交流电源相序?

6-2　说明在三菱冷藏箱电气控制系统中电子膨胀阀EEV和控制随动阀MV的基本功能。

6-3　简要说明三菱冷藏箱冷藏和冷冻两种不同温度控制方式的区别。

6-4　简要说明三菱冷藏箱控制系统设置的保护功能。

第7章　船舶舵机装置的自动控制系统

舵及其拖动装置是船舶用以改变其航向或维持其预定航向航行的重要设备。整个舵机装置主要由操舵装置、舵机控制与驱动系统、传动机构和舵叶四大部分组成。操舵装置是由安装在驾驶室的发送装置和位于舵机房的接收装置组成，远洋船舶上装备的都是远距离控制自动操舵仪，简称自动舵；舵机控制与驱动系统是转舵的动力，有人力的、汽动的、电液的和电力驱动，目前船舶上装备的几乎全部是电动液压舵机。

7.1　概述

7.1.1　舵机装置主要组成

舵机是操舵仪与液压系统的一种完美组合，通常我们把它称之为舵机系统。舵机的出现，给人类的航海业所带来的作用和方便是不言而喻的。从游艇到渔船以至发展到今天的大型或超大型远洋轮船，它们都离不开舵机。可见舵机在船舶上的作用非同一般。对我们造船工人特别是从事舵机这一专业的人员来说，如果造船，就要接触舵机，因而我们不但要很好地掌握它、驾驶它，而且对它的各种性能也要做深入的研究、探讨。我们知道舵是用来保证船舶航行方向的，而最早的舵是人直接操纵的，称为人力舵，操纵者体力消耗大。伴随着科技的不断发展，在人力舵的基础上，人们发明了电舵。舵手在操纵电舵时，是通过电动机带动舵叶，比人力舵省力。但电舵和人力舵有一个共同的不足之处，那就是每时每刻都要有人寸步不离，即使是在直航向上航行，由于风浪等因素的影响，船舶随时都有偏离直航向的可能，所以需要舵手随时纠偏。远航时，舵手容易疲劳。为了解决这一问题，自动舵脱颖而出，我们现在的自动舵就是在电舵的基础上发展而来。

自动操舵仪的问世，使舵机系统存在的不足之处得到了改进和完善。不仅可以减少操舵人员的疲劳,而且由于它保持航向准确,纠偏及时,能够减小速度损失以缩短航行时间,续航力大,节约燃料,提高经济效益。随着现代科学技术的发展,我们相信会有更加完好的舵机出现。下面就目前所接触到的舵机做相通部分的讲解。希望大家能够举一反三。

如图 7－1 所示,舵机装置主要由下列各部分组成。

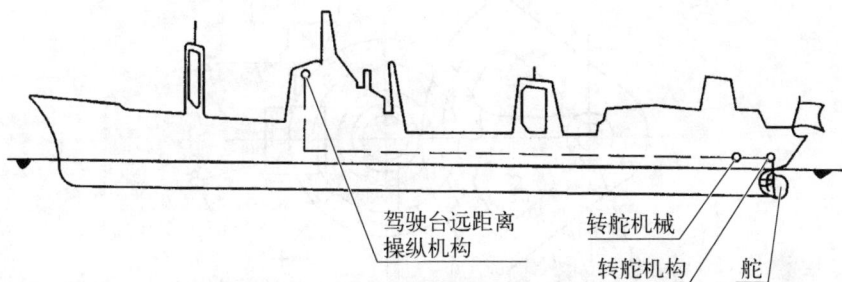

图 7－1　舵机装置主要组成示意图

1. 操舵装置

舵由安装在驾驶室的发送装置和位于舵机房的接收装置组成,这是操舵装置的指令系统,现代近海及远洋船舶上装备的都是自动控制的远距离操舵设备,一般称为自动操舵仪或自动舵。

2. 舵机(转舵机械)

舵是转舵的动力机械,根据使用能源的不同可分为人力的、电动的和电动机液压的等。

3. 转舵机构

舵是用来将舵机所发出来的转矩传递给舵柱的设备。

4. 舵

舵是一块浸在船舶尾部水中具有固定形状的钢板,被固定在舵柱上,用它承受水流的作用力,以产生转船力矩,现代船舶上广泛应用的是空心结构的流线型平衡舵和半平衡舵。

7.1.2　舵机装置的分类

1. 电动-机械舵机装置

扇形齿轮传动的电动舵机如图 7－2 所示,它由电动机 1 通过联轴器 2 带动蜗杆 3 和蜗轮 4 转动，并通过主动齿轮 5 带动扇形齿轮 6，再经过缓冲弹簧 7 转动舵柄 8（在扇形齿轮的下部），从而使舵柱 9 和舵叶偏转，缓冲弹簧的作用是减轻船舶在航行中波浪对舵叶的冲击力，防止传动装置受到损伤。

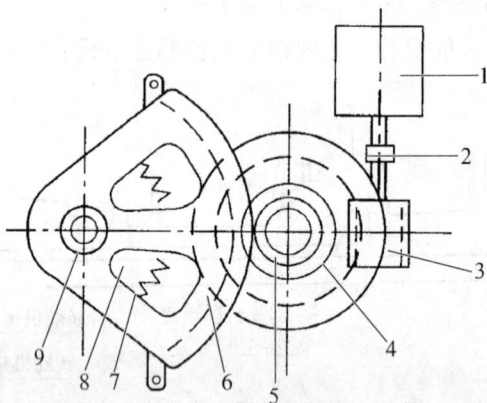

图 7－2　扇形齿轮传动的电动舵机

1-电动机；2-联轴器；3-蜗杆；4-蜗轮；5-主动齿轮；
6-扇形齿轮；7-缓冲弹簧；8-舵柄；9-舵杆

　　不论是扇形齿轮传动机构还是蜗杆传动机构，它们共同的特点都是通过机械传动机构，以很高的减速比把电动机的高速转动直接传送到舵柱的低速偏转。这类舵机的电力拖动系统采用直流 G－M 控制系统。

　　2. 电动-液压舵装置

　　电动-液压舵机装置与电动-液压起货机装置相类似，有双向变量泵，由恒速电动机拖动，提供可逆流向的高压油。两者不同之处在于拖动起货机卷筒的是可连续旋转的油马达，而转舵机则是左、右方向移动的液压油缸装置，如图 7－3 所示。

　　与舵柄铰链的撞杆两端置入左、右高压油缸内，两油缸与油泵连接，当一油缸注入高压油而另一油缸排出低压油时，推动撞杆（类似于活塞）向低压端移动，从而带动舵柄、舵柱和舵叶偏转。高压油泵的排量和流向则由操舵系统控制。远洋船舶几乎全部采用电动-液压舵机装置。

　　在液压舵机中，主油系统和伺服系统组成液压系统。我们把变量泵与液压缸之间的油路系统称为主油系统，主油系统是一个密闭的回路；而把专供电液伺服阀工作油的系统称之为伺服系统。下面我们根据图 7－4 和图 7－5 液压系统工作原理图来分别介绍一下上述两系统的工作过程。

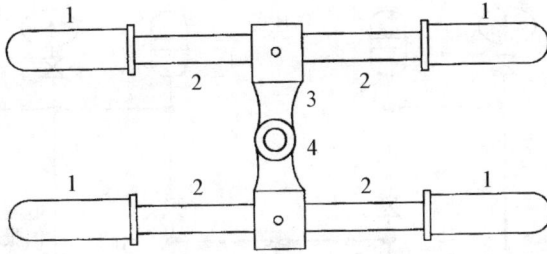

图 7-3　液压舵机传动机构
1-油缸；2-撞杆；3 舵柄；4-舵柱

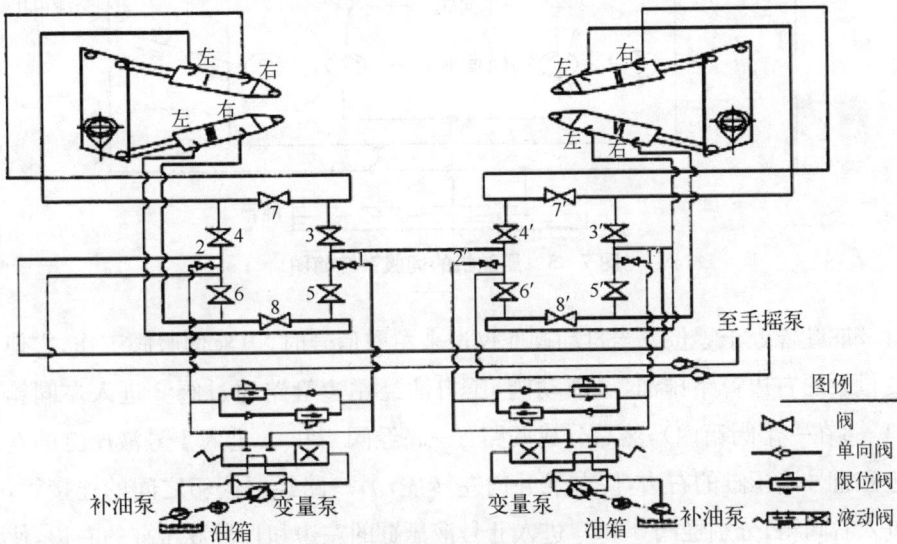

图 7-4　液压舵机的主油系统的简图

　　图 7-4 为主油系统的简图。本系统有两套变量泵机组，由 4 个液压缸带动两个舵叶，还有两台补油泵，也是由变量泵机组拖动，其作用是为了随时补充系统中的泄漏。补油系统在图中没有画出。

　　为了说明问题，我们以单机组 4 个油缸同时工作为例，来说明舵机的工作情况。

　　起动左油泵机组，齿轮补油泵打油，使液动阀（它是由液压控制的，当其右端的控制油路中有压力油时，它将主油系统油路接通）动作，接通变量泵到主油系统的通路。

　　当自动操舵仪未送来控制信号时，变量泵斜盘处于零位，它不排油，液压

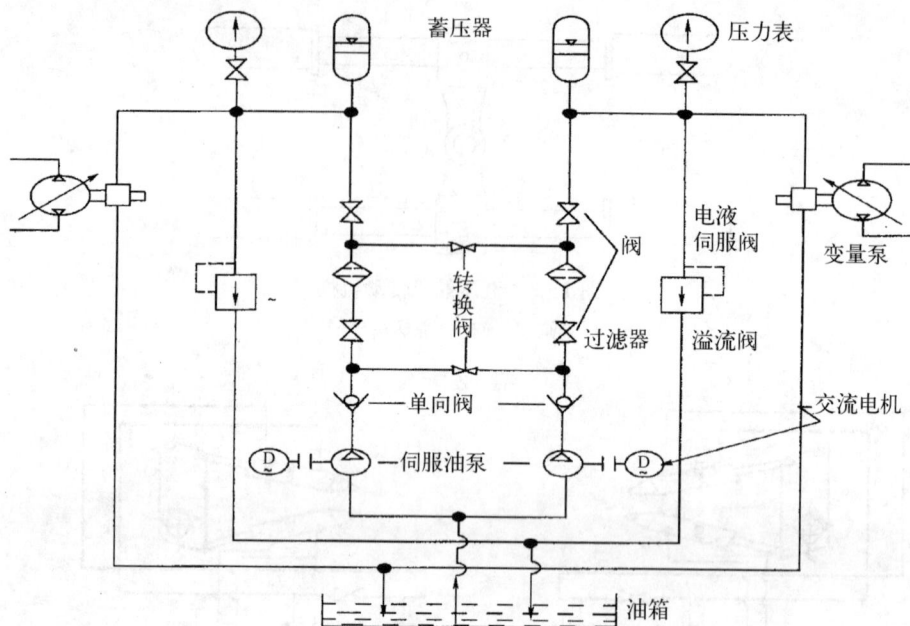

图 7‐5　压舵机的伺服系统简图

缸及舵叶皆处于零位。当自动操舵仪送来左舵信号时,电液伺服阀工作,它使变量泵的右边管路排油,经液动阀,压力油经左边管路通过阀 2 进入左阀箱 (1‐8在一个阀箱内),然后分成两路:一路经阀 4 和 6,进入 1 号液压缸的左边和Ⅲ号液压缸的右边,使左舵叶向左转舵;另一路经两阀箱之间的连接管,进入右阀箱,分别经阀 3′和 5′进入Ⅱ号液压缸的左边和Ⅳ号液压缸的右边,使右舵叶也转左舵。由于两舵柄间有拉杆连接,故能保证量,舵叶同步转动。Ⅰ、Ⅱ、Ⅲ和Ⅳ经液动阀回到变量泵的吸入口。两个阀箱的其余阀都是关闭的,因此右机组不工作,有液动阀的隔离,压力油不会进入右边的变量泵,而使之变成油马达转动。即空转。

当舵角转到 35°舵角时,限位阀被舵柄顶开,由于其管路粗而短,阻力很小,使变量泵排出的压力油通过限位阀和单向阀回到变量泵的吸入口,而不再进入液压缸,也就是说此时变量泵与单向阀和限位阀之间直通,使变量泵的压力油出口与它的吸口间形成回路,相互间压力平衡,舵就不再转动。当反向转舵时,由于有单向阀存在,压力油不能通过开启的限位阀而是直接送入液压缸,使舵叶反转。

从上述主油系统的工作过程我们可以清楚地发现舵机在日常工作中,可以通过阀箱的转换,不但可以单机工作,也可以双机同时工作。并且当任何一个液压缸发生故障时,可以将它从系统中断开不用,而不致影响其他液压缸的工作。在图 7-4 中有一些安全保护装置及压力表等,在图中都没有画出。

图 7-5 为伺服系统原理图。

前面我们已介绍过,所谓伺服系统是专供电液伺服阀工作油的系统。参照图发现,伺服油泵由交流电动机拖动,该电机也就是我们所称的主泵电机。它排出的压力油经单向阀、过滤器、蓄压器的电液伺服阀,然后再回到油箱。

溢流阀用来限制系统的油压力,使油压不超过额定值。当压力超过额定值时,溢流阀自动开启而溢流,使压力恢复到额定压力范围。

蓄压器的作用是使油路的压力稳定,对压力的脉动冲击起缓冲作用。

下面介绍一种在我们平时工作中较常见的由电磁阀作为控制组件的液压系统动作过程。

图 7-6 为系统动作原理图。从图中可以看出,两个舵叶通过一套连杆机构和液压缸中的柱塞相连接,而柱塞可在油缸中左右移动。当右边油缸中通

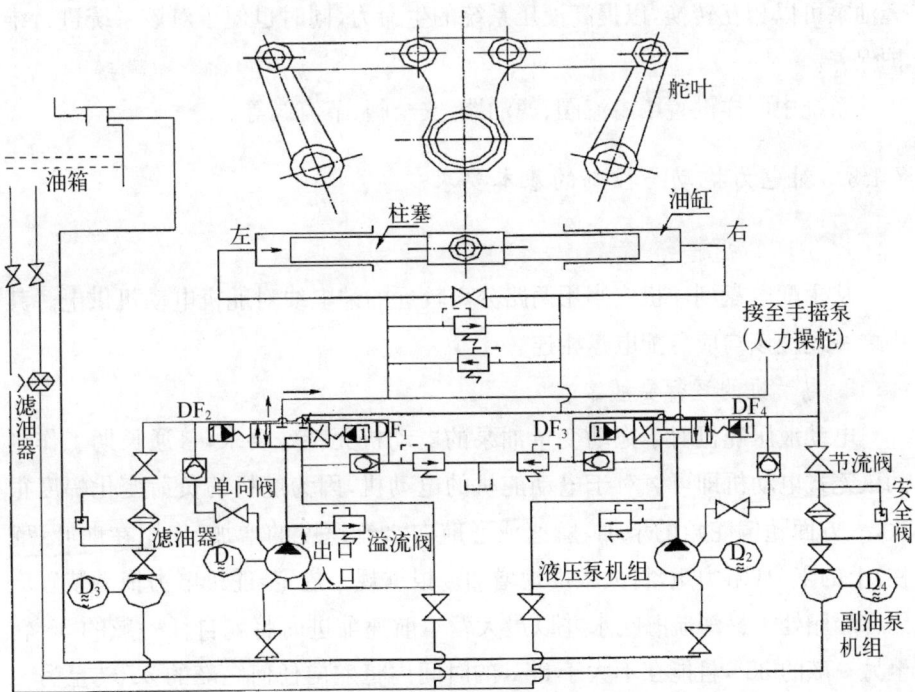

图 7-6　液压系统动作原理图

入压力油时,柱塞便向左移动,它带动舵叶向左舷转动(转左舵)。反之如果左边油缸中通入压力油,则柱塞带动舵叶向右舷转动(转右舵)。压力油由油泵供给,油泵由电动机带动,油泵打出的高压油通过管路送到液压缸,组成液压系统。由图 7-6 中可以看出,油泵产生的高压油,经过电磁阀与油缸相通。

电磁阀是一种三位四通电磁阀,它有两个电磁阀圈,在通常情况下(即电磁阀圈不通电)油路不通。而当 DF_2 线圈有电时,油路直通,此时,压力油将通入左边的液压缸,推动柱塞向右移动,而右液压缸中的油则经过电磁阀另一通路回到油泵的进口,再经油泵把油从出口打出(变成压力油,系统此时转右舵)如果 DF_1 线圈有电,电磁阀管路交叉接通,此时,油泵送出压力油将通入右边液压缸,而左边液压缸内的油则经电磁阀回到油泵的进口处,系统转左舵。

DF_1、DF_2 两线圈的动作过程分别使舵叶向左或向右转,DF_3、DF_4 两线圈的动作过程与其对应相似参照图自行分析,此不再赘述。

电磁线圈是由可控硅控制的,也即由系统的偏差信号来控制的。

该液压系统中有两套油泵,各有一个三位四通电磁阀控制其供油方向,两套油泵可以相互转换,以提高液压系统的生命力,同时也便于对该系统进行维护保养。

系统中同样设置了溢流阀、滤油器、安全阀、节流阀等。

7.1.3 对电力拖动与控制的基本要求

1. 供电要可靠

从主配电盘到舵机应当用两路分离较远的馈电线对舵机电动机供电。其中之一还应该与应急配电盘相连。

2. 电动机的运行要可靠

电动液压舵机对于拖动变量油泵的电动机无特殊要求,普通长期工作制的鼠笼式电动机即可。对于电动舵机的电动机,因为舵机的负荷变化幅度很大,一方面随偏舵角的增加,航速或逆航向水流速度的增加,作用在舵叶(舵柱)上的阻力(阻力矩)将大幅度地增加。根据规范规定,舵机电力拖动装置应能在船舶处于最深航海吃水并以最大营运航速前进时将舵自任一舷的 35° 转至另一舷的 35°,且能在不大于 28 s 的时间内将舵向任何一舷的 35° 转至另一舷的 30°。另一方面,船舶在复杂的海域,恶劣的天气(例如狭窄水道、冰区、大风浪等)条件下航行时,舵叶很有可能被卡住,使电动机发生堵转。按规范要求,电动机堵转时间应能持续 1 min 以上,仍不致将电动机烧坏。为此,要求电动机具有软的机械特性和足够大的过载能力。

为满足上述要求,在交流船舶上,电动舵机几乎均选用变流机组供电的 G－M 系统。其中直流发电机 G 采用差复励方式,使直流电动机 M 获得适应于舵机要求的软机械特性。此外,由于航行中舵叶偏转十分频繁,电动机起停次数达每小时 400～600,因此常选用重复短时工作制电动机。

3. 控制系统要可靠

舵机电力拖动装置至少有两个控制站,驾驶台和舵机舱各一个,控制站之间要有转换开关,以防同时操作。驾驶台的主操纵站在现代化船舶上都装有自动操纵系统(即向动操舵仪)、随动操纵系统(又叫舵轮操舵)和应急操纵系统(俗称香蕉柄操舵)三种操纵装置。

操纵控制系统中应设置舵叶偏转限位(左、右 35°)开关和失压自动报警装置,使用自动操舵仪时,还应设置偏舵极限角自动报警装置。

7.2　操舵方式及基本工作原理

无论是电动还是液压舵机,其操舵方式一般分为单动操舵,随动操舵和自动操舵三种。

7.2.1　单动操舵的工作原理

单动操舵是在自动操舵及随动操舵都不能使用的应急情况下提供的一种操舵方式,也叫应急操舵。图 7－7(a)所示的是 G－M 系统电动舵机的单动操舵原理图。G 为差复励发电机,M 为执行电动机,J 是发电机 G 的励磁机,控制励磁机的励磁,即可控制舵叶的偏转。K_1 和 K_2 为操舵手柄或按钮控制的触点,ZD_1 和 ZD_2 为舵机限位开关。

当船舶向左偏离航向时,可将操舵手柄右扳,使 K_1 闭合,励磁机 J 得到某一极性的励磁,G 将发出某一极性电压,执行电动机 M 向某一方向转动,舵叶向右偏转。通过舵角指示器可观察舵角大小。当接近所要求的偏舵角时,松开手柄,触点 K_2 断开,电动机 M 停转,则舵叶停留在所希望的某个右偏舵角上。

船舶在右偏舵的作用下向原航向恢复时,必须把操舵手柄向左扳,K_2 闭

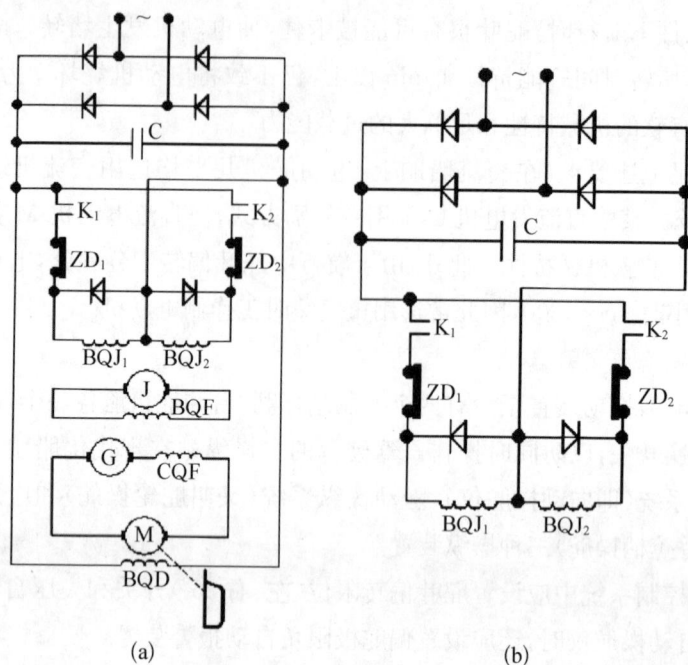

(a)   (b)

图 7-7　单动操舵原理图

合,J 得到另一极性的励磁,G 发出相反极性电压,M 反方向旋转,使舵叶向首尾线方向回转。

由此可见,单动操舵特点为:手扳舵转,手放舵停;左舵左扳,回舵右扳;右舵右扳,回舵左板。

这里执行电动机 M 是转舵的动力,称为执行机构,但执行机构不一定都是电动机。对于电压分配阀式液压舵机,单动操舵的手柄触点可直接去控制油路电磁阀 BQJ$_1$、BQJ$_2$ 的通断,来达到转舵的目的,如图 7-7(b)所示。其中 BQJ$_1$ 和 BQJ$_2$ 是三位四通油路电磁阀。

归结起来,单动操舵控制可用图 7-8 所示的方框图来表示。在操舵控制信号较弱时,不足以直接推动执行机构工作,或即使能推动工作,但其灵敏度太低,故必须加放大环节。图 7-7(a)所示是励磁机 J 和发电机 G 组成的实用级放大环节。

图 7-8　单动操舵方框图

7.2.2　随动操舵的工作原理

随动操舵是按偏差原则进行调节的操舵自动跟踪系统,被调对象是舵,被调节量是舵角。它具有使舵叶角度与操舵手轮位置自动同步的特点,即操舵手轮转至某一所需角度时,舵叶相应地偏转到同一角度后自行停止。

图 7-9 所示的是一种电桥平衡式随动操舵原理图。

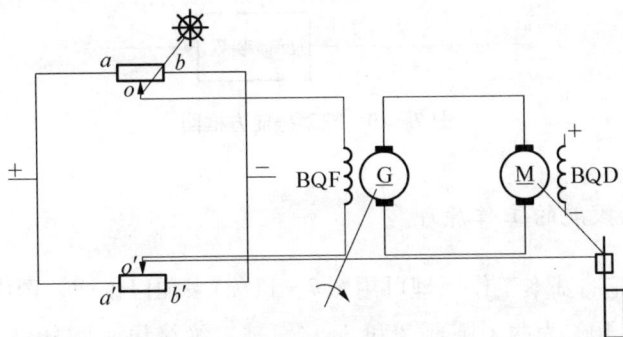

图 7-9　随动操舵原理图(电桥式)

当操舵在零位,舵叶在首尾线上时,电桥上两个电位器的滑动触点处在等电位点 o 和 o' 位置,发电机 G 无励磁,执行电动机 M 停止不动。当手轮转过某一角度时,操纵电位器上的滑动触点从 o 点向 a 点方向移动一段距离,电桥平衡被破坏,oo' 出现电位差,它作为输入发电机 G 的控制信号,使发电机 G 输出一定极性电压,执行电动机 M 转动,使舵叶向某一方间偏转。在舵叶偏转的同时,又带动反馈电位器的滑动触点从 o' 点向 a' 点方向移动,发出反馈信号。直到电桥又重新处于平衡状态,oo' 电位差为零时,电动机 M 便停止转动,这时舵叶处在与操舵手轮相对应的角度位置上。

如要回舵,则将操舵手轮扳回零位,操舵电位器滑动触点重新返回 o 点,电桥相对平衡又破坏,oo' 电位差极性变反,发电机 G 得到相反方向的励磁,输出相反极性的电压,使电动机向另一方向转动,航叶向首尾方向回舵,反馈电位器的滑动触点也返回 o' 点,电桥重新平衡,电动机 M 停止转动。改变操舵手轮的转动方向,便可以改变电动机和舵叶的偏转方向。

随动操舵一般规律的方框原理图为图 7-10 所示,它是一个闭环跟踪系统,以实现舵角的自动追随。图中的比较环节种类很多,如电桥式,电阻式,运算放大器,等等。执行机构也因不同的舵机型式而异。例如在双向变量泵拖动的电液舵机中,执行机构则由伺服电动机和双向变量泵构成。

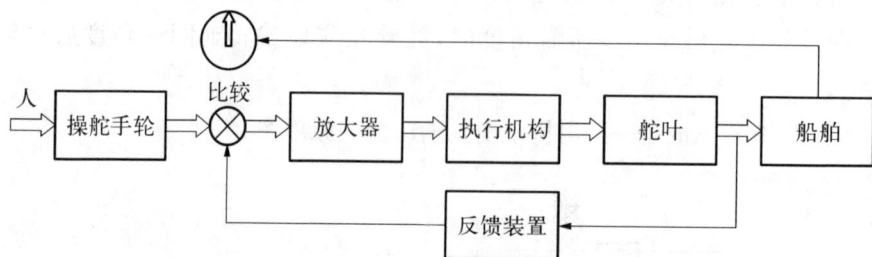

图 7 - 10   随动操舵方框图

7.2.3   自动操舵的工作原理

自动操舵的基本工作原理可用图 7 - 11(a)来加以说明。图中 M 为执行电动机,操舵开关为两半圆环 2 和 3,它们被一绝缘块 4 所分离。两半圆环与舵角反馈装置机械相连,滚动触头(滚轮)1 与航向接收器机械相连。航向接收器与电罗经发讯器是同步传递。当船舶偏离预定航向时,通过电罗经发讯器使航向接收器也转动同一个角度,滚轮 1 与左或右圆铜环接触,使接触器 J_1(或 J_2)动作,电动机正转或反转,拖动舵叶向某一舷偏转,由于采用舵角反馈,故当舵叶偏转时,半圆环也朝滚轮滚动方向进行跟踪,在船舶偏离航向最大时,半圆环赶上滚轮,使滚轮处在绝缘块上,接触器断电,电动机停止转动,因而最大偏舵角发生在船舶偏航角最大的时候。船舶在舵的作用下回航时,电动机反转,舵叶向首尾线方向回转,半圆环又开始向滚轮运动方向跟踪。当船回到预定航向时,半圆环追上滚轮,使滚轮处在绝缘块上,电动机停转,此时舵叶恰好在首尾线上。这样,使船舶始终在预定航向上航行。

图 7 - 11(b)所示的是自动操舵的各个工作阶段。

第 I 阶段:船沿预定航向航行,滚轮在绝缘块上,电动机不工作,舵叶在首尾线上。

第 II 阶段:船向右偏航,滚轮与左半环接触,电动机转动,使舵向左偏转。半圆环开始向滚轮运动方向跟踪。

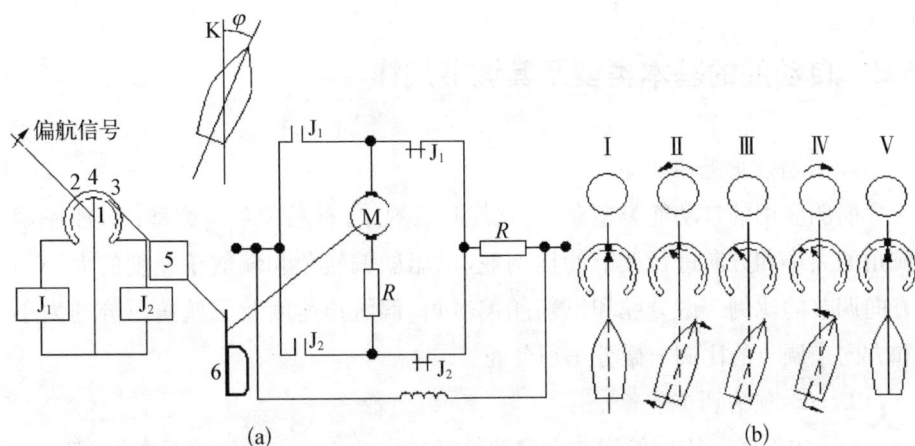

图 7‑11　自动控制舵原理图

第Ⅲ阶段：船的偏航角达最大值，半圆环追赶上滚轮，又使滚轮位于绝缘块上，电动机停止转动。此时偏舵角亦为最大值。

第Ⅳ阶段：船在舵的作用下向原航向回转，逐渐接近于预定航向。滚轮与右半环接触，电动机反向转动，舵叶朝首尾线方向回转，半圆环也开始向滚轮方向跟踪。

第Ⅴ阶段：船回到原航向上，半圆环追赶上滚轮，滚轮又处于绝缘块上，电动机停止转动。舵叶回到首尾线上。

上述自动操舵的原理是按照船舶对航向的偏离角度来控制船舶的航迹，其操舵系统实际上是在随动操舵的基础上省去手轮，加上航向反馈而形成。它的原理框图如图 7‑12 所示。很明显，系统的调节对象是船，被调节量是航向。由图分析，自动舵系统是一个双闭环系统。内环是舵角反馈，实现舵角的自动追随；外环是航向反馈，实现对船舶偏航的自动调整。

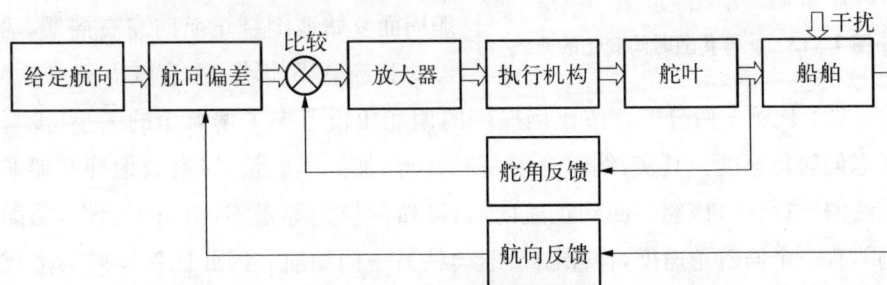

图 7‑12　自动操舵方框图

7.3　自动舵的基本类型及其调节规律

1. 自动舵的基本类型

船舶应用的自动舵类型众多,究其调节规律,有三种基本类型:以船舶偏航角的大小和方向进行调节的比例舵,以船舶偏航角和偏航角速度的大小和方向调节的比例—微分舵和以船舶偏航角、偏航角速度及偏航角积分的大小和方向来调节的比例—微分—积分舵。

2. 自动舵的调节规律

(1) 比例舵。比例舵调节中偏舵角 β 与偏航角 φ 成比例关系变化,即

$$\beta = -K_1\varphi \tag{7-1}$$

式中,K_1 为比例系数;负号"—"表示偏舵的方向是消除偏航。

图 7-13 画出了 φ 与 β 随时间变化的对应曲线关系,图中 φ 和 β 分别用正弦波来表示。

从图 7-13 的曲线对应关系可看出,航向发生 φ 偏航,操舵仪就操纵舵机使舵叶偏转 $\beta = -K_1\varphi$ 角度。参数 K_1 可以根据船舶载重量,天气状况进行调整。一般调整范围在 0.5~4。船舶因风浪等影响引起偏航时,采用比例舵操舵有纠正偏航的能力。但是它使船舶周而复始地围绕正航向左右摇摆,船舶的航迹呈"S"形振荡,衰减很慢。

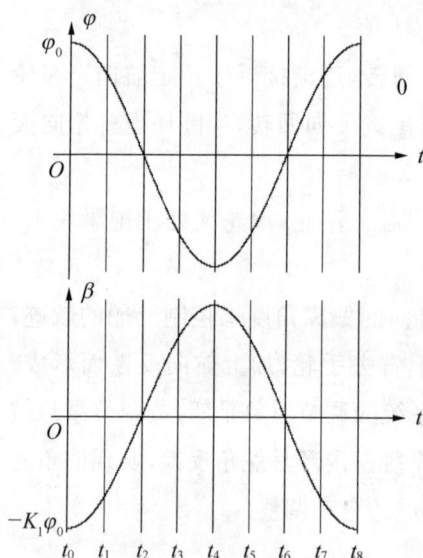

图 7-13　φ 与 β 随时间变化的曲线

(2) 比例—微分舵。按比例操舵的偏舵角仅考虑了偏航角的大小,没有考虑偏航角速度。其实,偏航速度高时,应当加大偏舵角,以有效地抑制船舶继续偏航;另外,该船回到正航向后,虽然偏航角等于零,但由于惯性,船舶仍然有一个偏航角速度,使船舶又继续朝另一侧偏航。因此比例操舵会造成船舶沿航向作 S 形航行。比例—微分舵就是为解决这个问题而产生的。它的

调节规律符合关系式

$$\beta = -\left(K_1\varphi + K_2\frac{\mathrm{d}\varphi}{\mathrm{d}t}\right) \tag{7-2}$$

式中，K_2 为微分系数；$\dfrac{\mathrm{d}\varphi}{\mathrm{d}t}$ 为偏航角速度，亦即偏航变化率。

图 7-14 画出了比例—微分舵角随时间变化的曲线。从曲线可以看出，它与只有比例舵的操舵系统相比较，舵角关系在时间上超前了。当船舶受到风浪的影响发生偏航时，由于偏航速度大，产生 $-K_2\mathrm{d}\varphi/\mathrm{d}t$ 也大，使开始偏航的一段时间产生的舵角增大了；在船舶回航的时候，由于 $\mathrm{d}\varphi/\mathrm{d}t$ 变号，所以又增加了回舵，使舵角提早减小，这样对船舶产生了一个很好的制动作用。当舵还未回到正航向之前，由于 $-K_2\mathrm{d}\varphi/\mathrm{d}t$ 的作用，舵角已提前变号，在船舶回到正航向时，它已产生了足够大小的反舵角，这对于克服由于船舶惯性向另一侧摆动很有好处，能够使航向偏摆迅速

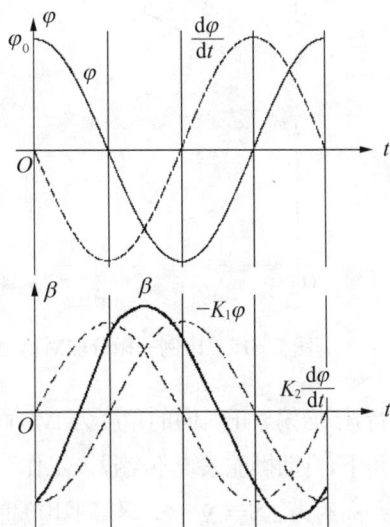

图 7-14　比例微分舵角及其合成曲线

减小，使船舶比较快地稳定在正航向上。这类自动舵在调节规律中增加了航向变化率的因素，加快了船舶的给舵速度，能更好地克服船舶的回转惯性，提高了维持航向的精度。

但是如果比例系数 K_1 与微分系数 K_2 选择不当，也将影响航行质量。例如，当载荷增加而船速减慢时，相对于 K_1 把 K_2 的值调得过小，则比例舵的效果就比微分舵的效果大，所以船舶以正航向为中心，左右摇摆，逐渐衰减，最后停止在正船向上，如图 7-15(a)所示。反过来，相对 K_1 把 K_2 调得过大，则微分舵的效果更明显，因而航向不发生摇摆，航迹呈现过阻尼现象，船舶长时间不能恢复正航向。如图 7-15(b)所示。在不同的航行工况下，如何适当选择 K_1 和 K_2 数值，需通过实践，常常是靠经验来调整 K_1 和 K_2。

（3）比例—微分—积分舵。由于潮流、波浪、风向、推进器特性、船舶装载的非对称性等原因，使航行中的船舶朝一侧持续小偏航。假设船以速度 V 航

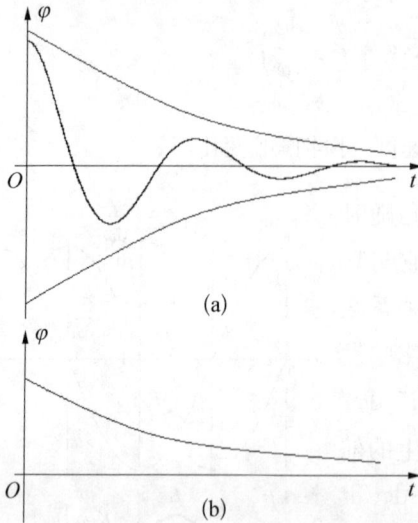

图 7-15　比例—微分舵对偏航角的影响　　图 7-16　偏航时的积分作用

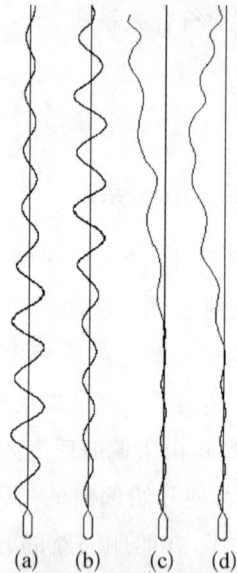

行,平均偏离正航向的角度为 $\Delta\varphi$,而这一偏航角在不灵敏区内,换言之,在此偏航角下,自动操舵系统不会投入工作。经过时间 t 后,船舱位置离开了给定正航向的距离约为 $\Delta S = \Delta\varphi vt$ 。尽管平均偏航角 $\Delta\varphi$ 很小,但累积时间久了船舶偏航会十分明显。为此以提高航向调节的精度,减少、甚至消除静态误差,在比例—微分舵的基础上,设置积分调节,亦即比例—微分—积分舵。它满足下面的关系式。

$$\beta = -\left(K_1\varphi + K_2\frac{d\varphi}{dt} + k_3\int\varphi dt\right) \qquad (7-3)$$

式中,K_3 为积分系数; $\int\varphi dt$ 为偏航积分。

　　偏航积分调节主要用以校正操舵系统死区以内的小偏航角引起的平均航向偏离。

　　如果由于某种原因引起船舶的瞬时偏航,后来立即消失,因为作用时间短,不影响整个航向,所以对其平均航向没有偏移,无需发出校正动舵信号,如图 7-16(a)所示。

　　有时候在船舶给定的航向两侧均匀摇摆,经过比较长的时间后,其平均航向仍在正航向上,因此也无需使舵动作,如图 7-16(b)所示。

　　只有当船舶在偏航死区内左右摇摆不均匀,平均航向如图 7-16(c)所示偏离正航向一侧,且又持续了很长一段时间,于是偏航积分环节发出信号,予以校正。

图 7-16(d)所示为平均航向发生偏移,积分校正器工作后,船舶返回正航向的情况。

"比例—微分—积分"调节系统是比较完善的自动舵,但系统构造较复杂。有的自动舵以"压舵"环节了替代上述的积分环节,从而使控制系统得到简化,所谓"压舵",指的是船舶航行受到持续的单侧横向力的干扰(如风浪、推进器、船舶装载不对称等),使船舶形成向某一侧的小偏航。估计这种情况可能发生,则在自动舵放大环节的输入端加入某一极性的固定信号,这样产生一个相应的固定偏舵角,对船舶形成一个固定的转船力矩,用以平衡单侧横向干扰力。这一固定大小的舵角称之为压舵角。

7.4　自动操舵系统基本要求和工作原理

7.4.1　自动操舵系统基本要求

在给定的航向上,为使船舶以足够的精度安全航行,自动舵必须具有以下的基本要求:

1. 自动操舵性能良好

当船舶偏离给定航向一定角度(超过系统灵敏度所整定的角度)时,系统应立即工作,使舵叶偏转一定的角度,这个初始转舵角叫做一次偏舵角。初始舵角应有适当的数值,如果过大会降低船舶航行速度,过小则产生的转船力矩不足以使船舶回到正航向来。如果给出初始偏航舵角后船舶仍然偏离预定航向,自动舵必须保证有附加舵角(二次舵偏舵)。

上述要求,实质上是选择比例舵的比例系数问题。此外,在自动舵中还应具有微分和积分(或压舵)校正环节,其目的是使自动舵在调节过程中具有良好的动态性能和静态性能。

2. 具有必要的调节装置

为了使同一型号的自动舵装置能够适用于不同的排水重,装载量,航速及舵机拖动装置的船舶上,并能适应各种天气、海况,在自动舵系统中应有如下的基本调节装置:

(1)灵敏度调节(俗称天气调节)。灵敏度是指系统开始投入工作时的最小偏航角。它视天气、海况而定。在风平浪静时,灵敏度要调高一些;在大风大浪下,应适当降低自动舵的灵敏度,以减少动舵次数。

(2) 舵角比例调节。偏舵角与偏航角之比(即 K_1 的数值)的大小,直接影响自动舵给出的一次偏舵角和二次偏舵角的数值,因此要根据船型、装载,行速等情况调节舵角比例,以获得一个合适的舵角比。

(3) 反舵角调节。偏航中的船舶在自动舵的作用下回复到正航向时,舵叶应先回到首尾上,然后再向另一舷偏过一个小角度,以防止船舶因惯性力而继续向另一侧偏航,这个预先的偏舵角称之为反舵角(又称制动舵角,稳舵角,纠偏舵角),应根据船型、装载、天气等情况进行调节。反舵角可以由微分环节,来实现。反舵角调节主要调节微分系数 K_2 又称微分调节。

(4) 压舵调节。为了纠正船舶由于受到单侧风浪、水流等因素影响而引起的不对称偏航单侧偏航,自动舵中应当设有自动压舵/人工压舵的调节装置。在具有航向积分环节的自动舵中,则设有积分调节,主要调节积分系数 K_2。

(5) 航向调节。应能保证在不断开自动舵系统的情况下,通过航向调节来改变船舶的给定航向,使船舶在新的预定航向上航行。航向的修正也可以通过此调整装置进行。

各种自动舵系统,由于自动操舵仪使用元件不同,调整方法可能有差别,但它们的作用相同。

3. 应设有随动、单动等操舵设备

在船舶进出港、或遭到紧急情况以及操舵失灵,能立刻转换为其他形式的操舵,如随动操舵或单动(应急)操舵,以保证船舶航行的可靠性。

此外,自动舵还应设有双电源,双机组等换转装置。

7.4.2 自动操舵系统的工作原理

实际船舶自动舵的型号繁多,结构相异,但都由上面阐述的一些基本环节组成。下面试以国产 HQ-5 型自动操舵仪为例介绍自动舵装置的结构功能。

1. 系统的组成

HQ-5 型自动舵系统基本上由驾驶室主操舵台,舵机房简易操舵台,伺服机构,反馈装置和电源箱等组成。它的单动(应急)操舵、随动操舵和自动操舵三种操舵方式,可根据船舶航行中的具体情况加以择用。自动操舵采用比例—微分调节,并设有压舵环节。系统的原理方框图如图 7-17 所示。

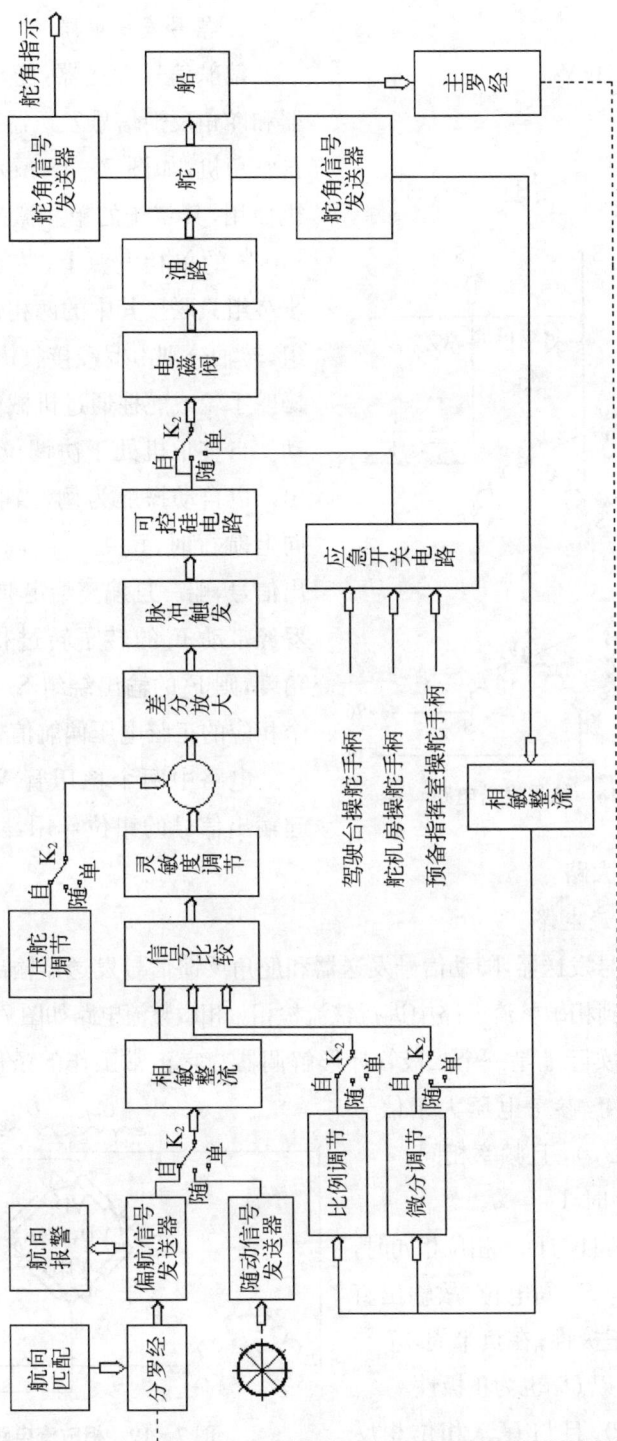

图 7 - 17　HQ - 5 型自动舵原理方框图

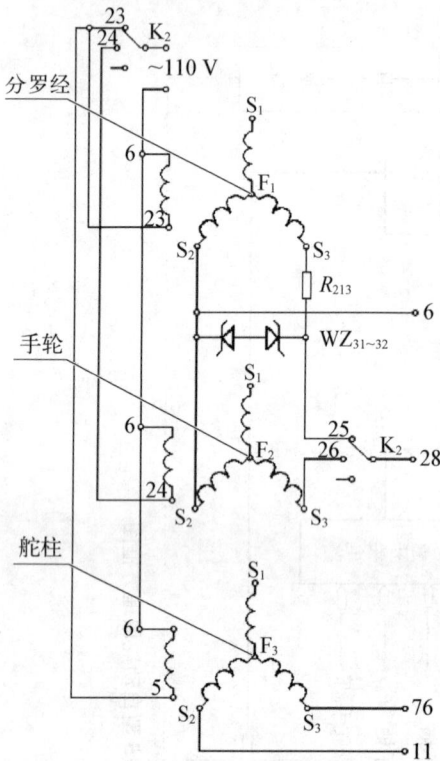

图 7-18 信号发送电路

大堵塞后级放大路。

3. 相敏整流电路

由偏航信号发送器,随动信号发送器和舵角反馈信号发送器输出的交流信号电压分别送到相敏整流电路中进行整流检相。相敏整流电路如图 7-19 所示。

这个电路实际上是一个二极管环形解调器。它正常工作的条件是:元件对称,桥臂平衡,参考电压大于信号电压 ($U_{ref} > U_S$),且频率相同。

当 $U_S = 0$ 时,$U_0 = 0$。

当 $U_S \neq 0$,且与 U_{ref} 相位相同时,在正半周,29 与 S_2 同电位,故输出直流电压 U_0 为正极性;在负半周,27 与 S_2 同电位。所以 U_0 也为正极性。

当 $U_S \neq 0$,且与 U_{ref} 相位相反

2. 信号发送电路

偏航信号发送器,随动信号发送器和舵角反馈信号发送器都是控制式自整角机,如图 7-18 所示。它们单机使用,其定子的单相激磁绕组接到 110 V 的单相电源上,转子的三相整步绕组只联接其中的两相作出输出绕组,转轴分别由罗经接收机(分罗经),操舵手轮或舵柱通过机械传动装置带动。自整角机处于协调位置时,无输出。以自动操舵为例,当船在给定航向上航行时,F_1 处于协调位置,无输出信号,船一旦偏离给定航向,于是分罗经带动 F_1 的转子转过相应的一个角度,则 F_1 的输出绕组 S_2-S_3 输出一个相应的正弦电压偏航信号。

电路中两个稳压管 WZ_{31}、WZ_{32} 起输出信号的钳位作用,防止信号过

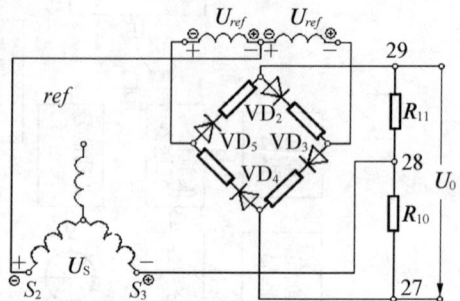

图 7-19 相敏流电路

（差180°）时，在正半周，27 与 S_2 同电位，故 U_0 为负极性；在负半周，29 与 S_2 同电位，所以 U_0 同样为负极性。

相敏整流电路具有鉴别信号发送器送来的交流信号相位的功能。

4. 信号比较、压舵环节和直流放大电路

如图 7 - 20 所示，经过相敏整流后输出的指令舵角信号 U_φ 和舵角反馈信号 U_β 加在电阻 R_{10}、R_{11} 与电阻 R_{12}、R_{13} 上。R_{10}、R_{11}、R_{12}、R_{13} 构成了信号比较电路，输出电压为 $U_0 = U_\varphi + U_\beta$。显然，只有当指令舵角与实际舵角相等时，$U_\varphi$ 才与 U_β 大小相等，极性相反，$U_0 = 0$，舵叶才停止转动。

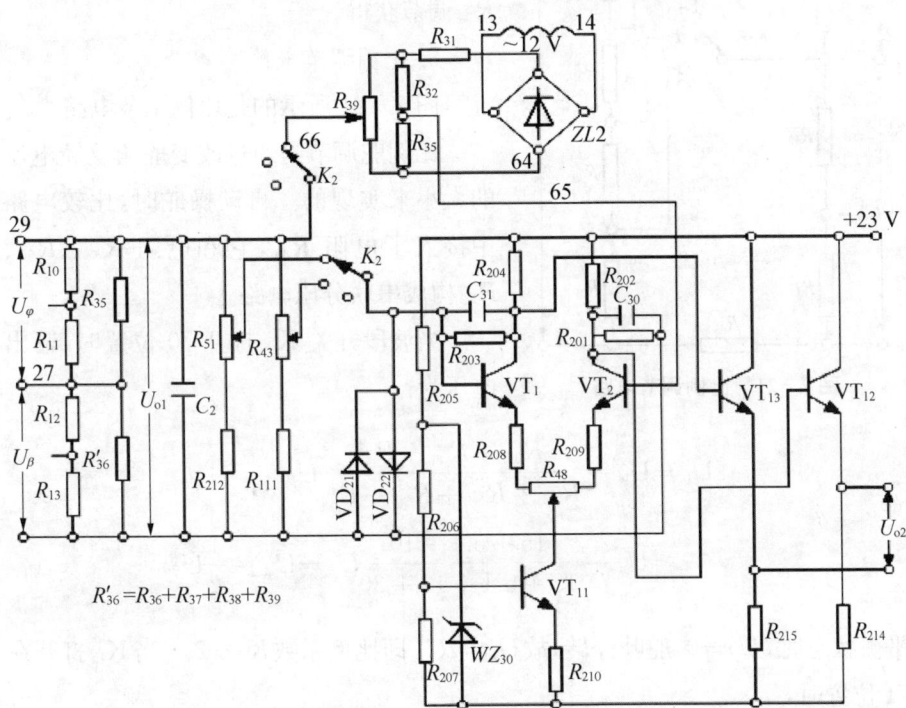

图 7 - 20　信号比较和直流放大电路

晶体管 VT_1、VT_2 与 VT_{11}、电阻 R_{202}、$R_{204} \sim R_{210}$、稳压管 WZ_{30}、电位器 R_{48} 等组成具有恒流环节、零点可调的差分放大电路。由比较电路输出的信号电压 $U_{出}$ 经电容 C_2 滤除高次谐波，又经二极管 VD_{21}、VD_{22} 的双向限幅，以差值方式输入到 VT_1、VT_2 管的基极，又以差值方式从 VT_1、VT_2 管的集电极输出。由于后级是脉冲形成电路，为了避免它对差分放大器工作的影响，所以用 VT_{12}、VT_{15} 管组成的射极跟随器加以隔离。

R_{51}、R_{212}和R_{43}、R_{111}分别组成自动操舵和随动操舵时的灵敏度调节电路。它是根据串联分压原理工作的,调节电位器R_{51}、R_{43},就可调节系统的灵敏度。

自动操舵时的压舵环节是在差分放大器的输入端加入某一极性固定的直流信号电压来实现的。电阻R_{32}、R_{35}和电位器R_{34}组成了压舵电路,它实际上是一个直流电桥。调节电位器R_{34}则电桥将有三种输出情况,即输出为零,或输出为正极性压舵电压信号,或输出为负极性压舵电压信号,压舵信号的大小,亦由电位器R_{34}调节获得。

5. 比例调节电路

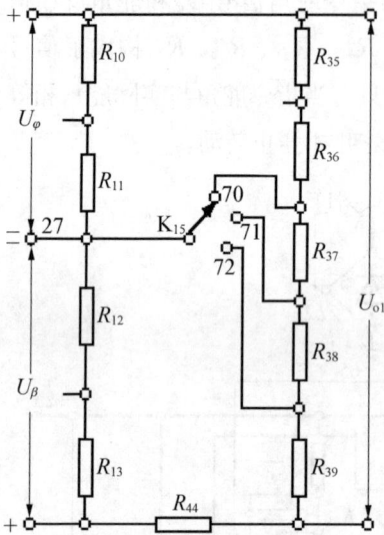

图 7-21 所示的是比例调节电路。

比例舵调节是通过改变舵角反馈电压的大小来实现的。自动操舵时,比较电路中接入了电阻R_{44},它和电阻R_{37}、R_{38}、R_{39}构成串联分压电路。

当波段开关K_{15}打开 70 位置时,输出电压为

图 7-21 比例调节电路

$$U_0 = U_\varphi - \frac{R_{37} + R_{38} + R_{39}}{R_{37} + R_{38} + R_{39} + R_{44}} U_\beta$$

$$= U_\varphi - \frac{15 + 5.1 + 10}{15 + 5.1 + 10 + 30} U_\beta = U_\varphi - \frac{1}{2} U_\beta$$

平衡状态时,$U_\beta = 0$,舵叶停转,故$U_\beta = 2U_\varphi$ 即比例系数$K_1 = 2$。当K_{15}打开在 71 位置时,

$$U_0 = U_\varphi - \frac{R_{38} + R_{39}}{R_{38} + R_{39} + R_{44}} U_\beta = U_\varphi - \frac{5.1 + 10}{5.1 + 10 + 30} U_\beta = U_\varphi - \frac{1}{3} U_\beta$$

即比例系数$K_1 = 3$。当K_{15}打在 72 位置时

$$U_0 = U_\varphi - \frac{R_{39}}{R_{39} + R_{44}} U_\beta = U_\varphi - \frac{10}{10 + 30} U_\beta = U_\varphi - \frac{1}{4} U_\beta$$

即比例系数$K_1 = 4$。

6. 微分调节电路

HQ-5 型自动操舵仪中,微分调节电路是通过在舵角反馈信号电路中接入 RC 积分电路来实现主通道的微分调节的,如图 7-22(a)所示。(a)图可以等效成(b)图。

$$1C = C_{22} \qquad\qquad 1R = R_{123} + R_{128}$$
$$2C = C_{21} + C_{22} \qquad\qquad R = R_{128}$$
$$3C = C_{20} + C_{21} + C_{22} \qquad\qquad 3R = R_{128}$$

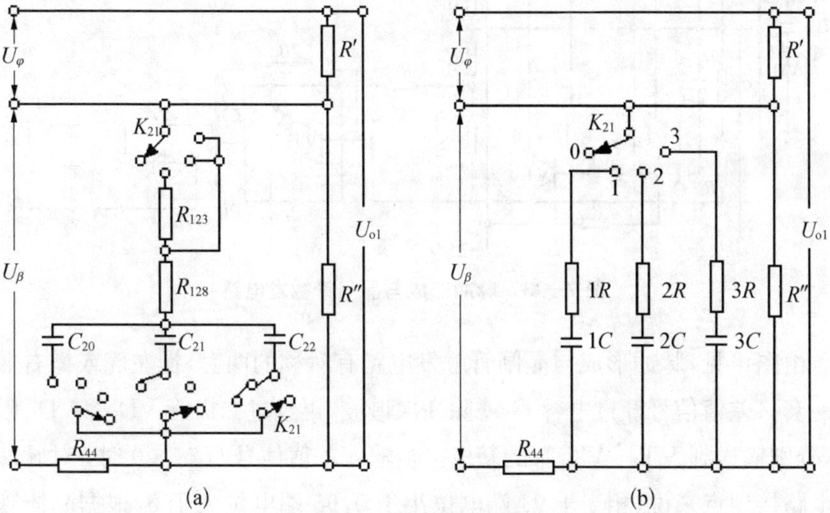

图 7-22　微分调节电路

在"0"档(K_{21} 置 0 位),微分调节电路不接通。在"1"档(K_{21} 置 1 位),微分系数为

$$K_2 = \tau_1 = 1C \times (R_{44} + 1R) = 50 \times 10^{-8} \times (30$$
$$+ 10 + 4.7) \times 10^3 = 2.24(秒)$$

在"2"档(K_{21} 置 2 位),微分系数为

$$K_2 = \tau_2 = 2C \times (R_{44} + 2R) = (50 + 50) \times 10^{-6}$$
$$\times (30 + 4.7) \times 10^3 = 3.47(秒)$$

在"3"档(K_{21} 置 3 位),微分系数为

$$K_2 = \tau_3 = 3C \times (R_{44} + 3R) = (50 + 50 + 100) \times 10^{-6}$$
$$\times (30 + 4.7) \times 10^3 = 6.94(秒)$$

显然,"3"档时微分效果最强。

7. 脉冲形成与晶闸管触发电路

如图 7-23 所示,直流放大电路输出的差值信号有三种情况:$U_差 = 0$,对应于停舵的情况;$U_差 > 0$,对应于操左舵的情况;$U_差 < 0$,对应于操右舵的情况。

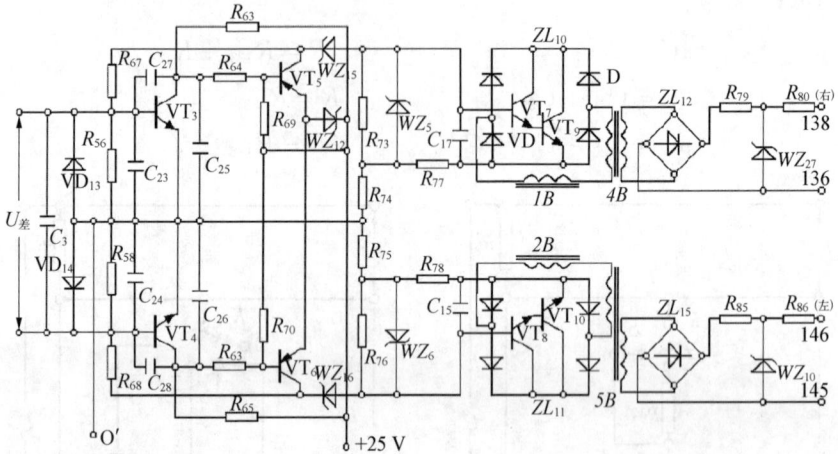

图 7-23 脉冲形成与晶闸管触发电路

由图可见,脉冲形成与晶闸管触发电路有对称的两套,操左舵或操右舵各用一套。差值信号经过电容 C_3 滤除高次谐波,再经过二极管 VD_{13}、VD_{14} 限幅后,分别输送到 VT_2、VT_4 管的基极。当输入差值信号 $U_差 > 0$ 时,对脉冲形成电路接地点来说,相当于 94 端电位小于 0,95 端电位大于 0,根据晶体管导通条件,VT_3 导通,VT_4 截止。VT_3 导通后,集电极电位降低,经过 R_{64}、R_{69} 分压,造成 VT_5 的基极电位低于其发射极电位,于是 VT_5 立即导通。由于构成了 R_{67} 对 VT_3 管的并联正反馈,使上述导通程度加剧,很快达到饱和状态,形成输出端的继电特性,即在电阻 R_{73} 上输出一个前沿陡峭的正脉冲。

稳压管 WZ_{12} 提供了管 VT_5 的发射极基准电位,只有当基极输入电位低于此基准电位时,管 VT_5 才能导通,从而提高了管 T_5 的抗干扰能力。稳压管 WZ_{15} 仅影响输出信号幅度,作用不大,一般可以省略。

复合管 VT_7、VT_9,整流桥 ZL_{10},变压器 4B 的原边绕组等组成了交流开关电路。1B 副绕组提供了 28 V 的交流电源。当电阻 R_{73} 上输出一个正脉冲时,复合管 VT_7、VT_9 饱和导通,变压器 4B 中有交流电流通过,其副边输出交流电压,经过整流桥 ZL_{12} 整流,稳压管 WZ_7 限幅,得到了触发晶闸管 SCR_2 导通的正脉冲。SCR_2 触发导通后,右舵电磁阀打开。通过执行整置,使舵叶右转。若电阻 R_{73} 上无输出正脉冲.则复合管 VT_7、VT_9 截止,4B 中无交流电流通过,晶闸管触发脉冲不产生,SCR_2 就关断,航叶停转。

稳压管 WZ_5 起限幅作用,电阻 R_{77} 起限流作用,它们共同保护复合管 VT_7、VT_9 的 b、e 极间不被击穿。脉冲整形电路中的电阻 R_{79}、R_{80} 是限流电阻。

以上叙述的是 $U_差>0$ 时的情况。如果 $U_差<0$,即 94 端电位高于 95 端电位时,则管 VT_4 导通,VT_3 截止,另一套电路工作,触发晶闸管 SCR_1 导通,操纵舵叶左转。电路工作原理同上。

如果差值信号 $U_差=0$,即 94 端与 95 端同电位,则管 VT_3、VT_4 都截止,舵叶停转。

8. 晶闸管主电路与应急操舵电路

晶闸管主电路与应急操舵电路如图 7-24 所示。舵机的执行装置有两套双机组,依靠机组选择开关 K_1 来选定,可使其中一套工作,另一套备用,也可使两套机组同时工作。I、II、和III、IV 分为两套机组的左舵电磁阀和右舵电磁阀线圈。

K_2 是操舵方式转换开关,由自动、随动、应急三种操舵方式选择。自动和

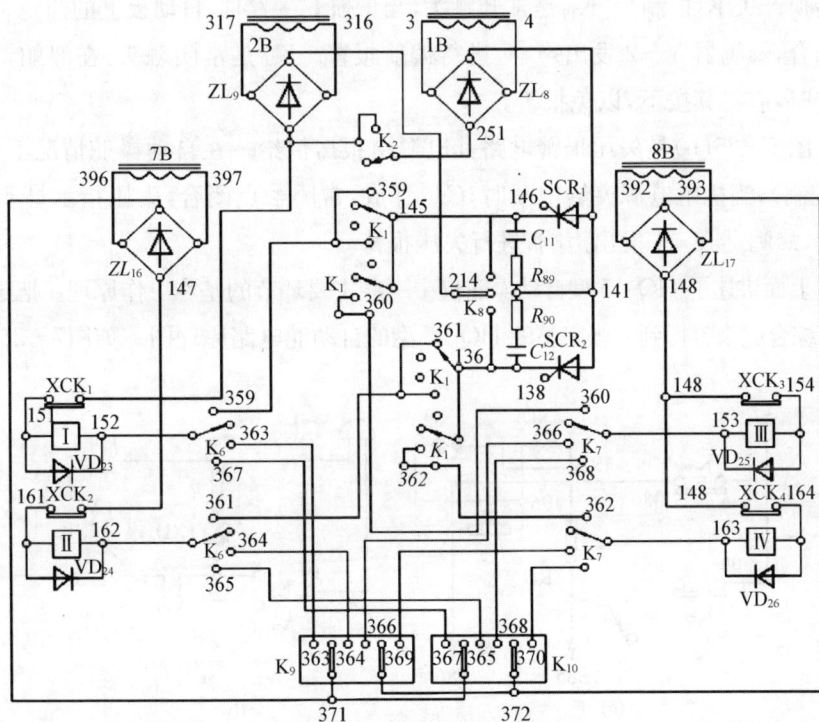

图 7-24 晶闸管主电路与应急操舵电路

随动操舵时,K_2置在 147 位置时,故由晶闸管 SCR_1 和 SCR_2 来通断左舵或右舵电磁阀,主电路电源由整流器 ZL_8 提供。应急操舵时,K_2 断开。

K_6 和 K_7 是操舵地点选择开关,有驾驶台,预备指挥室,舵机房三个地点可供选择。驾驶台操舵时,自动、随动、应急都可进行,而预备指挥室或舵机房操舵时,只能进行应急操舵。因有两套机组,故需两个转换开关。

K_8、K_9、K_{10} 是三个应急操舵手柄开关,分别位于驾驶台,舵机房和预备指挥室。应急操舵时,K_2 断开,此时若进行驾驶台应急操舵,K_6(K_7)置于"驾驶台",由手柄 K_8 即可控制左舵右舵电磁阀的通断,实现单动操舵,而主电路电源由 ZL_9 提供。若要在舵机房或预备指挥室进行应急操舵,则 K_6(K_7)置于"舵机房"或"预备指挥室"。用手柄 K_9 或 K_{10} 进行应急操舵。此时主电路电源由 ZL_{16}(或 ZL_{17})提供。

$XCK_1 \sim XCK_4$ 是舵角限位开关的常闭的触头。$D_{23} \sim D_{26}$ 分为与各自相并联的电磁阀线圈构成断电放电回路。

9. 偏航报警与操舵系统失压报警电路

图 7-25(a)所示的是偏航报警电路。偏航报警只在自动操舵时工作(通过转换开关 K_2 控制)。K_{19} 是常开触头,当偏航 $5° \sim 7°$ 时,自动板上的凸轮将使其闭合,蜂鸣器 Y-2 发出声响,进行偏航报警。K_{20} 是常闭触头,在船舶调整航向时,应将其按下,以免报警。

图 7-25(b)是失压报警电路其电源由报房供给。在自动操舵情况下(用 K_2 控制),当机组电源突然中断时,CJ_1 释放,常闭触点闭合,失压指示灯 1XD 点燃,蜂鸣器 Y-1 发出声响,进行失压报警。

上面讲述了 HQ-5 型自动操舵仪中一些主要环节的基本工作原理。把这些环节综合起来就得到一张完整的 HQ-5 型的自动舵电路原理图。如图7-26所

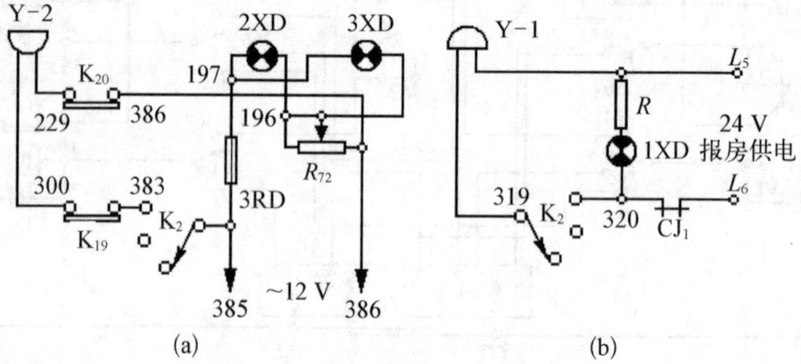

图 7-25　偏航报警与失压报警电路

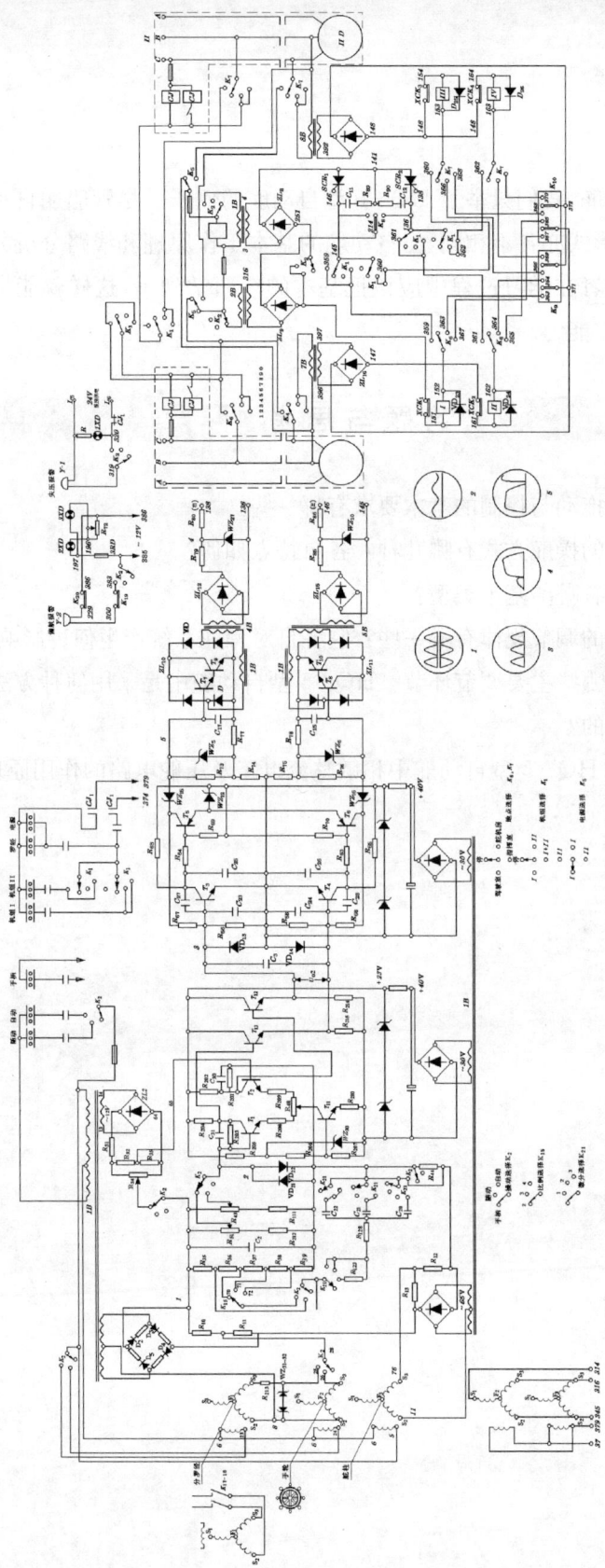

图 7 - 26 HQ~5 型自动舵能电路图

示,参见插页。

对船舶自动舵,我们只举了 HQ-5 型自动舵的例子。尽管船舶自动舵的种类繁多,电路形式亦各不相同,但自动舵的基本工作原理和线路分析方法都基本相同的。读者在学习过程中应该把基本的东西学到手,这样就能举一反三,提高独立工作能力。

习 题 与 思 考

7-1 舵机电力拖动与控制的基本要求有哪一些?

7-2 船舶舵机的操舵方式有哪几种? 各自特点如何?

7-3 自动舵具有哪些基本类型?

7-4 自动操舵的调节规律有哪一些? 它各自对操舵系统产生何种影响?

7-5 自动舵有哪些主要调节环节? HQ-5 型自动舵中是采用何种方法进行这些调节的?

7-6 详细说明 HQ-5 型自动舵中相敏整流电路及压舵电路的作用原理。

第8章 船舶电力推进系统

电力推进技术是一门涉及多学科交叉的新兴研究领域。只有通过造船工程师、流体力学和船舶推进系统工程师以及电气工程师按照"船体结构、操纵性、经济性"的原则进行通力合作,并且在对各不同学科均有深入了解之后,才有可能就设计问题达成共识并制定出成功的电力推进船舶解决方案。

8.1 概述

8.1.1 电力推进技术的发展历程

19 世纪末,俄国和德国开始尝试使用蓄电池驱动电力推进系统。20 世纪20 年代,为缩短客轮穿越大西洋的航行时间以提高市场竞争力,第一代真正意义上的电力推进系统开始投入使用。当时,只有涡轮发电机械才具有较大的推进功率。"诺曼底号"是当时最知名的电力推进船舶,其 4 个螺旋桨轴分别由 29 MW 同步电机驱动,同步电机本身由汽轮发电机供电。螺旋桨的转速由发电机的电频率确定。发电机通常为一台推进电动机供电,但当船舶低俗运行时,每台发电机也同时为两台电动机供电。

在 20 世纪中期引入高效、经济的柴油机之后,蒸汽轮机技术和电力推进技术在一定程度上从商用船舶中推出,这种情况直到 80 年代才有所改变。

20 世纪 70 年代 AC/DC 整流器(可控硅整流器——SCR)和 80 年代 AC/DC 变频器等变速变频技术的出现,使基于电站的电力推进系统成为可能,从而形成了第二代电力推进技术。船舶推进系统、客舱以及其他辅助电气设备一般均由具有固定电压和固定频率的电站供电,该电站通常由向同一电网供电的多台发电机组构成。推进力可通过调节固定螺距螺旋桨(FPP)转速进行控制。电力推进系统最初多用于测量船、破冰船等特种船舶以及部分邮轮中。

80 年代中期,"伊丽莎白女王 2 号"邮轮改装了电力推进系统,随后梦幻级和公主级系列邮轮以及部分动力定位船与穿梭邮轮也相继采用了电力推进系统,因而被称作可调螺距螺旋桨(CPP)。

90 年代早期,吊舱式推进系统开始投入使用。在这种推进系统中,电动机与固定螺距螺旋桨轴直接相连,并安装在一个浸没于水中的可旋转吊舱中。当初研究这种吊舱式电力推进系统只要是为了提高破冰船的作业性能,但不久之后便发现这种推进系统对于提高船舶的流体动力效率和机动性也有很大的好处。当"欢欣号"邮轮(见图 8-1)首次使用吊舱式推进系统后,这种系统的优点迅速得到人们的广泛认同,吊舱式推进系统几乎一夜之间成了新邮轮的标准配置。

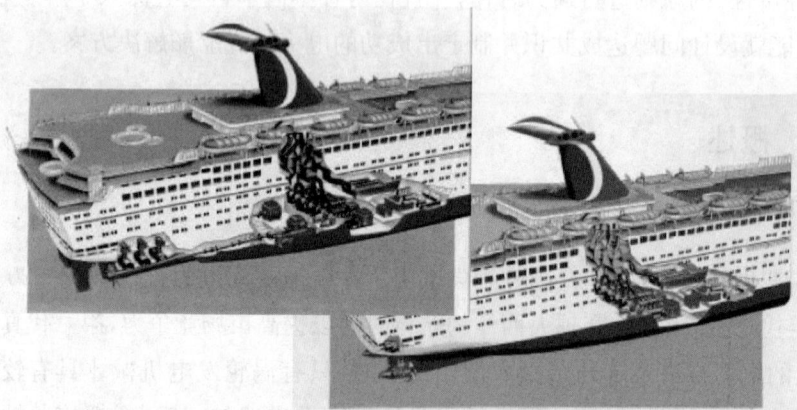

图 8-1　装有 Azipod 吊舱式推进系统的"欢欣号"邮轮

8.1.2　船舶电力推进系统的特点

电力推进并不是一个新的概念,它的起源可以追溯到 100 多年前,然而,只有当人们能够开发紧凑、可靠、经济的大功率范围变速电机控制解决方案之后,电力推进技术才于 20 世纪 80—90 年代开始在一些新的领域中得到应用。

采用燃气轮机或柴油机驱动发电的电力推进系统已经在大量不同配置的各类船舶中得到广泛应用。除主要的用于潜水艇和海面舰船之外,2002 年商用船舶的电力推进系统装机功率已达到 6~7 GW(千兆瓦)。在引入全方位推进器和吊舱式推进装置之后,一些船舶开始采用同时兼顾行驶、机动和空位等不同操作模式的推进系统配置,以便推进装置能够在船舶的行驶、机动操纵和动力定位(DP)中发挥更好的作用。

目前,电力推进主要用于一下船舶:油轮、渡轮、动力定位钻探船、侧推器辅助控位浮式采油设施、穿梭油轮、不缆船、破冰船于其他冰上作业船、供应船以及军用船舶等。位进一步扩大应用范围,人们仍在对电力推进系统在其他领域新船舶设计中的应用可行性不断进行研究和评估。

这些船舶中的电力推进系统主要有以下优点。

(1) 由于减少了燃油消耗和维护费用,从而降低了船舶的寿命周期成本,特别是当船舶负荷变化较大时效果显著。例如,对于许多动力定位船来说,气行驶操作的时间和进行控位/机动操纵的时间通常各占一半。

(2) 系统不易受到单个故障的影响,并且可以对原动机(柴油机或燃气轮机)的负荷进行优化。

(3) 船体空间占用更少,空间利用业更灵活,从而增加了船舶的有效载荷。

(4) 推进可通过电缆供电,因而可以不与原动机布置在一起,这就给推进的位置选择带来了很大的灵活性。

(5) 通过使用全方位推进或吊舱式推进装置,提高了船舶的机动能力。

(6) 由于传动轴更短,而且原动机转速固定,再加上所采用的拉式螺旋桨使水流更加均匀,削弱了空泡现象,从而使推进系统的噪声和振动大为减轻。

船舶电力推进系统中的电力装置、推进装置、侧推器装置以及安全与自动化系统均具有很高的可用性,整个船舶的可用性得到了提高。其中,安全与自动化系统主要用于对电力推进系统中的电站、推进装置以及侧推器装置进行检测、保护和控制,对于优化电力推进系统运行和提高其年年个可靠性具有越来越重要的作用。

8.1.3　船舶电力推进技术的应用

1. 客轮——邮轮和渡轮

客轮(邮轮和渡轮)通常对船上舒适性有非常高的要求,如船体不能有太大的噪声和振动等。另外,可靠性和可用性对于确保客轮和乘客的安全也非常重要。而电力推进系统在这些方面有着比较显著的优点,因此人们首先想到将电力推进系统用于客轮。

如今,人们对环境问题的关注程度日趋提高,要求客轮能够尽量减少排放、减少燃油泄漏并减轻锚泊对珊瑚礁造成的破坏,因而客轮必须能够完全依靠推进器(由动力定位系统控制)来保持船体在水面上的位置,这样便进一步促进了电力推进系统和吊舱式推进系统在客轮市场上的应用。同时,对气体排放(碳氧化物、氮氧化物和硫氧化物)的严格限制和相应的税务罚款,也促使最近建造的几艘跨海渡轮都配备了电力推进系统。另外,由于跨海渡轮两岸穿梭频繁,需要经常停靠码头,采用吊舱式推进系统所带来的良好机动性可显著降低客轮的燃油消耗。电力推进系统的推进功率随客轮大小变化,小型渡轮电力推进系统的功率只有几个 MW,而大型邮轮电力推进系统的推进功率则高达 30~40 MW。一般来说,客轮负荷通常要占用很大一部分总装机功率,对于典型的大型邮轮来说,客舱负荷通常要占用 10~15 MW。图 8-2 给出了典型吊舱式柴油电力推进邮轮主电气部件和自动化部件的配置简图。

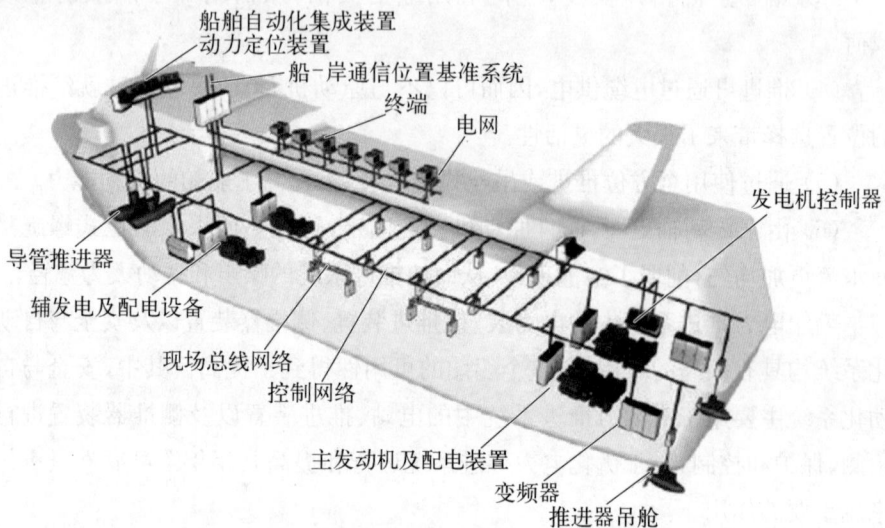

图 8-2 邮轮主电气部件和自动化部件的配置简图

2. 石油和天然气的开采与勘探:钻井装置、采油船和油轮

就在几年前,人们还可以通过固定式钻井和采油装置在浅海区开采到十分丰富的石油和天然气资源。如今,在北海、墨西哥湾、巴西以及其他部分地区,那些新发现的油气资源一般都位于难以开采的深海区域。为了确保这些油气田的开采利润,必须使用具有更高成本效益的新开采方法。当今动力定位或推进器辅助定位锚泊技术已经使深海钻井和浮式采油成为可能。推进器辅助定位深海

钻井采油技术已经在北海、加拿大以及一些环境恶劣区域得到应用,而巴西、西非以及计划中的 USGOM(美国墨西哥湾)深海钻井采油装置则倾向于采用新型锚泊技术,而不使用推进器辅助采油技术和动力定位深海钻井技术。

　　用于控位(动力定位操纵)的推进器通常也是用于船舶行驶操作和机动操作的主推进系统的一个组成部分(包括全部推进装置或指定部分推进装置)。这类船舶的一个重要特征式具有较高的装机推进功率,通常为 20~50 MW,再加上采油和钻井设备、生活设施以及客舱负荷,其总装机功率通常为 25~55 MW。在这类船舶中所有上述负荷通常由同一电站供电,从而保证操作灵活、能源效率高、可用性强。图 8-3 给出了半潜式钻井配置简图。

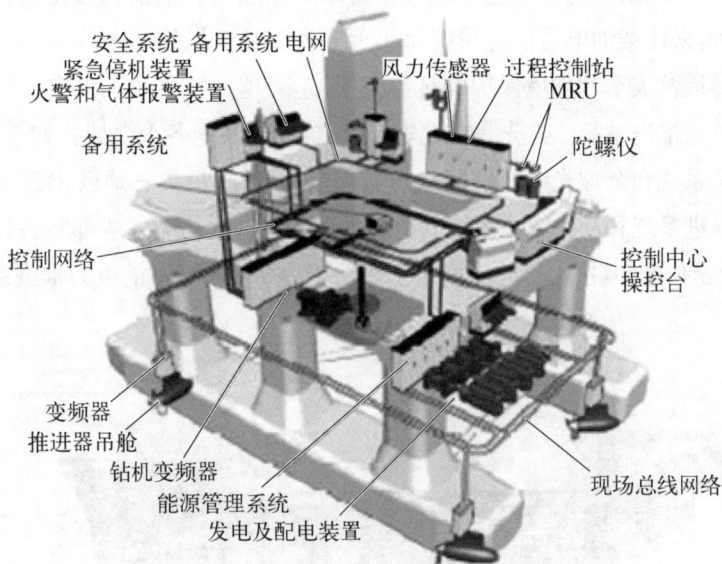

图 8-3　半潜式钻井装置电气系统配置简图

　　穿梭油轮只要用于将石油从海上设施(平台、浮标、塔或 FPSO 等)运输到岸上石油加工或转运码头。穿梭邮轮所采用的卸油方式油许多种,但大部分卸油方式都要求不论环境条件如何变化,穿梭邮轮都能够准确地保持在某个固定位置(控位),因此大部分穿梭邮轮都配备了动力定位系统。许多穿梭邮轮安装了电动导管推进器或全方位推进器,其中部分穿梭邮轮还采用了柴油电力主推进器系统。

　　许多该类船舶位行驶操作和控位操作提供了很高的推进冗余度,通常配备一套冗余的发电及配电系统,包括冗余推进变频器和一个串联或冗余推进电机。

为确保推进系统的冗余度,采用两套吊舱装置的成本效益要高于采用两套传统的传动轴推进装置,引入吊舱式推进装置将会对柴油电力推进穿梭邮轮的设计产生深远的影响。

3. 海洋工程支援船和海上施工船

以动力定位(DP)作为操作模式的船舶,如潜水支援船、起重船以及管道敷设船等,很早就已开始采用电力推进系统,最初使用的是定速可调螺距螺旋桨,随后主要使用变速推进器。对于多操作模式船舶来说,与采用传统机械式推进系统相比,采用柴油电力推进系统可显著减少船舶的燃油消耗和废物排放。据船主报告,采用柴油电力推进系统每年可节省燃油消耗约 30%~40%。随着石油工业对运营成本和环境保护的日益重视,越来越多的海洋工程支援船开始使用柴油电力推进系统。首先是在北海,随后扩大到其他各个海域。如今,人们对高速通信系统和全球光缆通信网络的需求迅速增长,世界各地已出现了大批配备电力推进系统和动力定位系统的电缆敷设船。这些船舶一般都装备为 2 级或 3 级动力定位船,其中大部分还配备了总功率为 8~30 MW 的电力推进系统。

图 8-4　电力推进海上供应船

4. 其他船舶

柴油电力推进系统和控位系统在各种浅水作业船舶中也得到了应用,如挖泥船、施工船以及风车安装船等。在快艇这一小而专的应用领域,电力推进系统也得到了应用。对于这类船舶来说,舒适性和环境友好性是最重要的设计准则,高效率、低振动、低噪声的电力推进系统在这类船舶中日益普及。与其他许多应用相比,推进应用中变频器的动力需求相对较低。但对于破冰船和冰区航行船来说,由于其负载随时可能发生急剧变化,推进系统必须具有非常好的动力性能,以免发生部件过载并出现意外跳闸现象。自从 20 世纪 80 年代开始,绝大部分新建破冰船和冰区航行船都采用了电力推进系统。尽管破冰船通常不需要动力定位系统,但其基本配置还是和大多数其他船舶一样,都配备冗余发电及配电系统。

尽管电力推进系统对军用舰艇有着很大的吸引力,但目前真正采用电力推进系统的常规水上舰艇还非常少,更多项目尚处于计划之中。在潜艇上,由柴油机发电和蓄电池储能设备、燃料电池或核电站等提供动力的电力推进系统也已得到应用。从概念上讲,军用舰艇与商用船舶的电力推进系统并没有太大的区别,但由于军用舰艇对电力推进系统可用性和冗余性的要求通常更加严格。应用于二者的解决方案定会有所不同。另外,电力变频器在军用舰艇中使用的必要前提就是必须具有很好的抗冲击性能和低噪声特征。地质考察船、海洋考察船、渔业考察船等都对水下噪声有非常严格的要求,其允许噪声通常要比其他船舶的正常噪声降低几十分贝。这些船舶降低水下噪声的常用措施包括采用直流电机直接推进以及采用特殊措施对振动和转矩波动进行过滤和消减等。通过使用先进的变频器和噪声过滤技术,目前交流电机也已能够用于这种所对水下噪声要求非常严格的场合,并在最近的船舶设计中得到了应用。

8.2 推进装置

8.2.1 轴系推进

在柴油电力推进系统和轴系螺旋桨推进系统中,螺旋桨通常采用变速电动机驱动。卧式电动机可直接连接到螺旋桨轴上,从而使系统结构更简单、更牢固耐用,也可通过齿轮装置与螺旋桨轴相连,从而提高电动机的转速,使电动机的结构更加紧凑。不过采用齿轮装置连接时,机械结构会变得比较复杂,另外也增加了系统的机械功率损失。在柴油电力推进船舶中,如果所需的推进功率超出了全方位推进器所能提供的功率范围,或者船舶不需要具有横向推力(控位操作和机动操作时需要有横向推力),或者可以用导管推进器等更经济的方法来提供横向推进力时,则通常采用轴系推进系统。轴系推进系统通常用于穿梭油轮、科学考察船、抛锚船和电缆敷设船等。

轴系推进系统中通常要使用方向舵,每个螺旋桨配备一个方向舵。高升力方向舵通常也能够提供一定程度的横向推力,如果船舶在进行机动或控位操作时需要更多的横向推力,通常还需要在船尾加装导管推进器。变速定距螺旋桨(FPP)是比较常用的一种螺旋桨,其结构既简单又牢固耐用。另外,变速可调螺距螺旋桨(CPP)在某些场合也有应用,这种螺旋桨的速度和螺距能在一定程度上进行优化,可以比只对单个控制参数进行调节时获得更高的效率和更快的响应速度。但一般来说,由于对速度和螺距同时控制需要增加投资成本,这样做通常并不值得。图 8-5 给出了轴系推进系统的部分典型变频器配置,这些配置既可用于单轴推进系统,也可用于双轴推进系统。

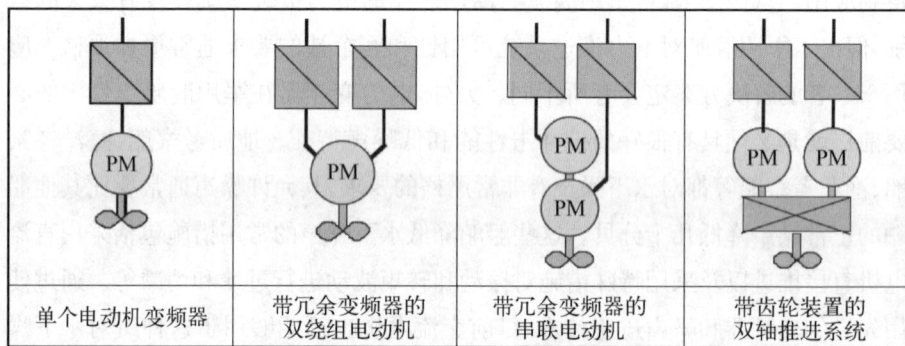

| 单个电动机变频器 | 带冗余变频器的双绕组电动机 | 带冗余变频器的串联电动机 | 带齿轮装置的双轴推进系统 |

图 8-5 轴系变频器部分配置

8.2.2 全方位推进器

如图 8-6 所示,全方位推进器是一种可以自由转动的推进器,能产生任何方向上的推力。其推力既可通过定速 CPP 螺旋桨或变速 FPP 螺旋桨控制,也可在少数特殊情况下通过速度和螺距联合的控制方式来进行控制。和定速 CPP 螺旋桨相比,变速 FPP 螺旋桨的水下机械结构更加简单,其低推力损失也更小。

在那些对推进器室内部高度有严格限制的船舶上,其电动机通常为卧式,其全方位推进器则采用 Z 型齿轮传动。如果推进器室的内部高度允许,则通常选用立式电动机和 L 型齿轮传动,这样可以使整个结构更加简单、功率损失也

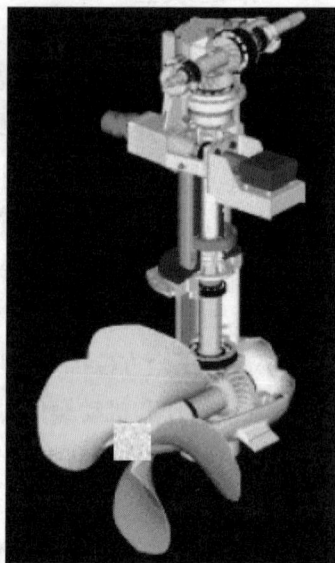

图 8-6 Z 型全方位推进器

更小。

　　全方位推进器一般是按照单向推力进行设计和优化的,因而缺乏反向转动产生推力的能力。如果全方位推进器具有一定程度产生反向推力的能力,则可用于在不转动全方位推进器的情况下维持推进器的动态推力。

　　传统的全方位推进器在早期一般都用于船舶的控位和机动操作,但近来已经被用作电力推进船舶的主推进装置。为了改善推进系统的流体动力特性和驾驶操控性,全方位推进器的外形已有很大改变,如"机械吊舱"式。在这种全方位推进器中,其驱动装置通常是一台船内卧式电动机,该电动机的机械功率通过一个 Z 型齿轮传动装置传输到螺旋桨。为了降低船舶高速行驶时的流体阻力和提高船舶的推进效率,该装置的水下结构形状经过了专门优化。

　　有些厂商可以提供双螺旋桨推进器装置,两个螺旋桨既可安装在同一根轴上,也可配置成按相反方向转动。在后一种情况下,其流体动力效率更高,因为一个螺旋桨所产生射流的转动能量可在另一个反向转动的螺旋桨上形成推力。目前使用的传统全方位推进器的额定功率最高为 6~7 MW。

8.2.3　吊舱式推进装置

　　和传统全方位推进器一样,吊舱式推进装置也可以自由转动并能够产生任何方向上的推力。其主要不同之处是后者直接将电动机与螺旋桨轴集成在一个封闭的吊舱装置中,该吊舱装置浸没在船体下方的水中。图 8-7 所示大功率吊舱装置简图中给出了位于密封、紧凑的吊舱中的变速电动机。如图所示,定距螺旋桨直接安装在电动机轴上。由于不需要使用机械式齿轮传动装置,其传动效率比传统全方位推进器要高。电力通过软电缆或可 360° 转动的滑环传输给电动机。由于螺旋桨螺距固定且不需要使用齿轮传动装置,其机械结构也相对比较简单。吊舱既可设计成推式,也可设计成拉式,拉式吊舱的螺旋桨能够产生非常好且很均匀的伴流区,可提高螺旋桨的流体动力效率并减少空泡现象,从而降低推进系统引起的噪声和振动。吊舱式装置可双向转动,以产生向前和向后两个方向上的推力(需要采用相应的推力轴承)。螺旋桨通常根据一个主推进方向进行优化,在相反方向上的推力相对要小一些,但这对推进器的机械结构没有任何影响。吊舱式推进装置应用于邮轮、破冰船、服务船及油轮等船舶已有 10 年历史,最近建成的海洋工程支援船和半潜式钻井装置等也都相继采用吊舱式推进装置作为控

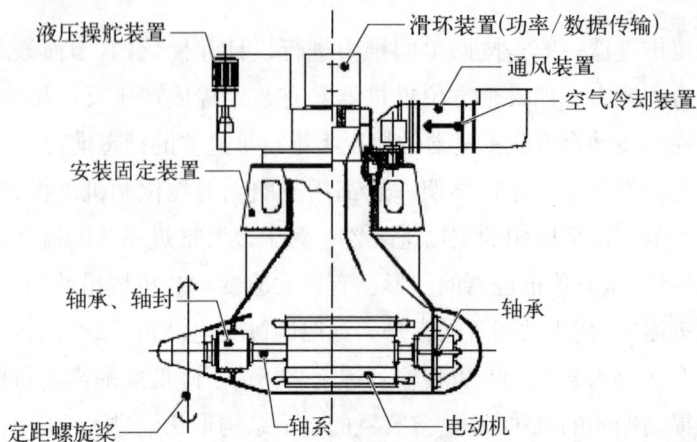

图 8-7　吊舱式推进系

位/行驶操作的推进器。如今,吊舱式推进装置的功率范围从 1 MW 左右一直到 25 MW 以上。对于一些大型的吊舱式推进装置,操作人员甚至可以直接进入到吊舱内部进行目视检查。

8.3　船舶电力推进变频器

自 20 世纪 60 年代末开始使用功率半导体器件以来,变速变频器进入工业应用已有几十年的历史。最初,DC 电动机是推进控制系统最可行的选择。进入 80 年代后,AC 电动机变频器开始在工业中得到应用,并具有很强的市场竞争力。此后,几乎所有的新型电力推进系统都采用了 DC/AC 变频器结构方案。

8.3.1　变频器的基本构成

变频器的作用是将频率(通常为工频 50 Hz)、电压固定的交流电变换成频率、电压连续可调的三相交流电源。变频调速是通过变频器给电动机供电而实现的。变频器的构成如图 8-8 所示,由主电路(包括整流器、中间直流环节、逆变器)和控制电路组成。变频器的输入端接至频率电压固定的三相交流电源;输出端输出电压频率在一定范围内连续可调的三相或多相交流电。

中间直流环节

整流器 　　　 逆变器

AC 　　　　　 DC 　　　　 AC 　Ⓜ

控制指令 　　　　　　　　　　 控制指令

控制电路

运行指令

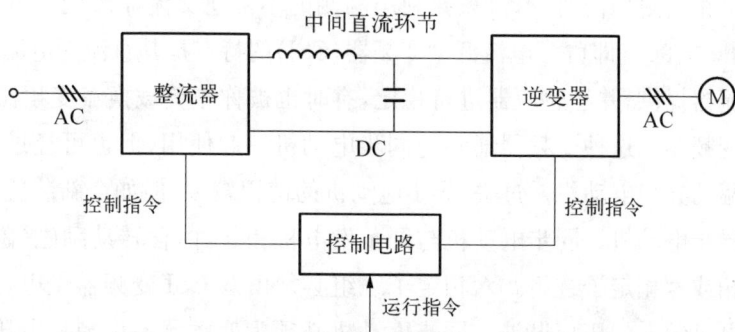

图 8-8　变频器的基本构成

8.3.2　变频器的分类

1. 变频器按主电路变换环节的不同可分为

（1）交—交变频器：将频率固定的交流电源直接变换成频率连续可调的交流电源。它主要用于容量较大的低速传动系统中。

（2）交—直—交变频器：先把周定频率的交流电整流成直流电，把直流电递变成频率连续可调的三相交流电，连续可调的频率范围较宽，是目前较普遍采用的一种变频器。

2. 变频器按电压的调制方式可分为

（1）PAM 方式：脉幅调节方式（pulse amplitude modulation），简称 PAM方式，是通过改变直流电压的幅值调压的方式。在变频器中，逆变器仅调节输出频率，而输出电压由斩波器或相控整流器通过调节直流电压来实现。

（2）PWM 方式：脉宽调制方式（pulse width modulation），简称 PWM。变频器中的整流器采用不可控的二极管整流电路。变频器的输出电压和频率由逆变器按脉宽调制方式完成。变频器输出电压的大小通过改变输出脉冲的占空比来进行调制。目前普遍应用的是占空比按正弦规律安排的正弦脉宽调制，简称 SPWM（sinusoidal pulse width modulation）方式。

3. 变频器按主回路中间直流环节的储能方式可分为

（1）电流型变频器，其特点是中间直流环节采用电感线圈作为储能元件，无功功率将由电感来缓冲。电流型变频器的一个较突出的优点是，当电动机处于再生发状态时，回馈到直流侧的再生电能可以方便地回馈到交流电网，无需在主电路内附加任何设备,只要利用网侧的不可逆交流器改变其电压极性(控制角 $\alpha > 90°$)即可。电流源型变频器(CSI)的特点是其直流链电流通过可控硅整流器提供,并经感应器进行稳定,有时也被称作负载换流变频器(LCI)或同步变频器。这种变频器通常与同步电动机一起使用,但也可经过适当改装用于驱动异步电动机。过去,异步电动机的使用较多,但如今新装置中很少再使用异步电动机。同步电动机与同步发电机相似,内含转动励磁(磁化)绕组和三相或六相定子绕组。六相定子绕组必须由双 CSI 变频器供电,主要用于减小电机轴上的扭矩谐波。同步电动机必须为变频器提供换相电压,意味着这种电动机运行时存在电容性相位角,与功率因素为 1 的电动机相比,这种电动机的许用电流和几何尺寸都要更大一些。从电网这一侧来看,电流源型变频器和 DC 电动机变频器中使用的全桥可控硅变频器完全相同,对电网的影响也可认为完全相同。在变频器这一侧(向电动机供电),其结构与可控硅整流器的结构相同,但它不使用电网电压,而是使用电动机感应电压。

(2) 电压型变频器,其特点是中间直流环节采用电容器作为储能元件。无功功率将由电容器来缓冲。由于大电容的作用,主电力直流电压比较平稳。缺点是电动机处于再生制动状态时,回馈到直流侧的无功能量难以回馈到交流电网。VSI 型(电压源型)变频器是工业中应用最多的变频器。这种变频器灵活、精确且性能优良,可用于异步电动机。这种变频器也可用于同步电动机和永磁同步电动机,其性能则远远超出其他类型的变频器。但这种变频器的使用也受到一定的制约,其主要障碍是缺乏大功率器件,并且在大功率应用中与其他类型的变频器相比缺乏市场竞争力。截至最近,VSI 型变频器的实际适用功率范围大约为 8~10 MW,但随着新型大功率器件的出现,其适用功率范围还在不断提高,如今这种变频器的适用功率已超过 30 MW。

VSI 型变频器的特点是电网中连接了一个整流器(通常为不可控二极管整流器),因而可得到一个相对比较稳定的直流电压,该直流电压在直流链中电容器组的作用下变得更加稳定。直流链中的电容器还可以阻止变频器模块的高频开关波动进入电网。

4. 变频器按控制方式可分为:

(1) U/f 控制。它是这样一种控制方式,改变频率的同时控制变频器输出电压,使电动机磁通保持一定,在广范围内调速运行,电动机的效率、功率因数不下降。U/f 控制作为变频器调速控制方式,控制比较简单,现在通用变频器以及风机和泵类机械驱动用变频器多采用这种控制方法,具有节能和软起动等优点,在各领域得到广泛应用。

(2) 转差频率控制。据速度传感器的检测,可以求出转差频率 Δf,再把它与速度设定值 f^* 相叠加,以该叠加值作为逆变器的频率设定值 f_1^*,就实现了转差补偿。这种实现转差补偿的闭环控制方式称为转差频率控制方式。与 U/f 控制方式相比,其调速精度大为提高。但是,使用速度传感器求取转差频率,要针对具体电动机的机械特性调整控制参数,因而这种控制方式的通用性较差。

(3) 矢量控制(vector control system,简称 VC)。根据交流电动机的动态数据模型、利用坐标变换的手段,将交流电动机的定子电流分解成磁场分量电流和转矩分量电流,并分别加以控制,即模仿自然解耦的直流电动机的控制方式,对电动机的磁场和转矩分别进行控制,以获得类似于直流调速系统的动态性能,矢量控制方式的目的,主要是为了提高变频调速的动态性能。

(4) 直接转矩控制(direct torque control,简称 DTC)。直接转矩控制直接在定子坐标系下分析交流电动机的数学模型,控制电动机的磁链和转矩,不需要将交流电动机化成等效直流电动机,因而省去了矢量旋转变换中的许多复杂计算;它不需要模仿直流电动机的控制,也不需要为解耦而简化电动机的教学模型。直接转矩控制磁场定向所用的是定子磁链,只要知道定子电阻,就可以把它观测出来。由于采用了直接转矩控制,在加减速或负载变化的动态过程中,可以获得快速的转矩响应,但必须注意限制过大的冲击电流以免损坏功率开关器件,因此实际的转矩响应也是有限的。

(5) 矩阵式控制。VVVF 控制、矢量控制、直接转矩控制同属交—直—交变频。其共同的缺点是直流回路需要大的储能元件(电感或电容),输入功率因数低,谐波电流大,且再生能量不能回馈回电网(即不能进行四象限运行)。为此,矩阵式交—交变频没有中间直流环节,直接把一种频率的交流电源变换成另一种频率的交流电源,从而省去了储能元件,这种电路的优点是输入电流可控制为正弦波,且和电压同相,功率因数为 1,也可控制为所需要的功率因数;其输出电压也为正弦波,输出频率不受电网频率的影响,能量能双向流动,适合于交流电动机四象限运行。但矩阵式交—交变频的开关器件全控型的,控制方式不是相控方而是斩波控制方式。

8.3.3 变频调速 PWM 技术

PWM 脉宽调制技术是利用相当于基波分量的信号波对三角载波进行调制，达到调节输出脉冲宽度的一种方法。

随着现代电力电子技术、计算机技术、控制技术的迅速发展，尤其是单片机和 DSP 应用于 PWM 技术数字化以后，从最初追求电压波形的正弦到电流波形的正弦，再到磁通的正弦；从效率最优、转矩脉动最小，再到消除噪音。脉宽调制技术(PWM)提出并得到应用的 PWM 方案已不下十种。由于 PWM可以同时实现变频变压反抑制谐波的特点。由此在交流传动及至其他能量变换系统中得到广泛应用。PWM 控制技术大致可以为三类，正弦 PWM(包括电压、电流或磁通的正弦为目标的各种 PWM 方案，多重 PWM 也应归于此类)，优化 PWM 及随机 PWM。正弦 PWM 已为人们所熟知，而旨在改善输出电压、电流波形，降低电源系统谐波的多重 PWM 技术在大功率变频器中有其独特的优势(如 ABB ACS1000 系列和美国 ROBICON 公司的完美无谐波系列等)；而优化 PWM 所追求的则是实现电流谐波畸变率(THD)最小，电压利用率最高，效率最优，及转矩脉动最小以及其他特定优化目标。在 70 年代开始至 80 年代初，由于当时大功率晶体管主要为双极性达林顿三极管，载波频率一般最高不超过 5 kHz，电机绕组的电磁噪音及谐波引起的振动引起人们的关注。为求得改善，随机 PWM 方法应运而生。其原理是随机改变开关频率使电机电磁噪音近似为限带白噪音(在线性频率坐标系中，各频率能量分布是均匀的)，尽管噪音的总分贝数未变，但以固定开关频率为特征的有色噪音强度大大削弱。正因为如此，即使在 IGBT 已被广泛应用的今天，对于载波频率必须限制在较低频率的场合，随机 PWM 仍然有其特殊的价值(DTC 控制即为一例)；另一方面则告诉人们消除机械和电磁噪音的最佳方法不是盲目地提高工作频率，因为随机 PWM 技术提供了一个分析、解决问题的全新思路。

1. 正弦波脉宽调制(SPWM)变压变频

SPWM 法是为了克服等脉宽 PWM 法的缺点而发展起来的，它从电动机供电电源的角度出发，着眼于如何产生一个可调频调压的三相对称正弦波电源。SPWM 调制法原理是利用三角波与正弦波参考电压相比较，以确定矩形脉冲的宽度。当改变参考信号 u_f 的幅值时，输出脉宽随之改变，从而可以改变输出基波电压的大小。当改变参考信号的频率时，可以改变出基波电压的频率。如果控制 u_f，使其频率、幅值协调变化，则可以完成变频器的 U/f 控制。或者改变载频三角波的频率，并保持每周期输出的脉冲数不变时，就可以改变基波电压的频率。这种调制方式的特点是半个期内脉冲中心线等距，脉冲等幅、调宽，各脉冲面积之和与正弦波下的面积成比例，因此调制波形更接近于正弦波，谐波分量大大减小。具体的方法如图 8-9 所示。从图 8-9 中可以得出，由三角波与正弦波的交点可以确定逆变器的开关模式。

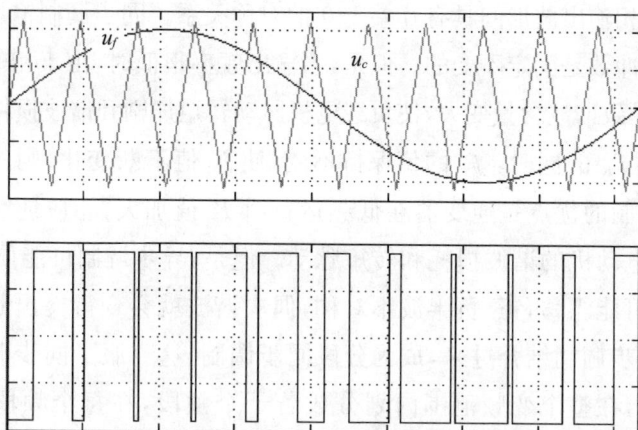

图 8-9　SPWM 调制法

当基准正弦波高于三角波时，使相应的开关器件导通；当基准正弦波低于三角波时，使相应的开关器件截止。按调制脉冲的极性，SPWM 可分为单极性和双极性控制模式两种，所谓单极性是指在输出的半个周波内同一相的两个导电臂仅一个反复通断，而另一个始终截止。而双极性调制在输出的半个周波内同一相的两个导电臂补交替通断。

PWM 逆变器的性能与两个重要参数有关，它们是调制比 m 和载波比 K，分别为：

$$m = \frac{U_{Rm}}{U_{cm}} \tag{8-1}$$

$$K = \frac{f_c}{f_R} = \frac{\omega_c}{\omega_R} = \frac{T_R}{T_c} \tag{8-2}$$

式中，U_{Rm} ——调制波的幅值；U_{cm} ——三角波的幅值；f_c ——三角波的频率；f_R ——调制波的频率；ω_c ——三角波的角频率；ω_R ——调制波的角频率；T_R ——调制波的周期；T_c——三角波的周期。

在 SPWM 控制方式中，U_{cm} 的值保持不变，m 值的改变由改变 U_{Rm} 来实现。

在变频调速过程中，根据载波比 K 的变化与否，分为同步调制和异步调制。在变频调速时即保持 K 值不变的为同步调制。如果取 K 为 3 的倍数同步调制能保证输出波形的正、负半波始终保持对称，不会出现偶次谐波，并能严格保证三相输出波形间具有互差 $120°$ 的对称关系。同步调制输出电压半波内的矩形脉冲数是固定不变的。但是，当输出频率很低时，由于相邻脉冲间的间距增大，导致谐波含量变大，使负载电机脉动转矩加剧和谐波损耗。

在改变 f_R 的同时，f_c 的值保持不变，使 K 值不断变化，则的为异步调制。异步调制的优点是逆变器在低频运行时 K 值加大，相应地减少谐波含量，以减轻电动机的谐波损耗和转矩脉动。但是，异步调制可能使 K 值出现非整数，位可能漂移，正、负半波不对称，偶次谐波就会变得突出起来。将同步同制与异步调制结合进来，成为分段同步调制，这克服了同步调制和异步调制的不足，在整个变频范围内划分成若干个频段，在每个频段内都维持载波 K 恒定，对不同的频段采取不同的 K 值，频率越低，K 值可取大些。但是随着器件开关频率的提高，使得 K 值足够大，偶次谐波问题就不会很明显。

SPWM 的最大优点是：① 在调制波幅值不超过三角波幅值的情况下，逆变器输出线电压与调制系数 m 成线性关系，有利于精确控制，谐波含量较小。② 若载波比 K 取得愈大，电机电流愈接近正弦波，转矩脉动愈小。SPWM 法以其优点而广泛应用，但它存在如下不足：① 线性控制区域较小，若使 M＞I 超调制，虽然可以提高输出基波电压。但不再是线性控制，且在线性至非线性的过渡区，调制波形中间部分的槽往往突然消失，会引起电流浪涌。② 功率开关器件在一周期内的开关次数多，开关损耗大，缩减逆变器的实际使用寿命。

2. 准最优脉宽调制(HIPWM)变压变频

针对 SPWM 存在的不足，国内外学者专家提出了种种改进方法。准最优脉宽调制(HIPWM)与正弦波脉宽调制(SPWM)的不同仅在于调制波信号，它是在基准正弦波信号上叠加一个 3 的正数倍谐波，即为

$$u_R = a\left(\sin \omega_R t + \frac{1}{b}\sin 3k\omega_R t\right) \qquad (8-3)$$

图 8 - 10 所示为 a 分别取 0.3、0.5、0.8，b 取 4，k 取 1 时的 HIPWM 调制波信号。

逆变器输出基波电压的大小和相位是由调制波信号决定的，而三相逆变器为三线输出没有零线，线路中不会出现 3 的整倍数次谐波电压和电流，所以正弦波调制波信号加入 3 次

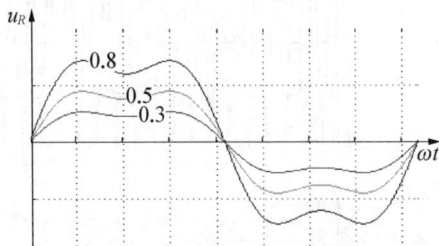

图 8 - 10　HIPWM 调制波信号

或 3 的倍数谐波后，对输出基波电压不会有不利影响，但却形成了波形较平坦的调制波信号，相对 SPWM 而言，调制系数 M 可大于 1，只要正弦波调制波信号最大值不超过载波峰值，就不会进入非线性控制区，因而可拓宽线性控制范围。通过仿真实验得到最大不超调的调制波信号为：

$$u_R = 1.15\left(\sin \omega_R t + \frac{1}{6}\sin 3\omega_R t\right) \qquad (8-4)$$

根据 SPWM 和 HIPWM 变压变频原理，用 MATLAB/SIMULINK 进行建模和仿真，并带同一异步电动机负载。图 8 - 11 中的(a)为 HIPWM 调制波和三角波，图 8 - 11 中的(b)为 HIPWM 调制时的逆变器 a 相输出电压仿真波形，图 8 - 11 中的(c)为 HIPWM 调制时的逆变器 a 相输出电流仿真波形，即为异步电动机的 a 相定子电流，从图中可以看出，电机的定子电流接近与正弦波，图 8 - 11 中的(d)为 HIPWM 调制时的逆变器 a 相输出电流频谱，从图中可以看出，尽管在调制波中加入三次谐波，但在电机电流的频谱中，谐波含量很小。

图 8 - 12 中的(a)为 SPWM 调制波和三角波，图 8 - 12 中的(b)为 SPWM 调制时的逆变器 a 相输出电压仿真波形，图 8 - 12 中的(c)为 SPWM 调制时的逆变器 a 相输出电流仿真波形，即为异步电动机的 a 相定子电流，从图中可以看出，电机的定子电流也接近与正弦波，图 8 - 12 中的(d)为 SPWM 调制时的逆变器 a 相输出电流频谱，从图中可以看出，在电机电流的频谱中低频谐波含量很大。

实验结果表明应用 HIPWM 调制技术不仅能够提高逆变器的输出电压，而且又能抑制谐波。

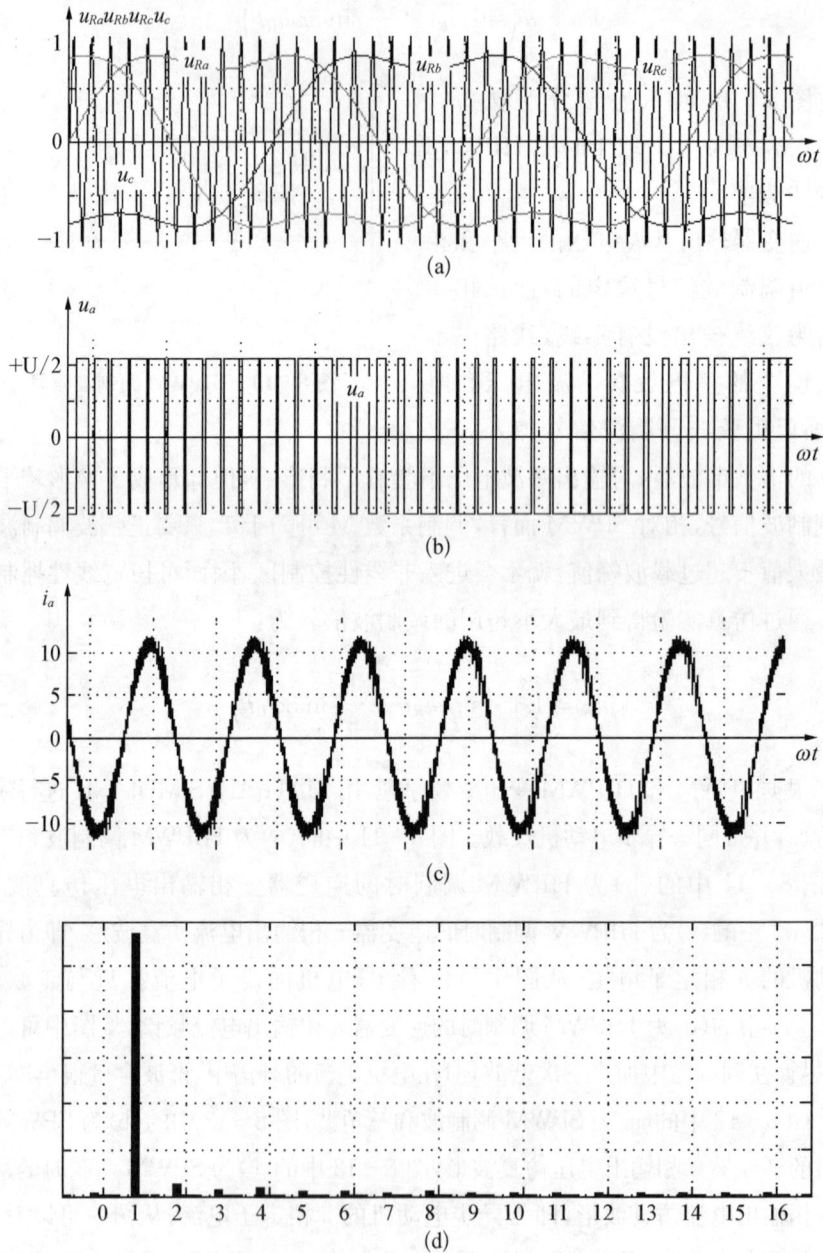

图 8 - 11 HIPPWM 调制仿真曲线

(a) 三相调制波和三角波   (b) 逆变器 a 相输出电压

(c) 逆变器 a 相输出电流   (d) 逆变器 a 相电流频谱

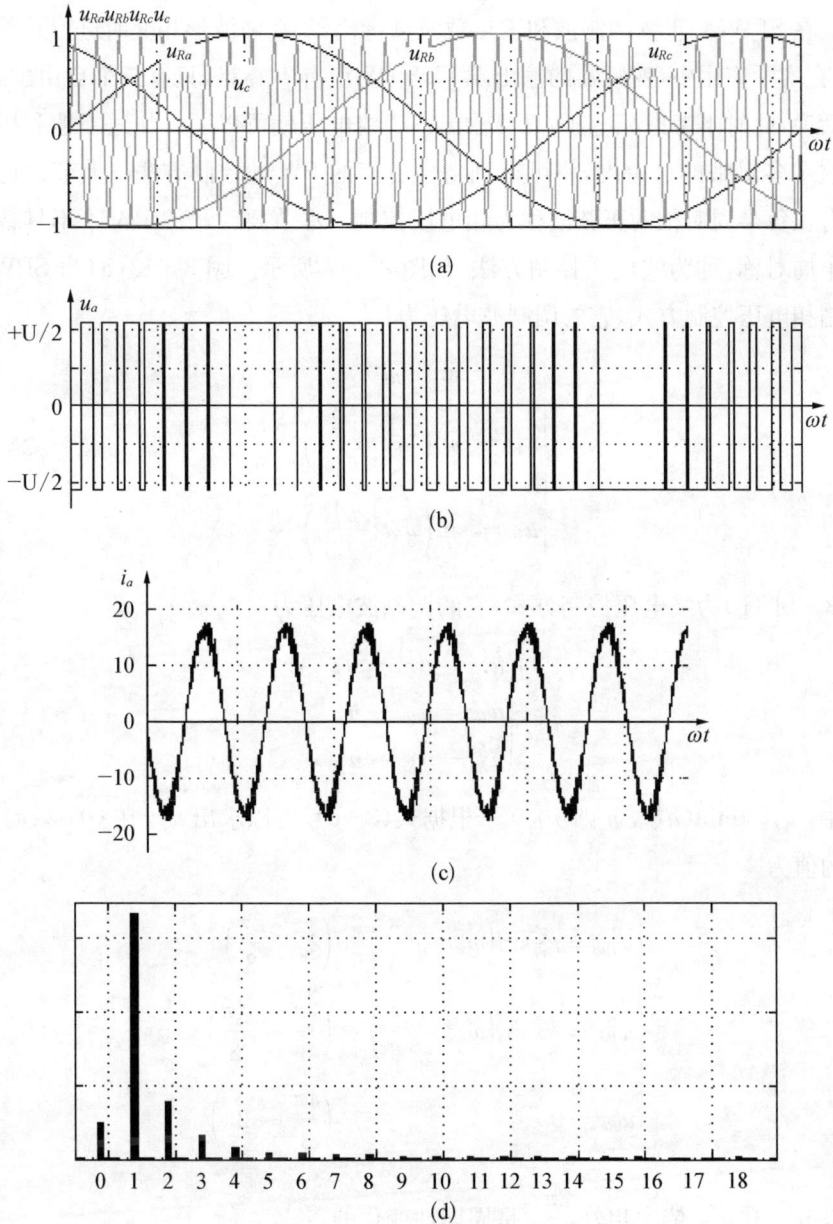

图 8 - 12　SPWM 调制仿真曲线

（a）三相调制波和三角波　（b）逆变器 a 相输出电压
（c）逆变器 a 相输出电流　（d）逆变器 a 相电流频谱

3. 开关损耗最小脉宽调制 PWM 变频变压

在 SPWM,正弦调制波和三角载波进行比较,在两波形相交时进行开关切换,在实际应用中,变频器的输出端 U、V、W 没有中心点,只有三个自由度,换句话说,此时不考虑相电压,只要输出三个线电压就可以了。如适当地利用一下这个多出来的自由度,将可得到特性更好的 PWM 控制方法。上节讨论的具有正负半周对称的正弦波称为相电压控制。本节要讨论的 PWM 不具备正负半周对称,称为线电压控制方法,如图 8 - 13 所示。图 8 - 13(a)为 SPWM 调制相电压控制方式,它的调制波电压为:

$$\begin{cases} u_{Ra} = \sin(\omega_R t) \\ u_{Rb} = \sin\left(\omega_R t - \dfrac{2\pi}{3}\right) \\ u_{Rc} = \sin\left(\omega_R t - \dfrac{4\pi}{3}\right) \end{cases} \quad (8-5)$$

图 8 - 14 (b)为线电压控制方式,它的调制波电压为

$$\begin{cases} u'_{Ra} = u_{Ra} - u_p \\ u'_{Rb} = u_{Rb} - u_p \\ u'_{Rc} = u_{Rc} - u_p \end{cases} \quad (8-6)$$

其中,$u_p = \min(u_{Ra}, u_{Rb}, u_{Rc})$。根据式(8-6),可以求出 u'_{Ra} 在 $(0 \sim 2\pi)$ 范围的值为

$$\begin{cases} u'_{Ra} = \sqrt{3}\sin\left(\omega_R t + \dfrac{\pi}{6}\right) & \left(0 \sim \dfrac{2\pi}{3}\right) \\ u'_{Ra} = \sqrt{3}\sin\left(\omega_R t - \dfrac{\pi}{6}\right) & \left(\dfrac{2\pi}{3} \sim \dfrac{4\pi}{3}\right) \\ u'_{Ra} = 0 & \left(\dfrac{4\pi}{3} \sim 2\pi\right) \end{cases} \quad (8-7)$$

u'_{Ra},u'_{Rb} 和 u'_{Rc} 依次相差 $\dfrac{2\pi}{3}$,是周期性变化的。

通过仿真实验表明,由 u'_{Ra}、u'_{Rb}、u'_{Rc} 对三角波调制后,得到的输出电压波形如图 8-14(c)(d)(e)所示。可以看出,每相功率管一个周期内只有 2/3 周期工作,还有 1/3 周期在截止状态,这就减少了 1/3 的开关损耗。在一个周期内功率管 1/3

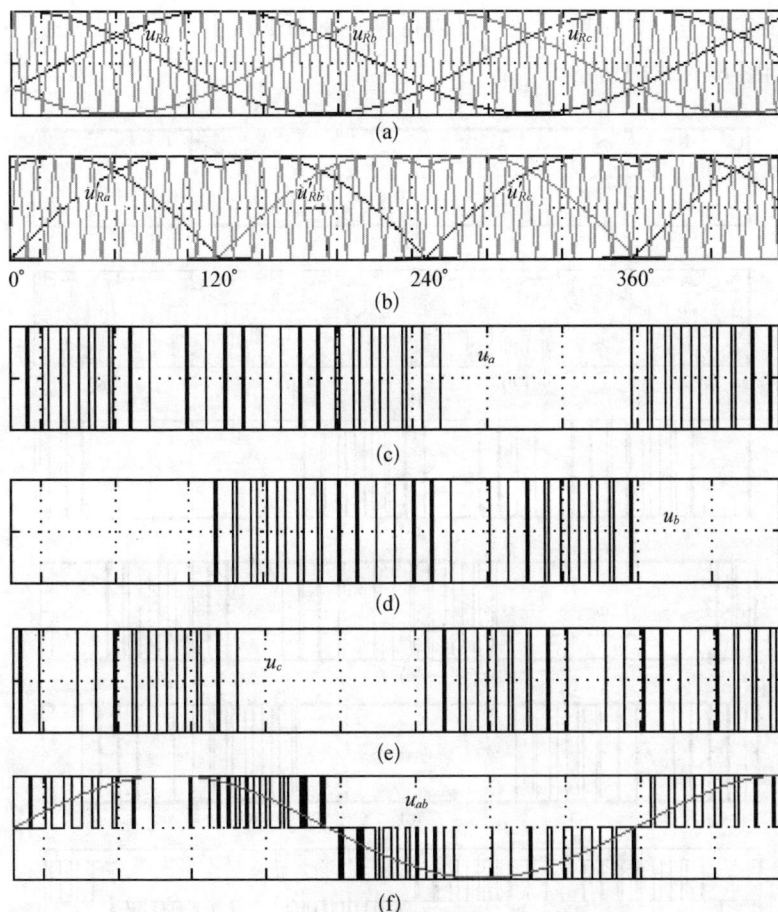

图 8－13　开关损耗最小脉宽调制 PWM 仿真波形

(a) SPWM 相控调制　(b) SPWM 线控调制　(c) 线控调制 a 相输出电压
(d) 线控调制 b 相输出电压　(e) 线控调制 b 相输出电压　(f) 线控调制 ab 输出线电压

周期处于截止状态，从图 8－14(f)中可以看出，输出线电压还是正弦波。

若令 SPWM 相电压的调制波电压为：

$$
\begin{cases}
u_{Ra} = \sin(\omega_R t) + \dfrac{1}{6}\sin(3\omega_R t) \\[2mm]
u_{Rb} = \sin\left(\omega_R t - \dfrac{2\pi}{3}\right) + \dfrac{1}{6}\sin\left(3\omega_R t - \dfrac{2\pi}{3}\right) \\[2mm]
u_{Rc} = \sin\left(\omega_R t - \dfrac{4\pi}{3}\right) + \dfrac{1}{6}\sin\left(3\omega_R t - \dfrac{4\pi}{3}\right)
\end{cases}
\tag{8-8}
$$

将式(8-8)代入式(8-6),可以得到一种新的线电压调制波 u'_{Ra}，u'_{Rb} 和 u'_{Rc},如图 8-14(b)所示。

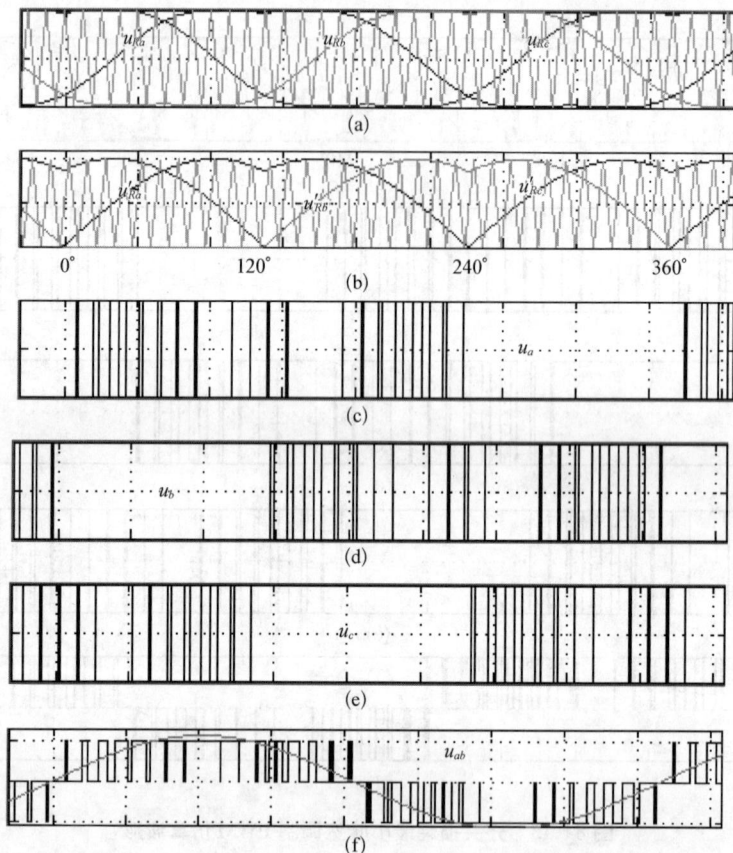

图 8-14 一种新的开关损耗最小脉宽调制 PWM 仿真波形

(a) SPWM 相控调制　(b) SPWM 线控调制　(c) 线控调制 a 相输出电压
(d) 线控调制 b 相输出电压　(e) 线控调制 b 相输出电压　(f) 线控调制 ab 输出线电压

以 u'_{Ra} 为例,在一个周期内（$0 \sim 2\pi$）,其调制波的表达式为:

$$\begin{cases} u'_{Ra} = \sqrt{3}\sin\left(\omega_R t + \dfrac{\pi}{6}\right) + \dfrac{\sqrt{3}}{6}\sin\left(3\omega_R t + \dfrac{\pi}{6}\right) & \left(0 \sim \dfrac{2\pi}{3}\right) \\[3mm] u'_{Ra} = \sqrt{3}\sin\left(\omega_R t - \dfrac{\pi}{6}\right) + \dfrac{\sqrt{3}}{6}\sin\left(3\omega_R t - \dfrac{\pi}{6}\right) & \left(\dfrac{2\pi}{3} \sim \dfrac{4\pi}{3}\right) \\[3mm] u'_{Ra} = 0 & \left(\dfrac{4\pi}{3} \sim 2\pi\right) \end{cases} \quad (8-9)$$

通过仿真实验表明,由新的调制波 u'_{Ra}、u'_{Rb}、u'_{Rc} 对三角波调制后,可以得到一种新的输出电压波形,如图 8-14 中的(c)、(d)、(e)所示。同样可以看出,每相功率管在一个周期内只有 2/3 周期工作,还有 1/3 周期在截止状态,这就减少了 1/3 的开关损耗。尽管在一个周期内每相功率管 1/3 周期处于截止状态,从图 8-14 中的(f)中可以看出,输出线电压一样还是正弦波,但比上述方法提高输出电压。

8.3.4　多电平逆变器

近年来,应用于高压大功率领域的多电平逆变器引起了电力电子行业的极大关注。由于受电力电子器件电压容量的限制,传统的两电平变频器通常采用"高—低—高"方式经变压器降压和升压来获得高压大功率,或采用多个小容量逆变单元经多绕组变压器多重化来实现,这使得系统效率和可靠性下降。因而,人们希望实现直接的高压逆变技术。基于电力电子器件直接串联的高压变频器对动静态的均压电路要求较高,并且输出电压高次谐波含量高,需设置输出滤波器。多电平逆变电路的提出为解决上述问题取得了突破性的进展。

多电平逆变器的思想提出至今,经过多年的研究发展出现了许多电路拓扑,但归纳起来主要有三种拓扑结构。

(1)中点钳位型(neural-point-clamped:称 NPC)多电平逆变器或二极管钳位(diode-clamped)多电平逆变器。

(2)电容位式(flying-capacitor)。

(3)具有独立直流电压源的级联型逆变器(cascaded-inverters with separated DC sources)。

1. 二极管钳位多电平逆变电路拓扑结构

图 8-15 是三相二极管钳位三电平逆变电路拓扑结构,它具有 2 个电容,能输出 3 电平的相电压,线电压为 5 电平。对于 M 电平电路,直流侧需 M-1 个电容,能输出 M 电平的相电压,线电压为(2M-1)电平。它的输出

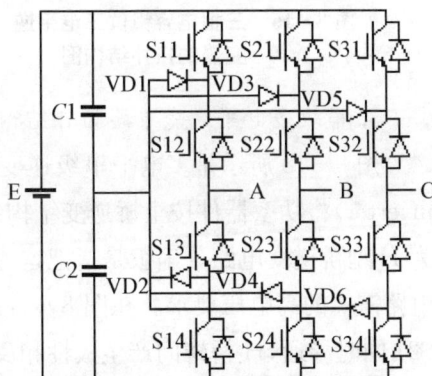

图 8-15　三相二极管钳位三电平逆变电路拓扑结构

电压和输出电流的总谐波畸变率都大大减小,而使输出波形更好地逼近标准正弦波形。

这种结构有显著的优点,即利用二极管进行钳位,解决了功率器件串联的均压问题,但随着输出电压的增高相应电平数也要增加,此时需要大量的钳位二极管从而使电路结构变的复杂;电力电子器件所需额定电流不同,按最大额定设计将造成开关器件容量上有所浪费,利用效率低;当逆变器只传输无功功率时,电容器在半个周期内由相等的充电和放电来平衡电容电压。但是当逆变器传输有功功率时,由于各个电容的充电时间不同,将形成中点电位漂移。

2. 电容钳位的多电平逆变电路拓扑结构

图 8-16 所示为三相电容钳位三电平逆变器的拓扑结构图。直流侧电容不变,飞跨电容 C1、C2 和 C3 取代钳位二极管,工作原理与二极管钳位电路相似。这种拓扑结构虽省去了大量二极管,但又引入了不少电容。对高压系统而言,电容体积庞大、成本高。在理论上说,这种拓扑结构可较好的应用于有功调节和交流变频调速,但控制方法非常复杂,而且开关频率增高,开关损耗增大,效率随之低,同时还存在电容的电压不平衡问题,迄今为止,该种电路结构尚未达到实用化程度。上述分析不难看出,二极管和电容钳位多电平逆变电路由于电压不平衡问题。

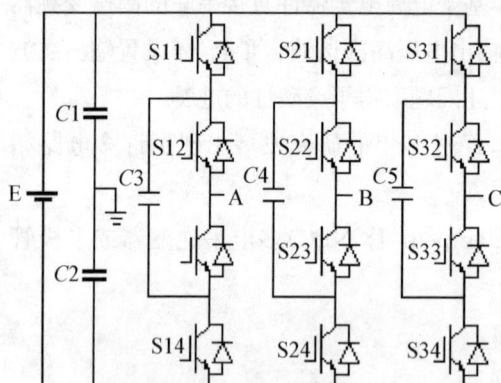

图 8-16 三相电容钳位三电平逆变器的拓扑结构图

3. 串级多电平逆变电路拓扑结构

图 8-18 所示是多电平串级逆变电路拓扑结构。串级逆变电路(cascade inverter)将功率器件按全桥逆变结构组成电路基本单元。该基本单元常被称为 H 型桥逆变电路。串级是指把这些各独立的电路单元串联在一起,以满足电路需要的高电压要求。在图 8-17 中,如果 S11 和 S22 同时导通或 S12 和 S21 同时导通,H 桥臂间产生极性相反的电平,根据输出正弦波形中需要包括的电平数可以决定需要串联的级数。串级逆变电路串联级数和输出波形包含电平数之间满足"电平数=2M+1",其中 M 为每相的串级数。相对于上述中

点箝位逆变电路,串级逆变电路有下列优点:① 直流侧采用相互分离的直流电源,不存在电压均衡问题;② 结构简单清晰,控制方法相对简单,可分别对每一级进行 PWM 控制;③ H 桥单元结构,为模块化设计、制造带来方便,另外,当 H 桥出现故障,可将其旁路,余下的单元可以继续工作。这种结构的缺点在于:每个单元需要一个独立的直流电源。随着电平数的增加,串级电路单元使用的直流电源数也将大量增加。

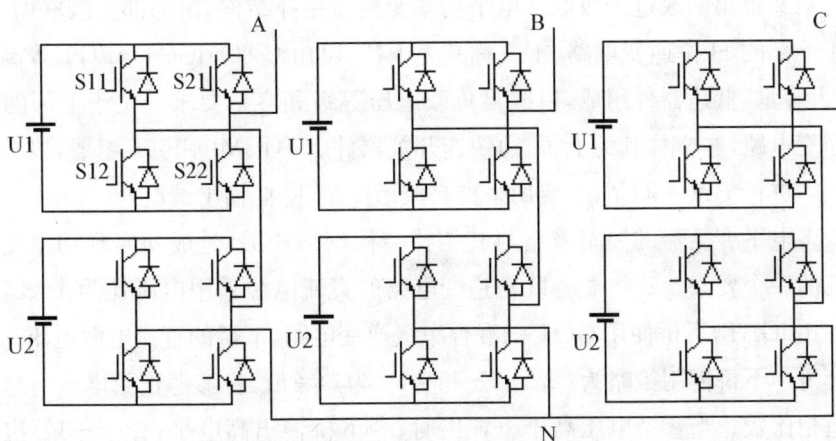

图 8-17　所示是串级多电平逆变电路拓扑结构

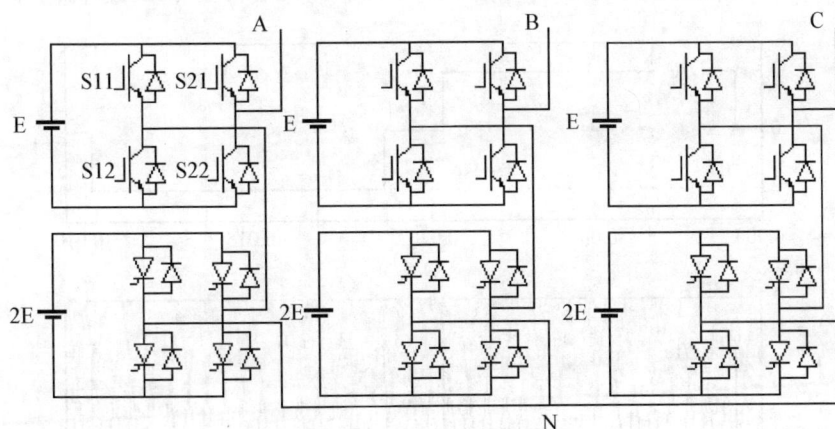

图 8-18　改进的级联多电平功率变换器拓扑结构

4. 改进的级联型多电平逆变电路

当独立的直流电源电压相等,并且取 E 时,由 m 个单相全桥逆变单元组成的单相级联型多电平电路输出电平数为 $2m+1$。若将级联多电平变换器中各独立直流电源的电压分别取 E,2E,4E,2mE,则其输出电平数大幅度地增加到 $2m-1$,这就是改进的级联多电平变换器的思想,从更严格的意义上讲,它不是一种新的电路拓扑结构,说是一种控制策略更为合适。

通常,开关速度快的器件(例如 MOSFET、IGBT)的电压容量比较低,而高电压容量的器件(例如 GTO、IGCT、IEGT)的开关频率又较低。图 8-18 所示为本文提出的改进的级联多电平功率变换器拓扑结构,由两部分级联而成。位于下部的 H 桥逆变电路,本文称其为下桥,可由 GTO、IGCT、IEGT 等高耐压、大容量、低速器件组成,以满足负载电压等级和容量要求。位于上部的 H 桥逆变电路,本文称其为上桥,由快速开关器件 IGBT、MOSFET 组成,以较高的频率进行 PWM 调制,主要用来提高波形质量,降低输出谐波。

多电平变换器的控制策略与其拓扑结构密切相关,是成功实现功率变换目标的一个要素。2 个独立 H 桥逆变电路的直流电源采用电压比为 1∶2,上桥使用 IGBT,下桥使用 GOT 的混合串级逆变电路,下桥的直流电源电压 2 倍于上桥。下桥控制策略为:取 $+Vc$ 和 $-Vc$ 为参考值,将参考正弦电压与这两个值相比较。当参考电压高于 $+V$ 出时,令下桥输出高电平;介于 $+Vc$ 出和 $-Vc$ 之间时,输出零电平;小于 $-Vc$ 时,令下桥输出低电平,如图 8-19(a)所示。上桥控制策略为:连续三电电平脉宽调制。将下桥参考波形减去下桥的

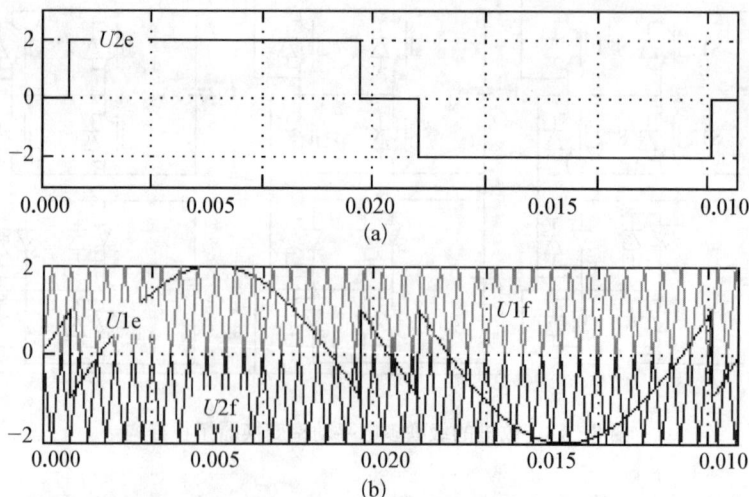

图 8-19 改进的级联型多电平逆变电路控制策略

(a)下桥控制策略 (b)下桥控制策略

输出波形后得到的电压波形作为上桥参考电压$U1e$，如图8‒19(b)所示。与互差π的两个三角载波分别和上桥参考电压$U1e$进行调制得到其左右桥臂的驱动信号。这两种情况都采用两个载波进行调制，分别对应左右桥臂的控制信号。

应用MATLAB6.5仿真软件进行仿真，改进的级联型多电平逆变电路总的输出电压和下桥输出电压的仿真结果，如图8‒20所示。图8‒21所示是改进的级联型多电平逆变电路总的输出电压频谱，图中可以明显看到，随机脉宽调制的多电平逆变器，其输出电压中的谐波得到了很大程度的抑制。

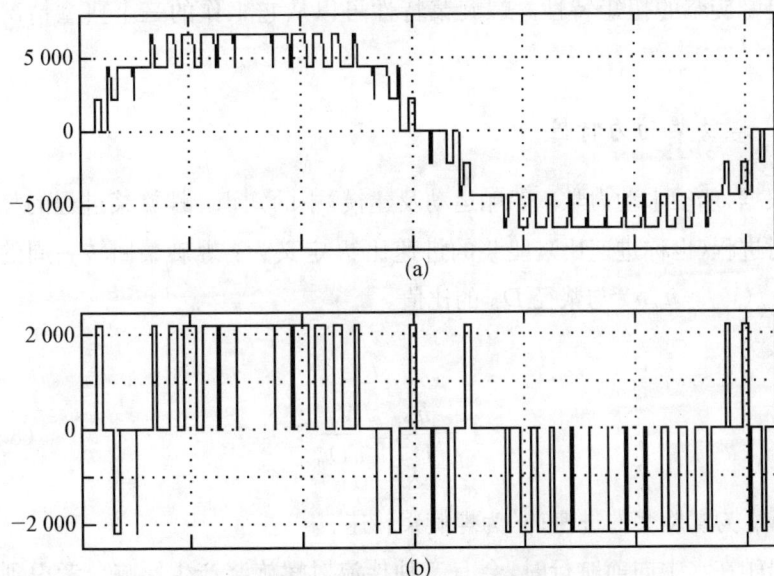

(a)

(b)

图8‒20　改进的级联型多电平逆变电路输出电压波形

(a) 总的输出电压波形　(b) 下桥输出电压波形

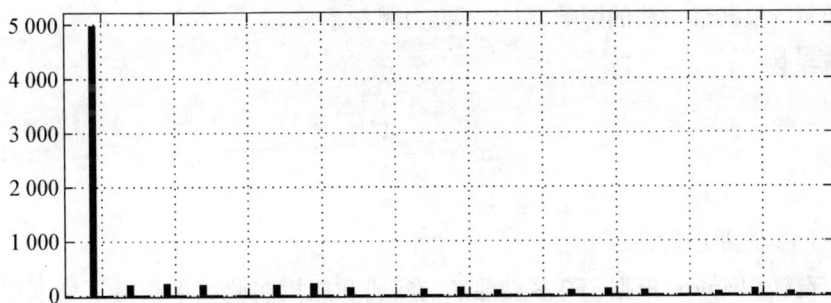

图8‒21　改进的级联型多电平逆变电路总的输出电压频谱

8.4 螺旋桨

由于船桨运动的特殊性,特别在船舶运行时,许多复杂的外部条件的影响,同时船本身对螺旋桨的运动也有影响,船速和桨速任何一个量发生变化对螺旋桨的运动都有影响,致使螺旋桨的运动相当复杂。所以在建模的时候,将螺旋桨和船体作为一个整体进行建模是一个比较合理的方案。

螺旋桨的扭矩特性和推力特性是螺旋桨负载特性中最重要的两个特性,尤其是螺旋桨的扭矩特性。螺旋桨特性可以从它工作的三个典型情况分析得到。

8.4.1 螺旋桨动力特性

根据《船舶水动力学》《船舶运动及建模》中的知识:螺旋桨进程的相对值称相对进程(也称进速比),船桨的进速比 J 定义为:螺旋桨回转一周的轴向进程 $h_p(V_p = h_p n)$ 与桨径 D_p 的比值。
表达式为

$$J = \frac{h_p}{D_p} = \frac{V_p}{nD_p} \tag{8-10}$$

式中,V_p 为螺旋桨的进速;n 为螺旋桨转速。

船舶在水中向前航行时,会有三种伴流对螺旋桨产生影响。考虑到在螺旋桨工作时,船对桨及桨对船都会有影响,任何一个因素都会影响到船桨的工作,因此在建立船模型时,引入了两个系数。根据船对桨的影响,引入了伴流系数 w;根据桨对船的影响,引入了推力减额系数 t。
伴流系数

$$w = 1 - \frac{V_p}{V_s} \tag{8-11}$$

式中,V_s 为船舶的速度。

泰勒(Taylor)根据 150 多艘船舶的实船和船模实验结果获得下列求伴流系数 w 的经验公式:

$$w = 0.5C_b - 0.05 \text{（单螺旋桨船）；} \tag{8-12}$$

$$w = 0.55C_b - 0.20 \text{（双螺旋桨船）} \tag{8-13}$$

式中，C_b 是方形系数。

推力减额系数为：

$$t = \frac{\Delta P}{P} \tag{8-14}$$

式中，ΔP 是克服桨的吸水作用产生的阻力而增加的推力；P 是螺旋桨提供的总推力。

推力减额系数 t 可用商赫(Schoenherr)经验公式确定。

单桨船基值：

$$t = C_1 w \tag{8-15}$$

式中 C_1 的取值根据螺旋桨后装舵类型而定，$C_1 = 0.5 \sim 0.7$（螺旋桨后装流线型舵）；$C_1 = 0.7 \sim 0.9$（螺旋桨后装方形尾柱和双板舵）；$C_1 = 0.9 \sim 1.05$（螺旋桨后装平板舵）。

双桨船值 t 可用下列经验公式

$$t = 0.75w + 0.16 \text{（装轴包架，Bossing）} \tag{8-16}$$

$$t = 0.75w + 0.16 \text{（装人字架，Propeller bracket）} \tag{8-17}$$

由螺旋桨的工作机理可知，螺旋桨的推力和扭矩表达式为

$$T = (1 - w)K_M \rho n^2 D_P^5 \tag{8-18}$$

$$P = (1 - t)K_P \rho n^2 D_P^2 \tag{8-19}$$

式中：P 为螺旋桨产生的推力；M 为螺旋桨的扭矩；ρ 为海水密度；

D_P 为螺旋桨直径；K_P、K_M 为推力系数及转矩系数。

K_P、K_M 曲线都不是直线，随进速比 J 增大向下弯曲。一般可认为 K_P、K_M 曲线都近似于抛物线，从而可表示为

$$K_P = K_0 + K_1 J + K_2 J^2 \tag{8-20}$$

$$K_M = \overline{K}_0 + \overline{K}_1 J + \overline{K}_2 J^2 \tag{8-21}$$

式中系数 K_0，K_1，K_2，$\overline{K}_0$，$\overline{K}_1$，$\overline{K}_2$ 可通过曲线拟合确定。对给定的螺旋桨，它们都是常系数。图 8-22 为螺旋桨动力特性。

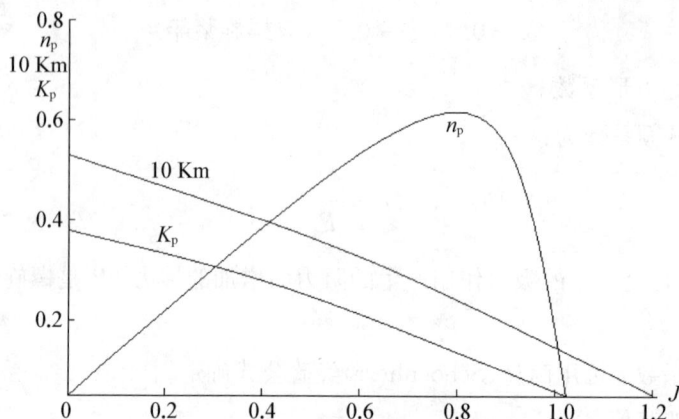

图 8‐22　螺旋桨动力特性

8.4.2　螺旋桨倒车特性

倒车特性是指船舶倒车时的螺旋桨倒车特性。图 8‐23 为船舶倒车曲线族。曲线 2 是正车时的螺旋桨自由航行特性曲线，曲线 3 是倒车时的螺旋桨自由航行特性曲线。如果是缓慢倒车过程，则工作特性为曲线 2、3。

曲线 1 是船舶急倒车(从全速航行并保持倒车过程中航速不变的倒车)过程

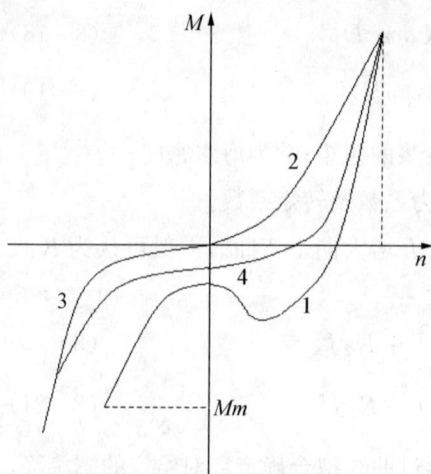

图 8‐23　螺旋桨倒车特性曲线

的特性曲线。船舶急倒车过程中，当倒车到螺旋桨反转转速约为 $0.4n_e$ (n_e 为额定转速)时，其转矩已达到额定值；随着螺旋桨继续反向加速，其转矩将大大超过额定值。可见，急倒车过程是船舶推进电机最繁重的工情况之一。实际的倒车曲线 4 所示。显然，这样减少了倒车过程的过载转矩。当然，随着船舶逐渐倒退，最后还要回到特性 3 上工作。由于螺旋桨反转的效率低和船舶结构在后退时阻力大，所以船舶最大倒车速度必须低于正车时的最大速度。

8.4.3　螺旋桨反转特性模型

螺旋桨反转特性曲线的确定方法很多,考虑的因素和繁简过程也各不相同,因此所得结果也互不一致。最正确的方法是通过实船实验所测得的螺旋桨反转曲线,或采用模型螺旋桨所得的螺旋桨反转曲线。可在船舶电力推进装量设计之初,螺旋桨也往往处于设计或制造阶段,必须采用计算方法。

船舶稳定航行时,J 在一个较小范围内变动,大约在 0.6 至 0.8 之间波动。可是在动态时,v_p 与 n 都会有大幅度的变化。正倒航时,v_p 符号相反;正倒车时,n 的符号相反。动态过程中,v_p 与 n 的变化并不同步,因此 J 就大幅度变化,并且 J 可能为负。例如,螺旋桨已经倒转,但是船因惯性大而尚未倒航时;再如,在船舶急倒车过程的某个瞬间,螺旋桨的转速已经降到很低值,船舶因惯性大而继续以较高的船速向前冲,此时 J 变化很大,超出了特性曲线的横坐标范围。当 $n \rightarrow 0$ 时,$J \rightarrow \infty$。在理论上可以建立 $J > 1$ 的曲线。但是实际仿真来讲,一个自变量变换范围很大的函数不论对模拟仿真还是数字仿真都是比较麻烦的。因此定义 J' 为

$$J' = \frac{v_p}{\sqrt{v_p^2 + n^2 D_p^2}} = \frac{J}{\sqrt{1 + J^2}} \qquad (8-22)$$

$$K'_m = \frac{M}{\rho D_p^3 (v_p^2 + n^2 D_p^2)} = \frac{K_m}{1 + J^2} = K_m (1 - J'^2) \qquad (8-23)$$

$$K'_p = \frac{P}{\rho D_p^2 (v_p^2 + n^2 D_p^2)} = \frac{K_p}{1 + J^2} = K_p (1 - J'^2) \qquad (8-24)$$

螺旋桨的推力和扭矩的表达式可改为

$$P = (1 - t) K'_p D_p^2 \rho v_p^2 / J'^2 \qquad (8-25)$$

$$M = K'_m D_p^3 \rho v_p^2 / J'^2 \qquad (8-26)$$

典型螺旋桨参数:螺旋桨盘面比 $A/A_d = 0.45$;螺旋桨直径 $D_p = 0.25$;螺距比 $H/D_p = 1.6$;毂的相对直径 $d/D_p = 0.2$;桨叶数 $Z = 4$。根据式(8-22)(8-23)(8-24)得到的螺旋桨淌水特性曲线,如图 8-24 所示。

8.4.4　船-桨模型

通常将桨的负荷力矩 M 与摩擦力矩 M_f 合并在一起构成总的负荷力

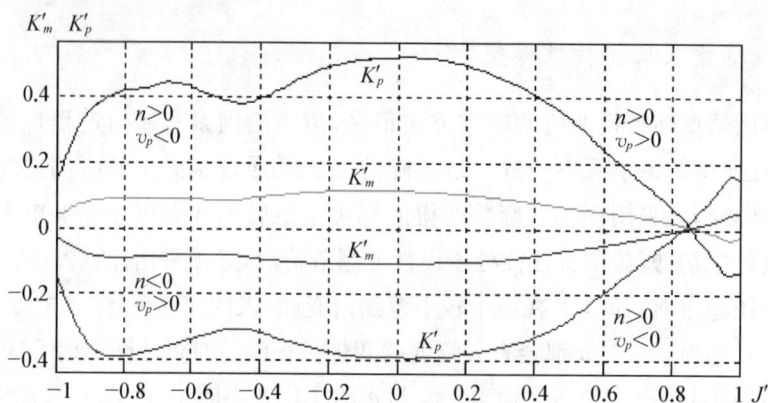

图 8-24 改进后螺旋桨淌水特性曲线

矩 M_c。

令 $M_c = M + M_f$，建立船桨系统的运动方程为：

$$R_f = \frac{1}{2}C\rho AV_S^2 \qquad (8-27)$$

$$kM_s\frac{\mathrm{d}v_s}{\mathrm{d}t} = P - R_f \qquad (8-28)$$

式中，M_S —船体质量；V_S —船舶航速；R_f —船舶所受阻力；ρ —海水密度；k —附水系数。图 8-25 表示船-桨模型。

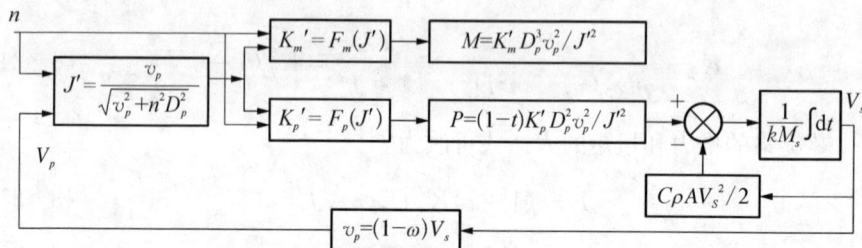

图 8-25 船-桨模型

8.5 船舶电力推进系统案例

1. 海洋工程支援船

"海洋工程支援船"概念较大，它涵盖了许多船舶类型和应用，如海上钻井

平台供应船(PSV)、ROV 支援船、多用途船以及锚船(AHTS)等,这些船舶用
于控位操作、航行操作以及船舶负荷的功率需求也不尽相同。传统的海洋工
程支援船一般都配备直接机械式推进系统,采用中速柴油发动机和齿轮传动
装置。随着人们对船舶安全性、冗余度、燃料经济性和控位能力重视程度的不
断提高,越来越多的现代船舶开始采用全方位电力推进系统或 Azipod(全方位
吊舱式)推进系统。图 8-26 给出了大型推进功力装置的一些配置示例,在这
些示例中,所有导管推进器均为固定转速且螺距可调。燃料经济性要求和更
严格的噪声控制要求使得一些新造船舶更倾向于采用变速控制推进器。另外
变速电动机变频器还经常用于绞车、泵和其他辅助驱动装置。

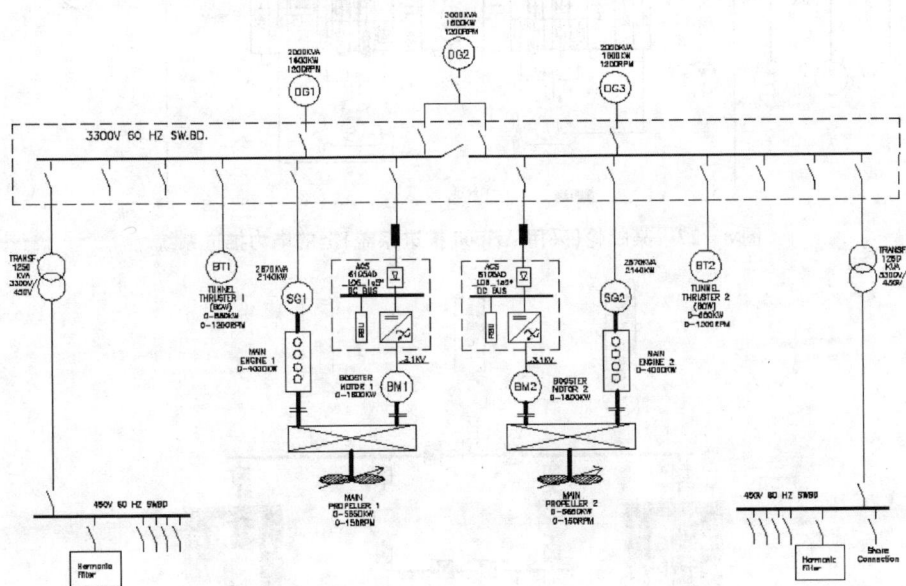

图 8-26　大型 AHTS 船电力推进系统

为了满足系桩拉力需求,AHTS 船往往有很高的功率要求,纯电力推进装
置的经济性通常并不太好。在系桩拉力条件下,混合动力推进系统中带电力
变频器的柴油机可有效地作为增压变频器使用,而电力变频器主要用于航行
操作和控位操作。

2. 邮轮和渡轮

从穿越峡湾的小型旅客渡轮到大型邮轮,邮轮和渡轮的规格也是非常之
多。在这些船舶中采用电力推进系统,最重要的考虑因素是乘客和乘务人员

的安全性和舒适性、燃料经济性以及对船舶空间的充分利用。图 8‑27、8‑28
给出了某邮轮（采用 Azipod 推进系统）上的电力推进系统。

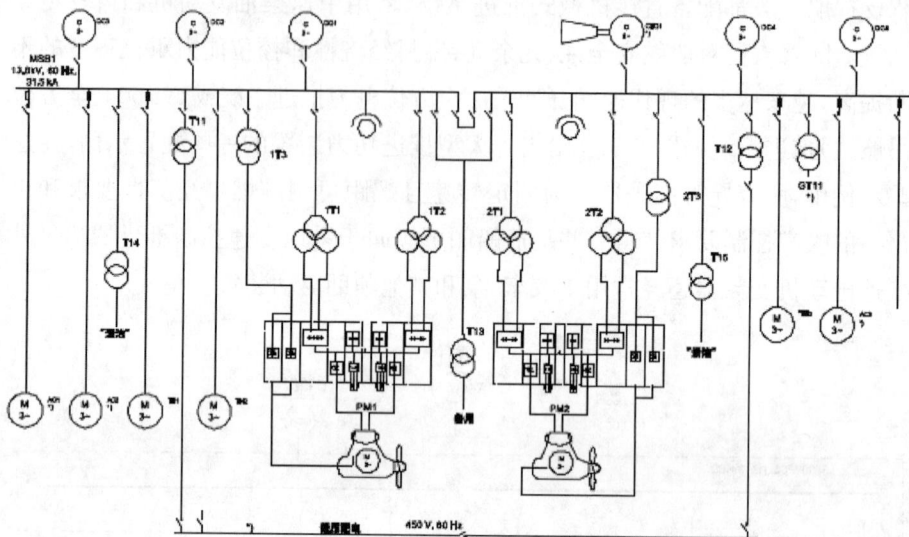

图 8‑27　某邮轮（采用 Azipod 推进系统）上的电力推进系统

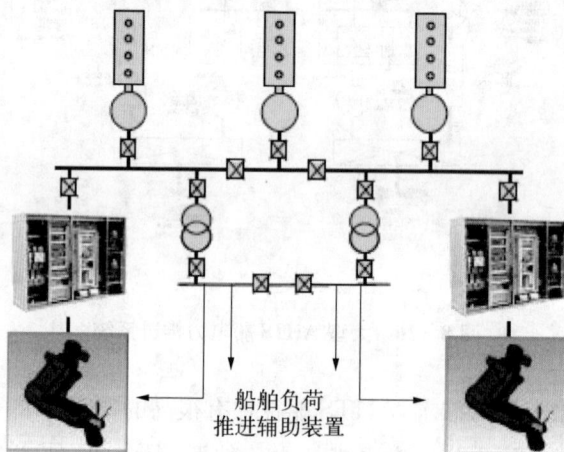

船舶负荷
推进辅助装置

图 8‑28　某旅客渡轮（采用 Azipod 推进系统）上的电力推进系统

3. 穿梭油轮

图 8‑29 所示为 20 世纪 90 年代中期在几艘穿梭油轮和多用途穿梭油轮
上安装的电力和推进系统的配置，这些穿梭油轮均根据北海操作条件设计。
如果采用新型 VSI 变频器，则其电力和推进系统还可以做得更小。

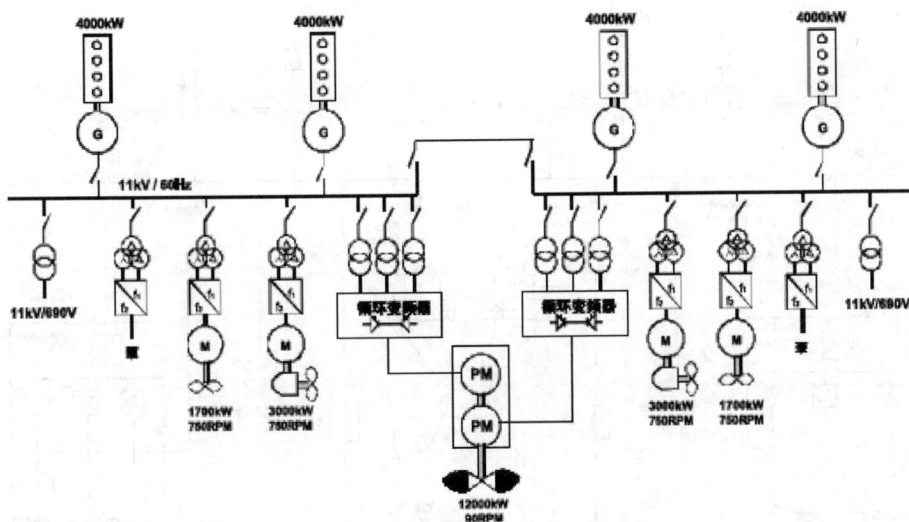

图 8-29　穿梭油轮电力推进系统

　　对于冰区航行油轮，Azipod 推进系统是一种很稳定可靠的解决方案，已经在许多艘船舶上得到应用。图 8-30 所示配置对原有 Azipod 推进系统作了一定的改进（包括 Azipod 导航装置），并已应用于若干艘船只。经过采用这两种系统的船舶历时十多年的运行实践，证明 Azipod 推进系统在冰区航行及作业条件下是一种非常稳定可靠的推进系统。图 8-30 所示系统专门用于破冰油轮，其破冰能力主要是通过向后钻入冰层得到。

　　冗余推进或 DP2/DP3 船级通常需要双推进系统，如图 8-31 所示的双轴系推进方案或图 8-32 所示的双 Azipod 推进方案。这时电力系统和推进系统可以完全相互独立，符合船级社最严格的推进冗余独立性要求。

　　在图 8-33 所示配置中，主推进变频器与货船泵变频器一起构成多变频器拓扑结构。由于货船泵和推进泵通常不会同时使用，这种拓扑结构配置可以最充分地利用系统中安装的配电盘、变压器和整流器装置，优化了系统的总成本。

　　4. 反转式 Azipod 推进装置（CRP）

　　采用反转式推进设计可以提高推进效率。在这种推进方案中，轴系螺旋桨和 Azipod（相当于一个活动舵）装置配对使用，两个螺旋桨面对面同轴布置，但转动方向相反，从而达到反转式推进效果。图 8-34 给出了采用这种 CRP 推进系统的推进解决方案，具有电力系统冗余度以及由轴系螺旋桨和 Azipod

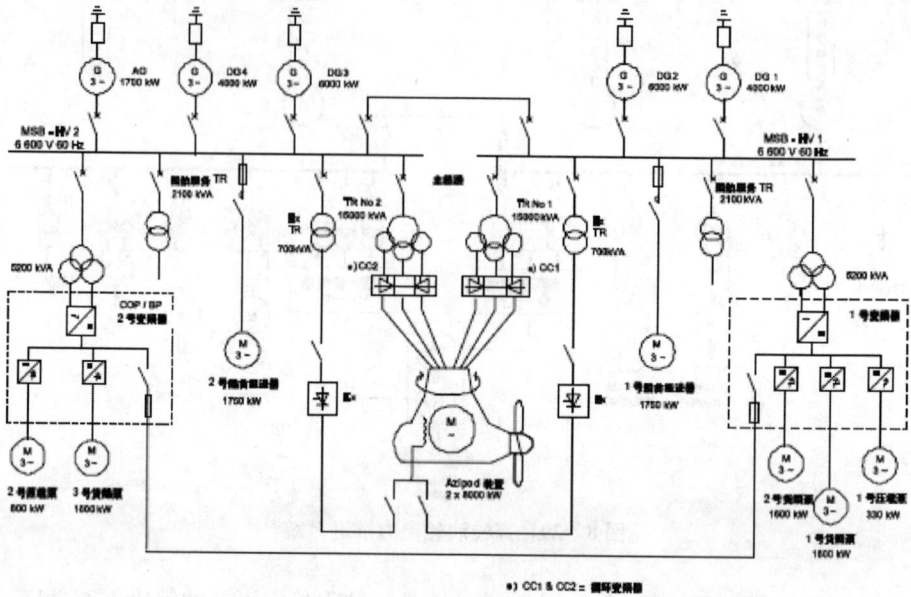

图 8‑30 冰区作业/破冰穿梭油轮上的电力和推进装置

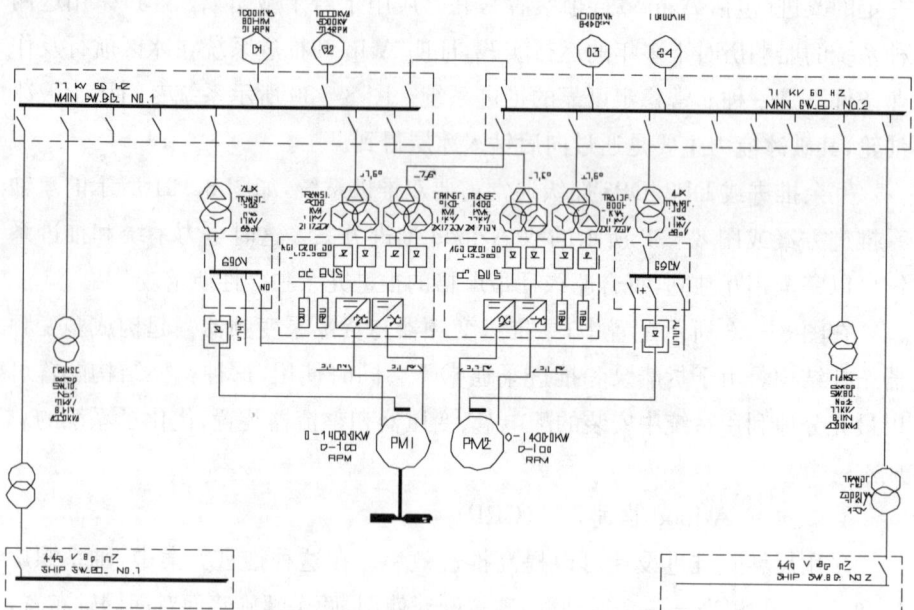

图 8‑31 穿梭油轮上电力和推进装置

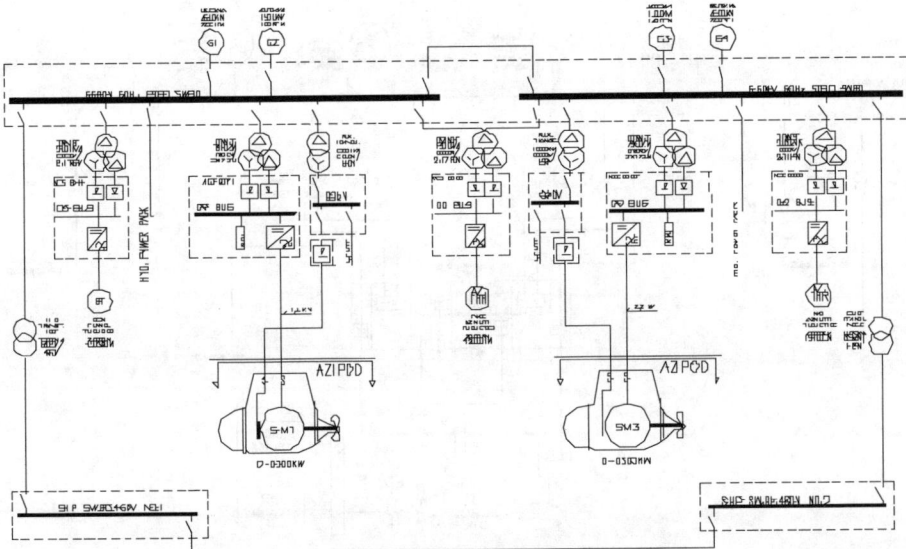

图 8-32　穿梭油轮上使用的电力和推进装置

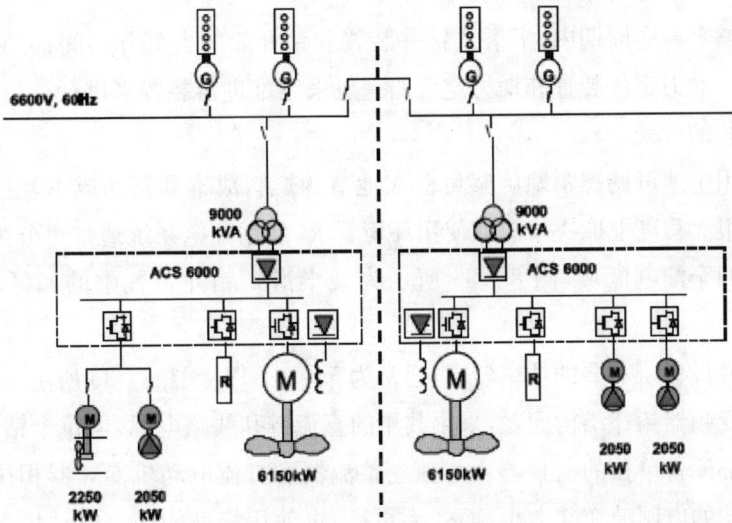

图 8-33　油轮上(采用双桨推进和冗余电力推进系统)的电力和推进装置

推进装置共同保证的推进冗余度。CRP 结构配置已经在许多种船舶上得到了应用,包括客轮、集装箱船、油轮以及 LNG 运输船等,目前正在为一艘快速 RoPax 船安装 CRP 推进系统。

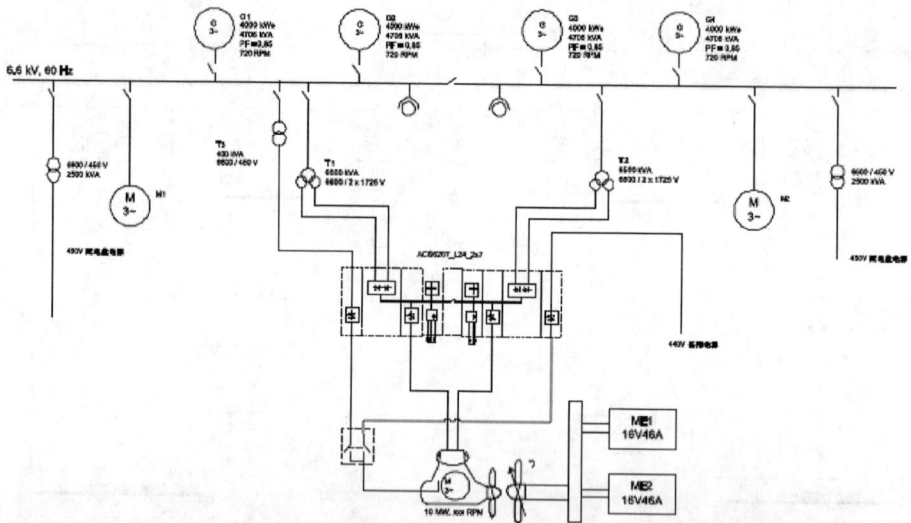

图 8-34　采用冗余反转式 Azipod 推进系统的电力和推进装置

5. 半潜式钻井装置和钻井船

在整个寿命周期内,半潜式钻井装置和钻井船的大部分时间都用在控位操作上。动力定位装置和动力定位船一般采用推进器装置来进行控位以及不同地点间的行驶。

采用定速可调螺距螺旋桨可极大地节约燃料成本和营运成本,电力系统配置在很大程度上取决于船舶使用环境要求,船用配电系统通常可分为两个、三个或四个配电区域,图 8-35 所示为某半潜式钻井装置中的四区域配电系统。

钻井设备所需要的功率较高,通常为 5~10 MW。图 8-35 所示为一种常用的多变频器拓扑结构配置,采用共用的直流链和线路电源,但每个钻井交流电动机都配备单独的变频器。与独立整流器和直流电动机变频器相比,这种解决方案的电网畸变非常小,而效率更高,可使用标准的交流电动机,性能十分稳定可靠,所需要维护也比直流电动机少得多。

除了定距机械式全方位推进器之外,吊舱式推进器也已经在多艘船舶中得到了应用。采用吊舱式推进系统最主要的考虑因素是其更加简单、可靠的机械结构所带来的效益:推进效率高、空间需求小和可靠性高。

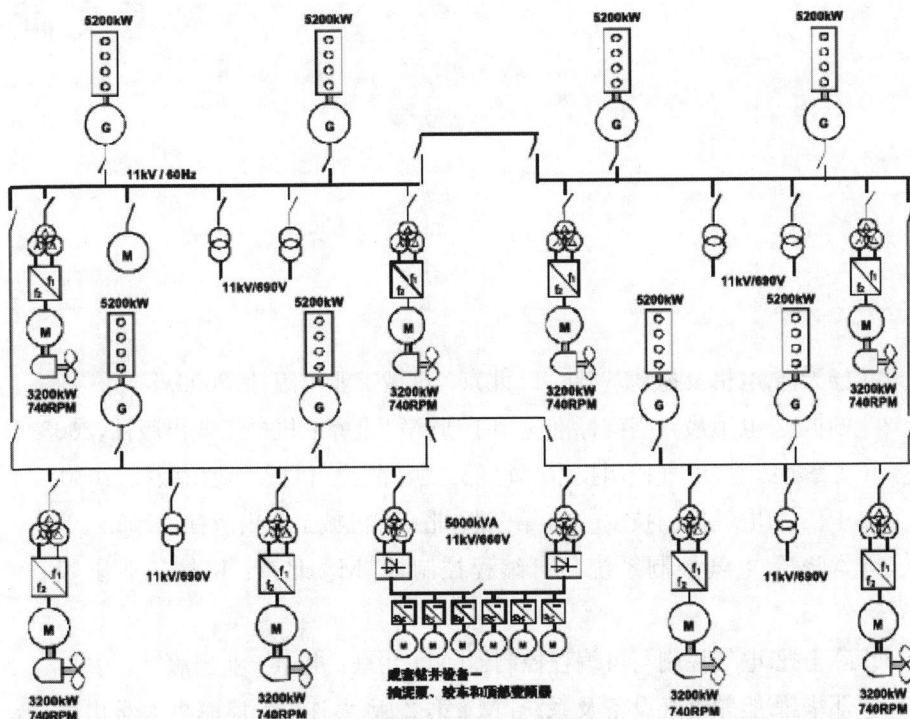

图 8‑35　采用变速定距全方位推进器或 Azipod 推进器的四配电区域推进系统

习 题 与 思 考

8‑1　船舶电力推进与传统推进方式相比有哪些优点?

8‑2　电力推进系统中使用的变频器有什么特点?

8‑3　简述变频器的基本构成?

8‑4　简述变频调速 PWM 技术基本原理?

参考文献

［1］汤天浩.电机及拖动基础［M］.北京：机械工业出版社,2008.

［2］杨振宽.电工最新基础标准应用手册［M］.北京：机械工业出版社,2003.

［3］方承远.工厂电气控制技术［M］.第二版.北京：机械工业出版社,2000.

［4］李仁主.电气控制技术［M］.第三版.北京：机械工业出版社,2008.

［5］常晓玲.电气控制系统与可编程控制器［M］.北京：机械工业出版社,2005.

［6］薛士龙.电气控制与可编程控制器［M］.北京：电子工业出版社,2011.

［7］郑华耀.船舶电气设备及系统［M］.第 2 版.大连：大连海事大学出版社,2011.

［8］刘明伟.船舶电力拖动［M］.北京：人民交通出版社,2006.

［9］祝福.船舶电力拖动［M］.哈尔滨：哈尔滨工程大学出版社,2010.

［10］赵殿礼.船舶电气设备与系统［M］.大连：大连海事大学出版社,2009.

［11］王兆义,杨新志.小型可编程控制器实用技术［M］.第二版.北京：机械工业出版社,2007.

［12］薛士龙.现代电气控制与可编程控制器［M］.北京：电子工业出版社,2017.

［13］刘中山,薛士龙.船舶电站无功功率故障分析［J］.船舶技术,2017,37(9)：37-41.

［14］孙磊,薛士龙,张亚明.船舶直流电力系统建模与仿真［J］.上海电机学院学报,2017,3.

［15］王云华,薛士龙.电气设备短路对舰艇电站暂态稳定性的影响［J］.现代电子技术,2017,03.

［16］陈文秀,薛士龙,孙磊.基于 PLC 船用锅炉汽泡水位控制系统的仿真与监控［J］.上海电机学院学报,2017.